民國文化與文學研究文叢

初　編

李　怡　主編

第14冊

民國文學發生期的鴛鴦蝴蝶派研究

胡安定著

國家圖書館出版品預行編目資料

民國文學發生期的鴛鴦蝴蝶派研究／胡安定 著 -- 初版 — 新
北市：花木蘭文化出版社，2012〔民101〕
目 4+222 面；19×26 公分
（民國文化與文學研究文叢 初編：第 14 冊）
ISBN：978-986-254-891-2（精裝）
1. 中國小說 2. 鴛鴦蝴蝶派 3. 文學評論
541.26208　　　　　　　　　　　　　　　101012602

ISBN-978-986-254-891-2

9 789862 548912

民國文化與文學研究文叢
初　編　第十四冊　　　　　　　ISBN：978-986-254-891-2

民國文學發生期的鴛鴦蝴蝶派研究

作　　者　胡安定
主　　編　李 怡
企　　劃　北京師範大學民國歷史文化與文學研究中心（籌）
　　　　　四川大學民國文學暨海外漢學研究中心（籌）
　　　　　現代中國文化與文學研究中心
總 編 輯　杜潔祥
印　　刷　普羅文化出版廣告事業
出　　版　花木蘭文化出版社
發 行 人　高小娟
聯絡地址　新北市永和區中正路五九五號七樓
　　　　　電話：02-2923-1455／傳眞：02-2923-1452
網　　址　http://www.huamulan.tw 信箱 sut81518@gmail.com
初　　版　2012 年 9 月
定　　價　初編 18 冊（精裝）新台幣 30,000 元　　版權所有·請勿翻印

《民國文化與文學研究文叢》總序

李　怡

　　這是一套試圖從新的角度——民國歷史文化的視角重新梳理分析中國現代文學的叢書，計劃在數年內連續推出百餘種相關主題的論述，逐漸形成關於現代中國文學的新的學術思路。為什麼會提出這樣的設想？與最近一些年大陸中國悄然出現的「民國熱」有什麼關係？最終，我們又有怎樣的學術預期呢？

　　近年來大陸中國的「民國熱」折射出了諸多耐人尋味的社會心理：對於一種長期被遮蔽的歷史的好奇？市民情懷復蘇時代的小資心態？對當前社會文化秩序的厭倦與不滿？或許，就是這幾種心理的不同程度的組合？作為生活在「民國熱」時代的我們，自然很難將自己與這些社會心理切割開來，不過，在學術自身的邏輯裡追溯，我們卻不得不指出，作為文學史敘述的「民國」概念，無疑有著更為深遠的歷史，擁有更為豐富的內涵。

一

　　迄今為止，在眾多中國現代文學史的敘述概念中，得到廣泛使用的有三種：「新文學」、「近代／現代／當代文學」、「二十世紀中國文學」。值得注意的是，這三種概念都不完全是對中國文學自身的時空存在的描繪，概括的並非近現代以來中國具體的國家與社會環境，也就是說，我們文學真實、具體的生存基礎並沒有得到準確的描述。因此，它們的學術意義從來就伴隨著連續不絕的爭議，這些紛紜的意見有時甚至可能干擾到學科本身的穩定發展。

　　「新文學」是第一個得到廣泛認可的文學史概念。從 1929 年春朱自清在清華大學講授「中國新文學」、編訂《中國新文學研究綱要》到 1932 年周作人在輔仁大學講演新文學源流、出版《中國新文學的源流》，從 1933 年王哲

甫出版《中國新文學運動史》到 1935 年全面總結第一個十年成就的《中國新文學大系》的隆重推出，從 1950 年 5 月中央教育部頒佈的教學大綱定名為「中國新文學史」到 1951 年 9 月王瑤出版《中國新文學史稿》（上冊），都採用了「新文學」這一命名。此外，香港的司馬長風和臺灣的周錦先後撰寫、出版了同名的《中國新文學史》。乃至在新時期以後，雖然新的學科命名——近代文學、現代文學、當代文學——已經確定，但是以「新文學」為名創辦學會、寫作論著的現象卻依然不斷地出現。

以「新」概括文學的歷史，在很大程度上來源於這一時段文學運動中的自我命名。晚清以降中國文學與中國文化的動向，往往伴隨著一系列「新」思潮、「新」概念與「新」名稱的運動，如梁啓超提出「新民說」、「新史學」、「新學」，文學則逐步出現了「新學詩」、「新體詩」、「新派詩」、「新民體」、「新文體」、「新小說」、「新劇」等。可以說，鴉片戰爭以後的中國進入了一個「求新逐異」的時代，「新」的魅力、「新」的氛圍和「新」的思維都前所未有地得到擴張，及至五四時期，「新文學運動」與「新文化運動」轟然登場，「新文學」作為文學現象進入讀者和批評界的視野，並成為文學史敘述的基本概念，顯然已是大勢所趨。《青年雜誌》創刊號有文章明確提出：「夫有是非而無新舊，本天下之至言也。然天下之是非，方演進而無定律，則不得不假新舊之名以標其幟。夫既有是非新舊則不能無爭，是非不明，新舊未決，其爭亦未已。」〔註1〕今天，學界質疑「新文學」的「新」將其他文學現象排除在外了，以至現代的文學史殘缺不全。其實，任何一種文學史的敘述都是收容與排除並舉的，或者說，有特別的收容，就必然有特別的排除，這才是文學研究的基本「立場」。沒有對現代白話的文學傳統的特別關注和挖掘，又如何能體現中國文學近百年來的發展與變化呢？「新」的侷限不在於排除了「舊」，而在於它能否最準確地反映這一類文學的根本特點。

對於「新文學」敘述而言，真正嚴重的問題是，這一看似當然的命名其實無法改變概念本身的感性本質：所謂「新」，總是相對於「舊」而言，而在不斷演變的歷史長河中，新與舊的比照卻從來沒有一個確定不移的標準。從古文經學、荊公新學到清末西學，「新學」在中國學術史上的內涵不斷變化，「新文學」亦然。晚清以降的文學，時間不長卻「新」路不定，至「五四」已今非昔比，「新」能夠在多大的範圍內、在多長的時間中確定「文學」的性質，實在是一個不容

〔註 1〕汪叔潛：《新舊問題》，《青年雜誌》1915 年第 1 卷第 1 號。

忽視的學術難題。我們可以從外來文化與文學的角度認定五四白話文學的「新」,像許多新文學史描述的那樣;也可以在中國文學歷史中尋覓「新」的元素,以「舊」爲「新」,像周作人的《中國新文學的源流》那樣。但這樣一來,反而昭示了「新」的不確定性,爲他人的質疑和詬病留下了把柄。誠如錢基博所言:「十數年來,始之以非聖反古以爲新,繼之歐化國語以爲新,今則又學古以爲新矣。人情喜新,亦復好古,十年非久,如是循環;知與不知,俱爲此『時代洪流』疾卷以去,空餘戲狎懺悔之詞也。」〔註2〕

更何況,中國文學的「新」歷史肯定會在很長時間中推進下去,未來還將發生怎樣的變動?其革故鼎新的浪潮未必不會超越晚清-五四一代。屆時,我們當何以爲「新」,「新文學」又該怎麼延續?這樣的學術詰問恐怕不能算是空穴來風吧。

「新」的感性本質期待我們以更嚴格、更確定的「時代意義」來加以定義。「現代」概念的出現以及後來更爲明確的近代/現代/當代的劃分似乎就是一種定義「意義」的方向。

「現代」與「近代」都不是漢語固有的語彙,傳統中國文獻如佛經曾經用「現在」來表示當前的時間(《俱舍論》有云:「若已生而未已滅名現在」)。以「近代」、「現代」翻譯英文的 modern 源自日本,「近代」、「現代」係日文對 modern 的經典譯文。「現代」在一開始使用較少,但至遲在 20 世紀初的中國文字中也開始零星使用,如梁啓超 1902 年的《新民說》。〔註3〕只是在當時,modern 既譯作「現代」與「近代」,也譯作「摩登」、「時髦」、「近世」等。直到 30 年代以後,「現代」一詞才得以普遍使用,此前即便作爲時間性的指稱,使用起來也充滿了隨意性。「近代」進入文學史敍述以 1929 年陳子展的《中國近代文學之變遷》爲早,「現代」進入文學史敍述則以 1933 年錢基博的《現代中國文學史》爲先,但他們依然是在一般的時間概念上加以模糊認定。尤其是錢基博,他的「現代」命名就是爲了掩蓋更具有社會歷史內涵的「民國」:「吾書之所爲題『現代』,詳於民國以來而略推跡往古者,此物此誌也。然不

〔註 2〕 錢基博:《現代中國文學史》,長沙:嶽麓書社,1986 年,第 506 頁。
〔註 3〕 《新民說》有云:「凡此皆現代各國之主動力也,而一皆自條頓人發之成之,是條頓人不啻全世界動力之主人翁也。」參見《梁啓超全集》第 2 冊,北京:北京出版社,1999 年,第 658、659 頁。關於日文中「近代」、「現代」一詞的來源及使用情況可以參見柳父章:《翻譯語成立事情》,日本岩波書店 1982 年 4 月出版。

題『民國』而曰『現代』，何也？曰：維我民國，肇造日淺，而一時所推文學家者，皆早嶄露頭角於讓清之末年，甚者遺老自居，不願奉民國之正朔；寧可以民國概之？」〔註4〕也就是說，像「民國」這樣直接指向國家與社會內涵的文學史「意義」，恰恰是作者要刻意迴避的。

在「現代」、「近代」的概念中追尋特定的歷史文化意義始於思想界。1915年，《青年雜誌》創刊號一氣刊登了陳獨秀兩篇介紹西方近現代思想文化的文章：《法蘭西人與近世文明》和《現代文明史》，「近代（近世）」與「現代」同時成為對西方思想文化的概括。《青年雜誌》〔註5〕後來又陸續推出了高一涵的《近世國家觀念與古相異之概略》（第1卷第2號）和《近世三大政治思想之變遷》（第4卷第1號）、劉叔雅的《近世思想中之科學精神》（第1卷第3號）、陳獨秀的《孔子之道與現代社會》（第2卷第4號）和《近代西洋教育》（第3卷第5號）、李大釗的《唯物史觀在現代歷史學上的價值》（第8卷第4號）。《新潮》則刊發了何思源的《近世哲學的新方法》（第2卷第1號）、羅家倫的《近代西洋思想自由的進化》（第2卷第2號）、譚鳴謙的《現代民治主義的精神》（第2卷第3號）等。1949年以後，大陸中國文學研究界找到了清晰辨析近代／現代／當代的辦法，更是確定了這幾個概念背後的歷史文化內涵，其根據就是由史達林親自審查、聯共（布）中央審定、聯共（布）中央特設委員會編的《聯共（布）黨史簡明教程》和由蘇聯史學家集體編著的多卷本的《世界通史》。《聯共（布）黨史簡明教程》於1938年在蘇聯出版，它先後用67種文字出版301次，是蘇聯圖書出版史上印數最多的出版物之一。就在蘇聯正式出版此書的二三個月後，該書的第七章和結束語就被譯成中文在《解放》上發表，隨後不久，在中國就出現了4種不同的中文譯本：由博古任總校閱、中國出版社1939年2月出版的「重慶譯本」，由吳清友翻譯、上海啟明社1939年5月出版的「上海譯本」，由蘇聯外文出版局主持翻譯和出版、任弼時等人擔任實際翻譯工作的「莫斯科譯本」，以及解放社於1939年5月出版的「延安譯本」。「上海譯本」多流行於上海和新四軍活動區域，陝甘寧邊區和華北各抗日根據地擁有「莫斯科譯本」與「延安譯本」，大後方各省同時流行「重慶譯本」與「莫斯科譯本」（見歐陽軍喜《論抗戰時期〈聯

〔註4〕錢基博：《現代中國文學史》，第9頁。

〔註5〕1916年9月第2卷第1號起，《青年雜誌》改名為《新青年》，文中為了表述連貫，不作明確指出。

共（布）黨史簡明教程〉在中國的傳播及其對中國共產黨宣傳工作的影響》，載《黨史研究與教學》2008 年第 2 期）。早在延安時代，《簡明教程》就被列入「幹部必讀」書，建國之後，《簡明教程》中的三章加上「結束語」曾被指定爲廣大幹部學習的基本教材，在中國自己編寫的「國際共運史」教材面世之前，它也是高校馬列主義基礎課程的通用教材，直接參與構築了新中國教育的基本歷史觀念。作爲「學科」的中國現當代文學就是在這樣一種歷史觀念的形成中生成的。中譯本《世界通史》第一卷最早由生活・讀書・新知三聯書店於 1959 年初版，至 1978 年出版到第八卷，第九、第十卷由吉林人民出版社分別於 1975、1978 年出版，第十一卷繼續由三聯書店於 1984 年出版，第十二、十三卷由東方出版社 1987、1990 年出版，可以說也伴隨了 1990 年代之前中國的歷史認識過程。

　　就這樣，馬列主義的五種社會形態進化論成爲劃分近代與現代的理論基礎，由近代到現代的演進，在蘇聯被描述爲 1640 年英國資產階級革命－十月社會主義革命的重大發展，在中國，則開始於淪爲「半殖民地半封建」的 1840 年鴉片戰爭，完成於標誌著社會主義思想傳播的「五四」。大陸中國的史學家更是在「現代」之中另闢「當代」，以彰顯社會主義與共產主義社會的到來，由此確定了中國文學近代／現代／當代的明確格局——這樣的劃分，不僅在時間分段上不再模糊，而且更具有明確的思想內涵與歷史文化質地：資產階級文學（舊民主主義革命文學）、新民主主義革命文學與社會主義文學就是近代－現代－當代文學的歷史轉換。

　　當然，來自蘇聯意識形態的歷史劃分與西方學術界的基本概念界定存在明顯的分歧。在西方學術界，一般是以地理大發現與資本主義經濟及社會文化的興起作爲「現代」的開端，Modern Times 一般泛指 15～16 世紀地理大發現以來的歷史，這一歷史過程一直延續到今天，並沒有近代／現代之別，即使是所謂的「當代」（Late Modern Time 或 Contemporary Time），也依然從屬於 Modern Times 的長時段。〔註6〕「現代」的含義也不僅與「革命」相關，而且指涉一個相當久遠而深厚的歷史文化的變遷過程，並包含著歷史、哲學、

〔註 6〕代表作有阿克頓主編的 14 卷本的《康橋近代史》（*The Cambridge Modern History , Cambridge university press .1902-1912*），後來康橋大學出版社又出版了克拉克主編的 14 卷本的《新編康橋近代史》（*The New Cambridge Modern History. Cambridge university press .1957-1959*），這套著作的中文譯本於 1987 年起，由中國社會科學出版社陸續出版，名爲《新編康橋世界近代史》。

宗教等多方面的資訊。德國美學家姚斯在《美學標準及對古代與現代之爭的歷史反思》中考證,「現代」一詞在 10 世紀末期首次被使用,意指古羅馬帝國向基督教世界過渡時期,與古代相區別;而今天一般將之理解爲自文藝復興開始尤其是 17、18 世紀以後的社會、思想和文化的全面改變,它以工業化爲基礎,以全球化爲形式,深刻地影響了世界各民族的生存與觀念。

到了新時期,在大陸中國的國門重新向西方世界開放以後,「走向世界」的強烈渴望讓我們不再滿足於革命歷史的「現代」,但問題是,其他的「現代」知識對我們而言又相當陌生,難怪汪暉曾就何謂「現代」向唐弢先生鄭重求教,而作爲學科泰斗的導師也只是回答說,這是一個「很複雜」的問題。〔註7〕1990 年代,中國學術界開始惡補「現代」課,從西方思想界直接輸入了系統而豐富的「現代性知識」,這個「與世界接軌」的具有思想深度的知識結構由此散發出了前所未有的魅力。正是在「現代性知識」體系中,對現代、現代性、現代化、現代主義的辨析達到了如此的深入和細緻,對文學的觀照似乎也獲得了令人激動不已的效果和不可估量的廣闊前程,中國現代文學史至此有望成爲名副其實的「現代性」或「現代學」意義上的文學史敘述。

應當承認,1990 年代對「現代」知識的重新認定,的確爲我們的文學史研究找到了一個更具有整合能力的闡釋平臺。例如,藉助福柯式的知識考古,我們固有的種種「現代」概念和思想得到了清理,現代、現代性、現代化這些或零散或隨意或飄忽的認識,都第一次被納入一個完整清晰的系統,並且尋找到了在人類精神發展流程裡的準確位置。最近 10 年,「現代性」既是中國理論界所有譯文的中心語彙,也幾乎就是所有現當代文學史研究的話語支撐點。

但是,從另一角度來看,我們的「現代」史學之路卻難以掩飾其中的尷尬。無論是蘇聯的革命史「現代」概念還是今日西方學界的「現代」新知,它們的闡釋功效均更多地得力於異域的理論視野與理論邏輯,列寧與史達林如此,吉登斯、哈貝馬斯與福柯亦然。問題是,中國作家的主體經驗究竟在哪裡?中國作家背後的中國社會與歷史的獨特意義又何在?在革命史「現代」觀中,蘇聯的文學經驗、所謂的「現實主義」道路成爲金科玉律,只有最大程度地符合了這些「他者」的經驗才可能獲得文學史的肯定,這被後來稱爲

〔註 7〕 汪暉:《我們如何成爲「現代的」?》,《中國現代文學研究叢刊》1996 年第 1 期。

「左」的思想的教訓其實就是失去了中國主體經驗的惡果。同樣，在最近 10 餘年的文學史研究中，鮮活的現代中國的文學體驗也一再被納入到全球資本主義時代的共同命題中，兩種現代性、民族國家理論、公共空間理論、第三世界文化理論、後殖民批判理論……大清帝國的黃昏與異域的共和國的早晨相遇了，兩個不同國度的感受能否替換？文學的需要是否就能殊途同歸？他者的理論是否真讓我們一勞永逸？中國文學的現代之路會不會自成一格？有趣的甚至還有如下的事實：在 90 年代初期，恰恰也是其中的一些理論（現代性質疑理論）導致我們對現代文學存在價值的懷疑和否定，而到了 90 年代中後期，當外來的理論本身也發生分歧與衝突的時候（如哈貝馬斯對現代性的肯定），我們竟又神奇地獲得了鼓勵，重新「追隨」西方理論挖掘中國文學的「現代性價值」——中國文學的意義竟然就是這樣的脆弱和動搖，只能依靠西方的「現代」理論加以確定？

除了這些異域的「現代」理論，我們的文學史家就沒有屬於自己的東西嗎？如我們的心靈，我們的感受，能夠容納我們生命需要的漢語能力。

現代，在何種意義上還能繼續成為我們的文學史概念？沒有了這一通行的「世界」術語，我們還能夠表達自己嗎？

問題的嚴重性似乎不在於我們能否在歷史的描述中繼續使用「現代」（包括與之關聯的「近代」、「當代」等概念），而是類似的辭彙的確已被層層疊疊的「他者」的資訊所塗抹甚至污染，在固有的中國現代文學史敘述框架內，我們怎樣才能做到全身而退，通達我們思想的自由領地？

中國有「文學史」始於清末的林傳甲、黃摩西，隨著文學史寫作的持續展開，尤其是到了 1949 年以後，「現代」被單獨列出，不再從屬於「中國文學史」，這彷彿包含了一種暗示：「現代」是異樣的、外來的，不必納入「中國文學」固有的敘述程式。

「二十世紀中國文學」是中國文學研究界學術自覺，努力排除蘇聯「革命」史觀影響，尋求文學自身規律的產物。正如論者當年意識到的那樣：「以前的文學史分期是從社會政治史直接類比過來的。拿『近代文學史』來說，從一八四〇年鴉片戰爭到一八九八年戊戌變法，半個多世紀裡頭，幾乎沒有什麼文學，或者說文學沒有什麼根本的變化。……政治和文學的發展很不平衡。還是要從東西方文化的撞擊，從文學的現代化，從中國人『出而參與世界的文藝之業』，從文學本身的發展規律，從這樣的一些角度來看文學史，才

比較準確。」「『二十世紀中國文學』這一概念首先意味著文學史從社會政治史的簡單比附中獨立出來，意味著把文學自身發生發展的階段完整性作爲研究的主要對象。」〔註 8〕這樣的歷史架構顯然具有重大的學術價值，「二十世紀中國文學」直到今天依然是影響最大的文學史理念，然而，它也存在著難以克服的一些問題。姑且不論「二十世紀」這一業已結束的時間概念能否繼續涵蓋一個新世紀的歷史情形，而「新世紀」是否又具有與「舊世紀」迥然不同的特徵，即便是這種歷史概括所依賴的基本觀念——文學的世界性、整體性與「現代化」，其實也和文學的「現代」史觀一樣，在今天恰恰就是爭論的焦點。

「二十世紀」作爲一個時間概念也曾被國外史家徵用，但是正如當年中國學者已經意識到的那樣，外人常常是在「純物理時間」的意義上加以使用，相反，「二十世紀中國文學」更願意準確地呈現文學自身的性質。〔註 9〕這樣一來，「二十世紀」的概念也同我們曾經有過的「現代」一樣，實際上已由時間性指稱轉換爲意義性指稱。那麼，構成它們內在意義的是什麼呢？是文學的世界性、整體性與「現代化」——這些取諸世界歷史總體進程的「元素」，它們在何種程度上推動了我們文學的發展，又在多大的程度上掩蓋了我們固有的人生與藝術理想，都是大可討論的。例如，面對同樣一個「世界」的背景，是遭遇了「世界性」還是我們自己開闢了「世界性」，這裡就有完全不同的文學感受；再如，將「二十世紀」看作一個「整體」，我們可能注意到「五四」與「新時期」在「現代化」方向上的一致：「我是從搞新時期文學入手的，慢慢地發現好多文學現象跟『五四』時期非常相像，幾乎是某種『重複』。比如，『問題小說』的討論，連術語都完全一致。我考慮比較多的是美感意識的問題。『傷痕』文學裡頭有一種很濃郁的感傷情緒，非常像『五四』時期的浪漫主義思潮，我把它叫作歷史青春期的美感情緒。」「魯迅對現代小說形式的問題很早就提出一些精彩的見解。我就感覺到當代文學提出的很多問題並不是什麼新鮮問題。」〔註 10〕但是，這樣的「整體性」的相似只是問題的一方面，認眞區分起來，「五四」與「新時期」其實更有著一系列重要的分歧。文

〔註 8〕 黃子平、陳平原、錢理群：《二十世紀中國文學三人談》，北京：人民文學出版社，1988 年，第 36 頁、25 頁。

〔註 9〕 黃子平、陳平原、錢理群：《二十世紀中國文學三人談》，第 39 頁。

〔註 10〕黃子平、陳平原、錢理群：《二十世紀中國文學三人談》，第 29～30、31 頁。

學的意義恰恰就是建立在細節的甄別上，上述細節的差異不是可有可無的，它們標識的正是文學本身的「形態」的差別，既然「形態」已大不相同，那麼粘合的「整體」的也就失去了堅實的基礎。

更有甚者，雖然已被賦予一系列「現代性」的意義指向，「二十世紀」卻又無法終結人們對它的「時間」指稱。新的問題由此產生：人們完全可能藉助這樣的「時間」框架，重新賦了不同的意義，由此在總體上形成了「二十世紀」指義的複雜和含混。在 80 年代，「二十世紀中國文學」的提出者是以晚清的「新派」文學作為「現代性」的起點，努力尋找五四文學精神的晚清前提與基礎，但是近年來，我們卻不無尷尬地發現美國漢學界已另起爐竈，竭力發掘被五四文學所「壓抑」的其他文學源流。結果並不是簡單擴大了文學的源頭，讓多元的聲音百家爭鳴，而是我們從此不得不面對一個彼此很難整合的現代文學格局，在晚清的世俗情欲與「五四」的文化啓蒙之間，矛盾的力量究竟是怎樣被「整合」的？如果說，「五四」的文化啓蒙壓抑了晚清的世俗情欲，而後者在中國其實已有很長的歷史流變過程，那麼，這樣壓抑／被壓抑雙方的歷史整合就變得頗為怪異，而「五四」、二十世紀作為文學「新質」的特殊意義也就不復存在，我們曾引以自豪的新文學的寶貴傳統可能就此動搖和模糊不清。難道，一個以文學闡釋的「整體性」為己任的學術追求至此完成了自我的解構？

我們必須認真面對「二十世紀中國文學」這一概念，包括其並未消失的價值和已經浮現的侷限。

二

我們對近現代以來中國文學史的幾大基本概念加以檢討，其目的並不是要在現有的文學描述中將之「除名」，而是想藉此反思我們目前文學研究與文學史敘述的內在問題。「新文學」力圖抓住中國文學在本世紀的「新質」，但定位卻存在很大的模糊空間；「現代文學」努力建立關於歷史意義的完整觀念，但問題是，這些「現代」觀念在很大程度上來自異域文化，究竟怎樣確定我們自己在本世紀的生存意義，依然有太多的空白之處；「二十世紀」致力於「文學」輪廓的勾勒，但純粹的時間概念的糾纏又使得它所框定的文學屬性龐雜而混沌，意義的清晰度甚至不如「新文學」與「現代文學」。這就是說，在我們未來的文學史敘述中，有必要對「新文學」、「近代／現代／當代」、「二

十世紀中國文學」等概念加以限制性的使用，盡可能突出它們揭示中國文學現象獨特性的那一面，盡力壓縮它們各自表意中的模糊空間。與此同時，更重要的是重新尋找和探測有關文學歷史的新的敍述方式，包括新的概念的選擇、新的意義範圍的確定，以及新的研究範式的嘗試等。

「新文學」作爲對近百年來白話文學約定俗成的稱謂，繼續使用無妨，且無須承擔爲其他文學樣式（如舊體文學）騰挪空間的道德責任，但未來的文學發展又將如何刷「新」，新的文學現象將怎樣由「新」而出，我們必須保留必要的思想準備與概念準備；「現代」則需要重新加以清理和認定，與其將西方資本主義文化的種種邏輯作爲衡量「現代性」的基礎，還不如在一個更寬泛的角度認定「現代」：中華帝國結束自我中心的幻覺，被迫與其他世界對話的特殊過程，直接影響了中國人與中國作家的人生觀與自我意識，催生了一種區別於中國古代文學的「現代」樣式。這種「現代」受惠與受制於異域的「現代」命題尤其是西方資本主義的命題，但又與異域的心態頗多區別，我們完全不必將西方的「現代」或「現代性」本質化，並作爲估價中國文學的尺度。異域的「現代」景觀僅僅是我們重新認識中國現象的比照之物，也就是說，對於「現代」的闡述，重點不應是異域（西方）的理念，而是這一過程之中中國「物質環境」與「精神生態」的諸多豐富形態與複雜結構。作爲一個寬泛性的「過程」概念的指稱，我們使用側重於特殊時間含義的「現代文學」，而將文學精神內涵的分析交給更複雜、更多樣的歷史文化分析，以其他方式確立「意義」似乎更爲可行；「二十世紀」是中國文學新的「現代」樣式孕育、誕生和發展壯大的關鍵時期，因爲精神現象發生的微妙與複雜，這種時間性的斷代對文學本身的特殊樣式而言也不無模糊性，而且其間文學傳統的流變也務必單純和統一，因此，它最適合於充當技術性的時間指稱而非某種文學「本質」的概括。

這樣一來，我們似乎有可能獲得這樣的機會：將已粘著於這些概念之上的「意義的斑駁」儘量剔除，與其藉助它們繼續認定中國文學的「性質」，不如在盡力排除「他者」概念干擾的基礎上另闢蹊徑，通過對近現代以來中國文學發生與發展歷史情景的細緻梳理來加以全新的定義。

一個民族和國家的文學歷史的敍述，所依賴的巨大背景肯定是這一國家歷史的種種具體的歷史情景，包括國家政治的情狀、社會體制的細則、生存方式的細節、精神活動的詳情等等，總之，這種種的細節，它來自於歷史事實的「還

原」而不是抽象的理論概括。國家是我們生存的政治構架，在中國式的生存中，政治構架往往起著至關緊要的作用，影響及每個人最重要的生存環境和人生環節，也是文學存在的最堅實的背景；在國家政治的大框架中又形成了社會歷史發展的種種具體的情態：這是每個個體的具體生存環境，是文學關懷和觀照的基本場景，也是作為精神現象的文學創造的基礎和動力。

　　從文學生存的社會歷史文化角度加以研究，並注意到其中「國家政治」與「社會背景」的重要作用，絕非始於今日。在「以階級鬥爭為綱」的年代，就格外強調社會歷史批評的價值，新時期以後，則有「文化角度」研究的興起，90 年代至今，更是「文化批評」或「文化研究」的盛行。不過，強調「國家歷史情態」與這些研究都有很大的不同，它是屬於我們今天應當特別加強的學術方式。

　　傳統的社會歷史批評以國家政治為唯一的闡釋中心，從根本上抹殺了文學自身的獨立性。在新時期，從「文化角度」研究文學就是要打破政治角度的壟斷性，正如「二十世紀中國文學」倡導者所提出的「走出文學」的設想：「『走出文學』就是注重文學的外部特徵，強調文學研究與哲學、社會學、政治學、民族學、心理學、歷史學、民俗學、文化人類學、倫理學等學科的聯繫，統而言之，從文化角度，而不只是從政治角度來考察文學。」〔註11〕這樣的研究，開啟了從不同的學科知識視角觀察文學發展的可能。「文化角度」在這裡主要意味著「通過文化看文學」。也就是說，運用組成社會文化的不同學科來分析、觀察文學的美學個性。與基於這些「文化角度」的「審美」判斷不同，90 年代至今的「文化研究」甚至打破了人們關於藝術與審美的「自主性」神話，將文學納入社會文化關係的總體版圖，重點解釋其中的文化「意味」，包括社會結構中種種階級、權力、性別與民族的關係。「文化研究」更重視文學具體而微的實際經驗，更強調對日常生活與世俗文化的分析和解剖，更關注文學在歷史文化經驗中的具體細節。這顯然更利於揭示文學的歷史文化意義，但是，「文化研究」的基本理論和模式卻有著明顯的西方背景。一般認為，「文化研究」產生於 50 年代的英國，其先驅人物是威廉姆斯（R.Williams）與霍加特（R.Hoggart）。霍加特在 1964 年創辦的英國伯明罕當代文化研究中心是第一個正式成立的「文化研究」機構，從 80 年代開始，「文化研究」在加拿大、澳大利亞及美國等地迅速發展，至今，它幾乎已成為一個具有全球影響的知識領域。90 年代，「文化

〔註11〕黃子平、陳平原、錢理群：《二十世紀中國文學三人談》，第 61 頁。

研究」傳入中國後對文學批評的影響日巨，但是，中國「文化研究」的一系列主題和思路（如後殖民主義批判、文化／權力關係批判、種族與性別問題、大眾文化問題、身份政治學等等）幾乎都來自西方，而且往往是直接襲用外來的術語和邏輯，對自身文化處境獨特性的準確分析卻相當不足。〔註12〕

突出具體的歷史情景的文學研究充分肯定國家政治的特殊意義，但又絕對尊重文學自身的獨立價值；與 80 年代「文化角度」研究相似，它也將充分調動哲學、社會學、政治學、民族學、心理學、歷史學、民俗學、文化人類學、倫理學等學科知識，但卻更強調具體國家歷史過程中的「文學」對人生遭遇「還原」；與「文化研究」相似，這裡的研究也將重點挖掘歷史文化的諸多細節，但需要致力於來自「中國體驗」的思想主題與思維路徑。

傳統的中國文學詮釋雖然沒有「社會歷史批評」這樣的概念，但卻在感受、體驗具體作家創作環境方面頗多心得，形成了所謂「知人論世」的詮釋傳統，正如章學城在《文史通義·文德》中說：「不知古人之世，不可妄論古人之辭也。知其世矣，不知古人之身處，亦不可以遽論其文也。」這都是我們今天跳出概念窠臼、返回歷史感受的重要資源。不過，中國現代文學的歷史敘述需要完成的任務可能更為複雜，在今天，我們不僅需要為了「知人」而「知世」，而且作為「世」的社會歷史也不僅僅是「背景」，它本身就構成了文學發展的「結構」性力量，正是在這個意義上，我們更傾向於使用「情景」而不是「背景」；挖掘歷史的我們也不僅要以「世」釋「人」，而且要直接呈現特定條件下文學精神發展的各種內在「機理」，這些「機理」形成了中國文學的「民國機制」，文學的民國機制最終導致我們的現代文學既不是清代文學的簡單延續，也不是新中國文學的前代榜樣。

新的文學史敘述範式將努力完整地揭示近現代以來中國文學生存發展的基本環境，這種揭示要盡可能「原生態」地呈現這個國家、社會、文化和政治的各種因素，以及這些因素如何相互結合、相互作用，並形成影響我們精神生產與語言運行的「格局」，剖析它是如何決定和影響了我們的基本需求、情趣和願望。這樣的揭示，應盡力避免對既有的外來觀念形態的直接襲用——雖然我們也承認這些觀念的確對我們的生存有所衝擊和浸染，但最根本的觀念依然來自於我們所置身的社會文化格局，來自於我們在這種格局中體驗人生和感受世界的態度與方式。眾說紛紜、意義斑駁的「現代性」無法揭開

〔註12〕參見陶東風：《社會轉型與當代知識份子》，上海：上海三聯書店，1999 年。

這些生存的「底色」。我們的新研究應返回到最樸素的關於近現代以來中國國家與社會的種種結構性元素的分析清理當中，在更多的實證性的展示中「還原」中國人與中國作家的喜怒哀樂。過去的一切解剖和闡釋並非一無是處，但它們必須重新回到最樸素的生存狀態的分析中——如中外文化的衝突、現代資本主義文化的入侵、現代民族國家的建立、現代性的批判、全球化時代的文化趨勢等。我們需要知道，這些抽象的文化觀念不是理所當然就覆蓋在中國人的思想之上的，只有在與中國人實際生存和發展緊密結合的時候，它們的意義才得以彰顯。換句話說，最終是中國人自己的最基本的生存發展需要決定了其他異域觀念的進入程度和進入方向。如果脫離中國自己的國家與社會狀況的深入分析，單純地滿足於異域觀念的演繹，那麼，即便能觸及部分現象甚至某些局部的核心，也肯定會失去研究對象的完整性，最終讓我們的研究和關於歷史的敘述不斷在抽象概念的替代和遊戲中滑行。近百年來中國文學研究的最深刻教訓即在於此。今天，是應該努力改變的時候了。

作為生存細節的歷史情景，屬於我們的物質環境與精神追求在各個方面的自然呈現。不像「ｘｘ文化與中國現代文學」式的特定角度進行由外而內的探測（這已經成為一種經典式的論述形式），歷史情景本身就形成了文學作為人生現象的構成元素。如在「政治意識形態與中國文學」的研究模式中，我們論述的是這些政治觀念對中國文學的扭曲和壓抑，中國作家如何通過掙脫其影響獲得自由思想的表達，而在作為人生現象的文學敘述中，一切國家政治都在打造著作家樸素的思想意識，他們依賴於這些政治文化提供的生存場域，又在無意識中把國家政治內化為自己的思想構成，同時，特定條件下的反叛與抗爭也生成了思想發展的特定方向——這樣的考察，首先不是觀念的應用和演繹，而是歷史細節、生活細節的挖掘和呈現，我們無須藉「文化理論」講道理，而是對這些現象加以觀察和記錄。

國家歷史情態的意義也是豐富的，除了國家的政治形態之外，還包括社會法律形態、經濟方式、教育體制、宗教形態以及日常生活習俗以及文學的生產、傳播過程等，它們分別組成了與特定國家政治相適應的「社會結構」與「人生結構」。我們的研究，就是在「還原性」的歷史敘述中展開這些「結構」的細部，並分析它們是如何相互結合又具體影響著文學發展的。

作為一種新的文學史敘述方式，我們應特別注意那種「還原性」的命名及其背後的深遠意義，比如「民國文學史」的概念。

　　1999 年，陳福康藉助史學界的概念，建議中國文學的「現代」之名不妨「退休」，代之以民國文學之謂。近年來，張福貴、湯溢澤、趙步陽、楊丹丹等人都先後提出這一新的命名問題，〔註 13〕我之所以將這樣的命名方式稱之為「還原」式，是因為它所指示的國家社會的概念不是外來思想的借用——包括時間的借用與意義的借用——而是中國自己的特定生存階段的眞實的稱謂，藉助這樣具體的歷史情景，我們的文學史敘述有可能展開過去所忽略的歷史細節，從而推動文學史研究的深入。

三

　　肯定「民國文學」式的還原性論述，並不僅僅著眼於文學史的概念之爭，更重要的是開啓一種新的敘述可能。國家歷史情態的諸多細節有可能在這樣的敘述中獲得前所未有的重視，從而為百年中國文學轉換演變的複雜過程、歷史意義和文化功能提出新的解釋。

　　學術界曾經有一種設想：藉助「民國文學」這樣的「時間性」命名可以容納各種各樣的文學樣式，從而為現代中國文學的宏富圖景開拓空間。這裡需要進一步思考的問題包括兩個方面：其一，「民國文學」是否就是一種單純的時間性概念？其二，文學史敘述的目標是否就是不斷擴大自己的敘述對象？顯然，以國家歷史情態為基準的歷史命名本身就包含了十分具體的社會歷史內容，它已經大大超越了單純的「時間」稱謂。單純的時間稱謂，莫過於西元紀年，我們完全可以命名「中國文學（1911～1949）」，這種命名與「民國文學」顯然有著重大的差異。同樣，是否眞的存在這麼一種歷史敘述模式：沒有思想傾向，沒有主觀性，可以包羅萬象？正如韋勒克、沃倫所說：「不能同意認為文學時代只是一個為描述任何一段時間過程而使用的語言符號的那種極端唯名論觀點。極端的唯名論假定，時代的概念是把一個任意的附加物加在了一堆材料上，而

〔註 13〕參看張福貴《從意義概念返回到時間概念——關於中國現代文學的命名問題》（香港《文學世紀》2003 年第 4 期）；湯溢澤、郭彥妮《論開展「民國文學史」研究的必要性與可行性》（《當代教育理論與實踐》2010 年第 2 卷第 3 期）；湯溢澤、廖廣莉《論開展「民國文學史」研究的迫切性》（《衡陽師範學院學報》2010 年第 2 期）；趙步陽、曹千里等《現代文學」，還是「民國文學」？》（《金陵科技學院學報》2008 年第 1 期）；張維亞、趙步陽等《民國文學遺產旅遊開發研究》（《商業經濟》2008 年第 9 期）；楊丹丹《「現代文學史」命名的追問與反思》（《長春師範學院學報》2008 年第 5 期）。

這材料實際上只是一個連續的無一定方向的流而已；這樣，擺在我們面前的就一方面是具體事件的一片渾沌，另一方面是純粹的主觀的標籤。」「文學上某一時期的歷史就在於探索從一個規範體系到另一個規範體系的變化。」〔註14〕

在此意義上，作爲文學史概念的辨析只是問題的表面，更重要的是我們新的文學史敘述需要依託國家歷史情態，重新探討和發現近現代以來中國文學的「一個規範體系到另一個規範體系的變化」。面對日益高漲的「民國文學史」命名的呼籲，我更願意強調中國文學在民國時期的機制性力量。忽略國家歷史情態，我們對現代中國文學發展內在機理的描述往往停留在外來文化與傳統文化二元關係的層面上，而對中國現代歷史本身的構造性力量恰恰缺少足夠的挖掘；引入「民國文學機制」的視角，則有利於深入開掘這些影響——包括推動和限制——文學發展的歷史要素。

在歷史的每一個階段，文學之所以能夠出現新的精神創造與語言創造，歸根結底在於這一時期的國家歷史情態中孕育了某種「機制」，這種「機制」是特定社會文化「結構」的產物，正是它的存在推動了精神的發展和蛻變，最終撐破前一個文化傳統的「殼」脫穎而出。考察中國文學近百年來的新變，就是要抓住這些文化中形成「機制」的東西，而「機制」既不是外來思想的簡單輸入，更不是「世界歷史」的共識，它是社會文化自身在演變過程中諸多因素相互作用的最終結果。

強化文學史的國家與社會論述，自覺挖掘「文學機制」，可能對我們的研究產生三個方面的直接推動作用。

首先，從中國文學研究的中外衝撞模式中跨越出來，形成在中國社會文化自身情形中研討文學問題的新思路。百年來，中外文化衝突融合的事實造就了我們對文學的一種主要的理解方式，即努力將一切文學現象都置放在外來文化輸入與傳統文化轉換的邏輯中。這固然有其合理性，但是，在實際的文學闡釋與研究當中，我們又很容易忽略「衝突融合」現象本身的諸多細節，將中外文化關係的研究簡化爲異域因素的「輸入」與「移植」辨析，最終便在很大程度上漠視了文學創作這一精神現象的複雜性，忽略了精神產品生成所依託的複雜而實際的國家與社會狀況，民國文學機制的開掘正可以爲我們展開關於國家與社會狀況的豐富內容。我們曾倡導過「體驗」之於中國現代

〔註14〕韋勒克、沃倫：《文學理論》，劉象愚等譯，北京：三聯書店 1984 年，第 302、307 頁。

文學研究的意義，而作家的生命體驗就根植於實際的國家與社會情景，文學的體驗在「民國文學機制」中獲得了最好的解釋。

其次，對「文學機制」的論述有助於釐清文學研究的一系列基本概念，如「現代」、「現代化」、「民族」、「進化」、「革命」、「啓蒙」、「大眾」、「現實主義」、「浪漫主義」、「現代主義」等概念，都將獲得更符合中國歷史現實的說明。在過去，我們主要把它們當作西方的術語，力圖在更接近西方意義的層面上來加以運用，近年來，爲了弘揚傳統文化，又開始對此質疑，甚至提出了回歸古典文論、重建中國文論話語的新思路。問題在於，中國古典文論能否有效地表達現代文學的新體驗呢？前述種種批評話語固然有其外來的背景，但是，一旦這些批評話語進入中國，便逐步成了中國作家自我認同、自我表達的有機組成部分，在看似外來的語彙之中，其實深深地滲透了中國作家自己的體驗和思想。也就是說，它們其實已經融入了中國自己的話語體系，成爲中國作家自我生命表達的一種方式。當然，這樣的認同方式和表達方式又都是在中國現代社會文化的場域中發生的，都可以在特定國家歷史情態中獲得準確定位。經過這樣的考辨和定位，中國現代學術批評的系列語彙將重新煥發生機：既能與外部世界對話，又充分體現著「中國特色」，眞正成爲現代中國話語建設的合理成分。

再次，對作爲民國文學機制具體組成部分的各種結構性因素的剖析，可以爲近百年來中國文學的研究提供新的課題。這些因素包括經濟方式、法律形態、教育體制、宗教形態、日常生活習俗以及文學的生產、傳播過程等等。作爲文學的經濟方式，我們應注意到民國時期的民營格局之於中國近現代的出版傳播業的深刻影響，一方面，出版傳播業的民營性質雖然決定了文學的「市場利益驅動」，但另一方面，讀者市場的驅動本身又具有多元化的可能性，較之於一元化思想控制的國家壟斷，這顯然更能爲文學的自由發展提供較大的空間；作爲文學的法律保障，民國時期曾經存在著一個規模龐大的法律職業集團，這樣一個法律思想界別的存在加強著民國社會的「法治」意識，我們目睹了知識份子以法律爲武器，對抗專制獨裁、捍衛言論自由的大量案例，知識者的法律意識和人權觀念在很大程度上保證了爭取創作空間的主動性，這是我們理解民國文學主體精神的基礎；民國教育機構三方並舉（國立、私立與教會）的形式延遲了教育體制的大統一進程，有助於知識份子的思想自由，即便是國立的教育機構如北京大學，也能出現如蔡元培這樣具有較大自主權力並且主張「兼容並

包」、「學術自由」的教育管理者；也是在五四時期，知識份子形成了一個巨大的生存群落，他們各自有著並不相同的思想傾向，有過程度不同的文化論爭，但又在總體上形成了推動文化發展的有效力量。歐遊歸來、宣揚「西方文明破產」的梁啓超常常被人們視作「思想保守」，但他卻對新文化運動抱有很大的熱情和關注，甚至認爲它從總體上符合了自己心目中的「進化」理想；甲寅派一直被簡單地目爲新文化運動的「反對派」，其實當年《甲寅》月刊的努力恰恰奠定了《新青年》出現的重要基礎，後來章士釗任職北洋政府，《甲寅》以周刊形式在京復刊，與新文化倡導者激烈論爭，但論戰並沒有妨礙對手雙方的基本交誼和彼此容忍；學衡派也竭力從西方文化中尋找自己的理論支援，而且並不拒絕「新文化」這一概念本身；與《新青年》「新文化派」展開東西方文化大論戰的還有「東方文化派」的一方如杜亞泉等人，同樣具有現代文化的知識背景，同樣是現代科學文化知識的傳播者——正是這樣的「認同」，爲這些生存群體可以形成以「五四」命名的文化圈創造了條件。而一個存在某種文化同約性的大型文化圈的出現，則是現代中國文化發展十分寶貴的「思想平臺」——它在根本上保證了新的中國文化從思想基礎到制度建設的相對穩定和順暢，所有這些相對有利的因素都在「五四」前後的知識份子生存中聚集起來，成爲傳達自由思想、形成多元化輿論陣地的重要根基。我們可以這樣認爲五四新文化運動第一次呈現了「民國文學機制」的雛形，而這樣的「機制」反過來又藉助五四新文化運動的思想激蕩得以進一步完善成型，開始爲中國文學的自由創造奠定最重要的基礎。

「民國文學機制」在中國現代文化後來的歷史中持續性地釋放了強大的正面效應。我們可以看到，無論生存的物質條件有時變得怎樣的惡劣和糟糕，中國文學都一再保持著相當穩定的創造力，甚至，在某種程度上，由國家與社會各種因素組合而成的「機制」還構成了對國民黨專制獨裁的有效制約。中國在20年代後期興起了左翼文化，而且恰恰是在國民黨血腥的「清黨」之後，左翼文化得到了空前的發展，並且以自己的努力、以影響廣大社會的頑強生命力抵抗了專制獨裁勢力的壓制。抗戰時期，中國文學出現了不同政治意識形態的分區，所謂的「國統區」與「解放區」。有意思的是，中國文學在總體上包容了如此對立的文學思想樣式，而且一定程度上還可以形成這兩者的交流與對話，其支撐點依然是我們所說的「民國文學機制」。民國文學的基礎是晚清－五四中國知識份子的文化啓蒙理想，在文化結構整體的有機關係中，這樣的理想同時也

流布到了左翼文化圈與中國共產黨人的文化論述當中，雖然他們另有自己的政治主張與政治信仰。過去文學史敘述，往往突出了意識形態的不可調和性，也否認社會文化因素的有機的微妙關係，如「啓蒙」與「救亡」的對立面似乎理所當然地壓倒了它們的通約性。只有依託中國文學的具體歷史情景，在「民國文學機制」的歷史細節中重新梳理，我們才能發現，在抗戰時期的文壇上，至少在抗戰前期的文學表達中，「啓蒙」並沒有因爲「救亡」而消沉，反而藉「救亡」而興起，這就是抗戰以後出現的「新啓蒙運動」。

引入「民國文學機制」的觀察，我們還可以進一步發現，中國文學在「民國時期」呈現了獨特的格局：國家執政當局從來沒有眞正獲得文化的領導權，無論袁世凱、北洋政府還是蔣介石獨裁，其思想控制的企圖總是遭遇了社會各階層的有力阻擊，親政府當局的文化與文學思潮往往受到自由主義與左翼文化的多重反抗，尤其是左翼文化的頑強生存在很大程度上形成了民國文學爭取自由思想的強大推動力量，民國文學的主流不是國民黨文學而是左翼文學與自由主義文學。有趣的是，在民國專制政權的某些政策執行者那裡，他們試圖控制文學、壓縮創作自由空間的努力不僅始終遭到其他社會階層的有力反抗，而且就連這些政策執行者自己也是矛盾重重、膽膽突突的。例如，在國民黨掌控意識形態的宣傳部長張道藩所闡述的「文藝政策」裡，我們既能讀到保障社會「穩定」、加強思想控制的論述，也能讀到那些對於當前文藝發展的小心翼翼的探討、措辭謹慎的分析，甚至時有自我辯護的被動與無奈。而當這一「政策」的宣示遭到某些文藝界人士（如梁實秋）的質疑之後，張道藩竟然又再度「退卻」：「乾脆講，我們提出的文藝政策並沒有要政府施行文藝統治的意思，而是赤誠地向我國文藝界建議一點怎樣可以達到創造適合國情的作品的管見。使志同道合的文藝界同仁有一個共同努力的方向。」「文藝政策的原則由文藝界共同決定後之有計劃的進行。」〔註15〕由「文藝界共同決定」當然就不便於執政黨的思想控制了，應該說，張道藩的退縮就是「民國文學機制」對獨裁專制的成功壓縮。

強調「民國文學機制」之於文學研究的意義，是不是更多侷限於強調文學史的外部因素，從而導致對於文學內部因素（語言、形式和審美等）的忽略呢？在我看來，之所以需要用「機制」替代一般的制度研究，就在於「機制」是一種綜合性的文學表現形態，它既包括了國家社會制度等「外部因素」，

〔註15〕張道藩：《關於「文藝政策」的答辯》，《文化先鋒》1942年第1卷第8期。

又指涉了特定制度之下人的內部精神狀態，包括語言狀態。例如，正是因為辛亥革命在國家制度層面為中國民眾「承諾」了現代民主共和的理想，「民主共和國觀念從此深入人心」，〔註16〕以後的中國作家才具有了反抗專制獨裁、自由創造的勇氣和決心，白話文最終成為現代文學的基本語言形式，也源自於中國作家由「制度革命」延伸而來的「文學革命」的信心。所以，「民國文學機制」的研究同樣包括對民國時期知識份子所具有的某種推動文學創造的個性、氣質與精神追求的考察，這就是我們今天所謂的「民國範兒」。我認為，「民國範兒」既是個人精神之「模式」，也指某種語言文字的「神韻」，這裡可以進一步開掘的文學「內部研究」相當豐富。

　　不理解「民國範兒」的特殊性，我們就無法正確理解許多歷史現象。如今天的「現代性批判」常常將矛頭直指「五四」，言及五四一代如何「斷裂」了傳統文化，如何「偏激」地推行「全盤西化」，其實，民國時期尚未經過來自國家政權的大規模的思想鬥爭，絕大多數的論爭都是在官方「缺席」狀態下的知識界內部的分歧，「偏激」最多不過是一種言辭表達的語氣，思想的討論並不可能真正形成整個文化的「斷裂」，就是在新文化倡導者的一方，其儒雅敦厚的傳統文人性格昭然若揭。在這裡，傳統士人「身任天下」的理想抱負與新文明的「啟蒙」理想不是斷裂而是實現了流暢的連接，從「啟蒙」到「革命」，一代文學青年和知識份子真誠地實踐著自己的社會理想，其理想主義的光輝與信仰的單純與執著顯然具有很大的輻射效應，即便在那些因斑斑劣跡載入史冊的官僚、軍閥那裡，也依然可以看到以「理想」自我標榜的情形，如地方軍閥推行的「鄉村建設運動」和「興學重教」，包括前述張道藩這樣的文化專制的執行人，也還洋溢著士大夫的矜持與修養。總之，歷史過渡時期的現代知識者其實較為穩定地融會了傳統士人的學養、操守與新時代的理想及行動能力，正是這樣的生存方式與精神特徵既造就了新的文明時代的進取心、創造力，又自然維持了某種道德的底線與水準。

　　一旦我們深入到歷史情景的「機制」層面，就不難發現，僅僅用抽象的「現代化」統攝近現代以來的中國文學史，的確掩蓋了歷史發展的諸多細節。從某種意義上看，「民國文學機制」的出現和後來的解體恰恰才在很大程度上分開了20世紀上下半葉的文學面貌，從根本上看，歷史的改變就在於曾有過的影響文化創造的「機制」的解體和消失；不僅是社會的「結構」性因素的

〔註16〕見《建國以來毛澤東文稿》第4冊，中央文獻出版社，1990年，第546頁。

消失和「體制」的更迭，同時也是知識份子精神氣質的重大蛻變。

　　自然，我們也看到，還原歷史情景的文學史敘述同樣也將面對一系列複雜的情形，這要求我們的研究需包含多種方向的設計，如包括民國社會機制之於文學發展的負面意義：官紳政權的特殊結構讓「人治」始終居於社會控制的中心，「黨國」的意識形態陰影籠罩文壇，扭曲和壓制著中國文學的自然發展，作家權益遠沒有獲得真正的保障，「曲筆」、「壕塹戰」、「鑽網」的文化造就了中國文學的奇異景觀，革命／反革命持續性對抗強化了現代中國的二元對立思維，在一定程度上妨礙了現代文化思想的多維展開。除此之外，我們也應當承認，國家與社會框架下的文學史敘述需要對國家與社會歷史諸多細節進行深入解剖和挖掘，其中有大量的原始材料亟待發現，難度可想而知。同時，文學作為國家歷史的意義和作為個體創作的意義相互聯繫又有所區別，個體的精神氣質可以在特定的國家歷史形態中得到解釋，但所有來自環境的解釋並不能完全洞見個體創造的奧妙，因此，文學的解讀總是在超越個體又回到個體之間循環。當我們藉助超越個體的國家歷史情態敘述文學之時，也應對這一視角的有限性保持足夠的警惕。

　　以上的陳述之所以如此冗長，是因為我們關於文學歷史的扭曲性敘述本來就如此冗長！今天，呈現在讀者諸君面前的這一套文叢試圖重新返回民國歷史的特殊空間，重新探討從具體國家歷史情景出發討論文學的可能，當然，離開民國實在太久了，我們剛剛開始的討論可能還不盡圓熟，對一些問題的思考有時還會同過去的思想模式糾纏在一起，但是我想，任何新的研究範式的確立均非一朝一夕之功，每一種思想的嘗試都必然經過一定時間的蹣跚，重要的是我們已經開始了！從「民國文化與文學研究文叢」第一輯出發，我們還會有連續不斷的第二輯、第三輯……時間將逐漸展開我們新的思想，揭示現代中國文學研究在未來的宏富景觀。

　　這一套規模宏大的學術文叢能夠順利出版，也得益於花木蘭文化出版社，得益於杜潔祥先生的文化情懷與學術遠見，我相信，對歷史滿懷深情的注視和審察是我們和杜潔祥先生的共同追求，讓我們的思想與「花木蘭文化」一起成長，讓我們的文字成為中華文明的百年見證。

二○一二年三月五日，農曆驚蟄

民國文學發生期的鴛鴦蝴蝶派研究

胡安定　著

作者簡介

作者簡介：胡安定，女，1975 年生於安徽桐城，西南大學文學院副教授。1998 年畢業於西南師
範大學漢語言文學專業，獲學士學位。2005 年獲中國現當代文學碩士學位。2006 ～ 2009 年在
四川大學攻讀博士學位，2009 年 6 月獲文學博士學位。主要從事中國現當代文學研究，近年
在《文學評論》《中國現代文學研究叢刊》《社會科學研究》《首都師範大學學報》等刊物發表論
文十多篇，並有多篇論文被《新華文摘》《人大複印資料》轉載。

提　　要

　　鴛鴦蝴蝶派作為中國近現代文學史上一個非常重要的知識群體，它在以新文學為主導的經
典文學敘述中常被冠以「低級、庸俗」的徽號，如果我們跳出經典文學史敘述背後潛藏著的
新 / 舊、雅 / 俗等二元對立的思維框架，就會發現在新文學建構自身的歷程中鴛蝴實際上以一種
負面性的「他者」角色積極參與到中國近現代文學的發生與發展過程之中，成為其中不可或缺
的重要力量。由於新文學一直處於不斷生長、壯大的過程中，扮演著與它相對立角色的鴛鴦蝴
蝶派自然也處於持續變動的狀態。作為非新文學知識群體的泛稱，鴛鴦蝴蝶派在文學史敘述中
實際上長期處於一種曖昧未明的狀態。為了展現鴛鴦蝴蝶派的真實面目，辨明其建構機制，本
書從外在區分與自我確認的雙重視野中，結合傳播空間的爭鬥與分化，來考察鴛鴦蝴蝶派群體
想像與身份認同的過程。本書主要從以下三個方面進行探究：

　　第一部分主要探討鴛鴦蝴蝶派群體的形成與劃分。從鴛鴦蝴蝶派、正宗鴛鴦蝴蝶派以及
「蝙蝠派」這樣「派中有派」格局的形成中，來考察群體劃分的機制與標準；第二部分主要探討
鴛鴦蝴蝶派傳播空間的開創與變遷；第三部分主要探討鴛鴦蝴蝶派的自我確認，群體意識的形
成、身份認同的完成、與新文學區分中的周旋，無疑都是其自我確認的關鍵環節。

緒　論

一

　　在民國文學的版圖上，「鴛鴦蝴蝶派」〔註1〕無疑是一個充滿貶義的名稱，它已然成了對所有低級、庸俗文學作品的一個概括，是戴在那些非新文學的作家頭上「一頂美麗的帽子」。〔註2〕鴛鴦蝴蝶派的名稱可謂多種多樣，如「禮拜六派」、「民國舊派」等，不同的名稱也導致範圍界定的眾說紛紜、標準不一，目前學界主要有三種界定方法：一種是將之當成一個文學流派，視其為一個「流變中的流派」，〔註3〕主張從題材、體裁、陣地和團體等四方面考察這一流派，認為這一派的文藝目的是為了供飯後工餘的消閒和消遣，為達到這一職能，作品要有趣味性和娛樂性。因此，他們慣用的題材是言情、社會、

〔註1〕　目前學界對鴛鴦蝴蝶派的稱謂有很多種，有以他們的老牌雜誌《禮拜六》而稱之為「禮拜六派」；又有人稱之為「民國舊派」（如范煙橋、鄭逸梅等人均採用此名稱）；「民國通俗小說」（張贛生：《民國通俗小說論稿》，重慶出版社1991年。）；或者稱為「現代傳統風格的都市通俗小說」；（林培瑞：《論一二十年代傳統樣式的都市通俗小說》，收入賈植芳編《中國現代文學的主潮》，復旦大學出版社1990年；良珍：《中國現代傳統風格的都市通俗小說》，載《齊魯學刊》1990年第3期。）還有認為採用「鴛鴦蝴蝶派——禮拜六派」最為妥當。（范伯群：《中國近現代通俗文學史》，江蘇教育出版社1999年。）本書還是採用「鴛鴦蝴蝶派」這一名稱，因為一則在新文學的長期批判中，使用較多的還是「鴛鴦蝴蝶派」；再則唯有「鴛鴦蝴蝶派」這一名稱能凸顯問題的複雜性與其特質的多元性。

〔註2〕　魏紹昌《我看鴛鴦蝴蝶派》，臺灣商務印書館1992年。

〔註3〕　劉揚體《流變中的流派——「鴛鴦蝴蝶派」新論》，中國文聯出版公司1997年。

黑幕、歷史、宮闈、武俠、偵探、滑稽等等。體裁是長篇小說主要採用章回體，短篇則不少承襲傳奇文學及筆記小說的體例，還有花樣翻新的「集錦小說」。陣地有報紙副刊和大量雜誌、小報。團體主要是青社和星社。〔註4〕另外，還有視之爲一個龐大而複雜、歷時近半個世紀的文學現象，或帶批判眼光以「封建餘孽」的鴛鴦蝴蝶派文人創作的反現實主義「逆流」來概括它。〔註5〕或客觀地勾勒出它發展的各個階段；〔註6〕也有研究者注意到，鴛鴦蝴蝶派這一概念的形成其實是新文學陣營長期批判指認的結果，炮口所及的對象逐漸增多，這一名稱下所涵蓋的內容也在擴大。因此，鴛鴦蝴蝶派並不是一個有組織的文學團體或流派，它被定義的眞正內涵是民國時期除了「新文學陣營」外的所有文學文本。〔註7〕

　　對於這樣一個「非新文學」的龐然大物，文學史對它的容納也經歷了一個從遮蔽到呈現的過程。大陸地區建國後的幾部文學史均以「逆流」來定位鴛鴦蝴蝶派，如北京大學 1955 級的《中國文學史》，視鴛鴦蝴蝶派爲小說中的「逆流」，指斥其爲「追求色情、追求刺激的典型的半封建半殖民地的文學」。〔註8〕復旦大學中文系學生編寫的《中國文學史》、《中國近代文學史稿》也採取類似定性，斥責鴛鴦蝴蝶派「迎合商人與其他小市民庸俗的心理和需要，毒害了青年人純潔的心靈，鼓勵他們走上墮落和毀滅的道路」。〔註9〕在這種強調「政治正確」的文學史敘述中，鴛鴦蝴蝶派作爲「封建文學」的代表，是新文學的鬥爭對象，自然被加以種種惡謚。隨著中國現代文學史政治意識形態敘述模式的逐漸形成，鴛鴦蝴蝶派作爲「反動逆流」，只能退出歷史舞臺，長期被文學史所遺忘和湮沒。

　　時至二十世紀八十年代，大陸政治意識形態的鬆動帶來了中國現代文學史寫作範式的轉變。黃修己曾這樣描述「文革」後文學史寫作的變化，「入史範圍的擴大，打破了革命文學的一統天下，打破了現代文學的純粹性……受批判的

〔註4〕 范伯群《禮拜六的蝴蝶夢》，人民文學出版社，1989 年，第 5 頁。
〔註5〕 趙遐秋，曾慶瑞《中國現代小說史》，上卷，中國人民大學出版社，1984 年，第 38 頁。
〔註6〕 楊義《中國現代小說史》，下卷，人民出版社，1998 年，第 717 頁。
〔註7〕 趙孝萱《「鴛鴦蝴蝶派」新論》，蘭州大學出版社，2004 年，第 5 頁
〔註8〕 北京大學中文系文學專門化 1955 級集體編著《中國文學史》，下冊，人民文學出版社，1959 年，第 572 頁。
〔註9〕 復旦大學中文系古典文學組學生集體編著《中國文學史》，下冊，中華書局，1959 年，第 509 頁。

通俗小說，被視爲市民文學，舊體詩詞被視爲仍有重大成就的部門，都喊叫著要擠進現代文學史」。〔註10〕隨著現代文學入史範圍的擴大，一些文學史對鴛鴦蝴蝶派採取了部分容納的方法。有些文學史開始肯定如張恨水這樣的鴛蝴作家，將之視爲在新文學大旗引導下，皈依到現實主義門下的進步代表。〔註11〕而有些文學史則設通俗文學專章論述鴛鴦蝴蝶派。如錢理群等著的《中國現代文學三十年》和楊義的《中國現代小說史》皆是如此。這些文學史都站在新文學的立場上，接納那些比較符合新文學標準的鴛鴦蝴蝶派作家作品。與此同時，一些學者認爲以往的文學史因忽略了通俗文學流派，衹是「半部中國現代文學史」。出於雅俗「兩個翅膀」〔註12〕的平衡，他們開始了對通俗文學的演進過程進行勾勒。這就導致了獨立的通俗小說／文學史的繁榮。范伯群的《中國近現代通俗文學史》無疑是這一方面的力作，還有張贛生的《民國通俗小說論稿》等，均對鴛鴦蝴蝶派的文學主張和創作實踐進行了細緻的梳理。這類獨立的通俗文學史多以雅俗各自獨立的方式看待中國現代文學的格局，將五四新文學與鴛鴦蝴蝶派看成兩個幾乎不相干的系統。

在文學史接納的同時，學界也開始了對鴛鴦蝴蝶派的關注與研究，最初多是以資料整理工作爲主的翻案式研究，能對鴛鴦蝴蝶派的發生發展做較爲詳實的勾勒與描繪。八九十年代出現了幾部具有開拓意義的著作與資料彙編，比較代表性的有：范伯群、芮和師等人編寫的《鴛鴦蝴蝶派文學資料》，魏紹昌主編的《鴛鴦蝴蝶派研究資料》，范伯群的《禮拜六的蝴蝶夢》，魏紹昌的《我看鴛鴦蝴蝶派》，袁進的《鴛鴦蝴蝶派》，劉揚體的《流變中的流派——「鴛鴦蝴蝶派」新論》等，這些研究對鴛鴦蝴蝶派的文學主張和創作實踐進行了細緻的梳理。尤其是范伯群，長期致力於鴛鴦蝴蝶派史料發掘工作，他主編的《中國近現代通俗文學史》和著作《中國現代通俗文學史（插圖本）》，對鴛鴦蝴蝶派面貌的勾勒與價值的發現做出了巨大貢獻。但八九十年代以來的這些奠基性論著，大多難以擺脫以新文學爲主導的價值標準，習慣於在新文學與鴛鴦蝴蝶派雅俗天然二分的格局中看取問題，臺灣學者趙孝萱對此存

〔註10〕黃修己《中國現代文學史研究的「勢大於人」》，載《東方文化》2002 年第 5 期。
〔註11〕趙遐秋，曾慶瑞：《中國現代小說史》，上卷，中國人民大學出版社，1984 年，第 100 頁。
〔註12〕范伯群主編《中國近現代通俗文學史》，上卷，江蘇教育出版社 1999 年，第 35 頁。

在的侷限進行了批判性反思，她的《「鴛鴦蝴蝶派」新論》通過一系列的個案研究，透視了中國現代文學史中新舊、雅俗標準背後形成的機制。

隨著研究的不斷推進，理論方法與視角也多種多樣。九十年代以來，大眾文化逐漸走進研究界的視野，而鴛鴦蝴蝶派因標榜「娛樂」「消閒」，與「滿足普通市民的日常感性愉悅需要的大眾文化」〔註13〕有著相當的一致。於是一些研究者將它作為一種通俗大眾文化形態，從都市形成、媒體發達、市民意識、本土形態等多種要素對它進行分析。例如從傳播學角度，不再把文學活動作為作家的單純創作行為，而是將其置放到傳播、消費與接受活動之中進行較為全面地考察。目前有不少研究者認為鴛鴦蝴蝶派作為一種通俗大眾文化形態，其興盛與近世大眾傳媒的發展密不可分，蔣曉麗在《中國近代大眾傳媒與中國近代文學》一書中對鴛鴦蝴蝶派與大眾傳媒關係進行探索，對中國近現代「雅文學」與「俗文學」的轉換機制中的傳媒因素給予關注。〔註14〕王利濤在《鴛鴦蝴蝶派與大眾傳媒關係探微》一文中，則認為大眾傳媒猶如一把雙刃劍，影響了鴛鴦蝴蝶派的作家與創作。〔註15〕

另外，作為通俗文學代表的鴛蝴，受眾在其發生、發展過程中自然扮演著至關重要的角色，因此有不少研究者從接受美學的角度對鴛鴦蝴蝶派的獨特價值進行了肯定。馬以鑫的《中國現代文學接受史》對鴛鴦蝴蝶派尊重讀者反應給予了很高的評價。〔註16〕劉揚體從讀者的情感需要角度分析言情與武俠小說走俏的原因。〔註17〕湯哲聲則提出，由於新文學與中國現代通俗文學的文化觀念和創作各有側重，於是新文學與中國現代通俗文學在現代文學史中的位置各有側重。新文學更多的是人生思考，提出很多的人生理念和思想理念，它的讀者主要是新式知識份子，由於這些新式知識份子往往代表著時代的思考，所以新文學是「閱讀先導」。中國現代通俗文學更多追求閱讀效應，更加關注社會事件和身邊事件，於是它的讀者主要是廣大市民，由於市民人口眾多，所以通俗文學是中國現代文學的「閱讀主體」。〔註18〕

〔註13〕王一川主編《大眾文化導論》，高等教育出版社，2004年，第9頁。

〔註14〕蔣曉麗《中國近代大眾傳媒與中國近代文學》，巴蜀書社，2005年。

〔註15〕王利濤《鴛鴦蝴蝶派與大眾傳媒關係探微》，載《重慶師範學院學報》2003年1期。

〔註16〕馬以鑫《中國現代文學接受史》，華東師範大學出版社，1998年。

〔註17〕劉揚體《流變中的流派——「鴛鴦蝴蝶派」新論》，中國文聯出版公司，1997年。

〔註18〕湯哲聲《中國現代通俗文學的「現代性」和入史問題》，載《文學評論》2008

　　也有從知識份子的社會文化史角度，注意到鴛鴦蝴蝶派文學不是一開始就是通俗文學，它本身的發展道路還包括了傳統精英知識份子向市場經濟轉換，建立現代出版制度的文學現代化的社會實踐。以鴛蝴派爲集中代表的舊文學從精英知識份子立場向通俗文學的眞正轉型應是在「五四」新义學興起以後才最後完成的。正因爲「五四」新文學佔領了精英知識份子的制高點（大學課堂、權威刊物、大型出版機構以及一部分權力），他們才逐漸退出精英的立場，轉移到大都市的新的媒介——電影電臺、報紙副刊、小報連載、連環畫等等，開拓了新的領域——都市通俗領域的空間。〔註 19〕郝慶軍的《論鴛鴦蝴蝶派的興起》，考察了晚清社會改革，尤其是廢除科舉以後，鴛鴦蝴蝶派作爲一個職業化的社群如何進入口岸城市社會，成爲一個結構性的社會共同體，解釋了它的興起的歷史必然和經濟基礎。〔註 20〕

　　其他還有諸如用比較文學思路，將鴛鴦蝴蝶派與日本硯友社進行對比，發現二者之間的相似性。〔註 21〕或發掘鴛鴦蝴蝶派小說所受西方文學影響。〔註 22〕或回顧鴛鴦蝴蝶派作家在清末民初之際對翻譯西方文學作品所作的努力。〔註 23〕以及從敘事學角度考察鴛蝴的文體特徵和話語修辭，從形式上追蹤窺探鴛蝴小說的文本潛流。〔註 24〕還有從地域文化角度，探尋吳文化對鴛鴦蝴蝶派的影響。〔註 25〕或從民族文化傳統的角度看待鴛鴦蝴蝶派，如張光芒認爲鴛鴦蝴蝶派小說的出現及興盛有著深刻的歷史淵源，其現代性的市民意識的發達正是晚明以來「以情抗理」人學思潮發展的一個結果或一種呼應，是一種在民族文化傳統基礎之上的現代性追求。〔註 26〕另外，余

年 2 期。

〔註 19〕陳思和《我們的學科還很年輕》，載《文學評論》2008 年 2 期。

〔註 20〕郝慶軍《論鴛鴦蝴蝶派的興起》，載《文學評論》2006 年第 2 期。

〔註 21〕王向遠《中日現代文學比較論》，湖北教育出版社，1998 年。

〔註 22〕袁荻湧《鴛鴦蝴蝶派小說與西方文學》，載《貴州社會科學》1997 年第 1 期。

〔註 23〕李德超、鄧靜：《近代翻譯文學史上不該遺忘的角落——鴛鴦蝴蝶派作家的翻譯活動及其影響》，載《四川外語學院學報》2004 年第 1 期。

〔註 24〕姚玳玫《極致「言情」鴛鴦蝴蝶派小說的敘事策略與修辭效應》，載《廣東社會科學》2004 年第 1 期；黃麗珍《鴛鴦蝴蝶派小說敘事模式的新變》，載《理論學刊》2002 年第 2 期。

〔註 25〕徐採石、金燕玉《鴛鴦蝴蝶派與吳文化》，載《中國文化研究》2001 年第 4 期。王木青《吳地柔美之風的文學表達——論鴛鴦蝴蝶派哀情小說》，載《蘇州教育學院學報》2007 年第 1 期。

〔註 26〕張光芒《從「鴛派」小說看中國啟蒙文學思潮的民族性》，載《學術界》2001

夏雲的碩士論文《新文學與鴛鴦蝴蝶派的場域占位鬥爭考察（1896～1949）》運用布迪厄的文化社會學理論，勾勒了新文學與鴛鴦蝴蝶派場域鬥爭的線索。〔註27〕

　　總體上，鴛鴦蝴蝶派的研究，主要還是集中在中國大陸，港臺和海外相對較少。但是，隨著研究範式的轉變，一些海外漢學家也逐漸將目光轉向這一長期被歧視的文學形態。正如有人所指出的「自夏志清與普實克的著作之後，西方對五四文學最具雄心的研究已轉而集中於該段文學史其他較爲邊緣性的取向。」〔註28〕林培瑞的《鴛鴦蝴蝶派》與夏志清的《〈玉梨魂〉新論》是西方較早研究鴛鴦蝴蝶派的論著。隨著中國現代性問題的討論展開，一些研究者認爲鴛鴦蝴蝶派代表的是另一種欲望與日常生活的現代性。如王德威以「被壓抑的現代性」泛指晚清、『五四』及30年代以來，種種不入（主）流的文藝實驗。主要指從科幻到狎邪、從鴛鴦蝴蝶到新感覺派、從沈從文到張愛玲等文藝實驗」。〔註29〕周蕾的《婦女與中國現代性》則以女性主義觀點分析了鴛鴦蝴蝶派小說。〔註30〕唐小兵的《蝶魂花影惜分飛》，提出鴛鴦蝴蝶派這種文化形態，其實代表現代城市文化中對日常生活世俗性欲望的肯定，與五四新文學注重「人生飛揚」，不斷走向政治化的一面形成對比，鴛鴦蝴蝶派的所謂「現代的惡趣味」，便是現代都市平民的日常生活所肯定的世俗性和平庸性。〔註31〕

二

　　理論方法的翻新與學術範式的轉型帶來了鴛鴦蝴蝶派研究的繁榮，但從總體上看，迄今爲止的研究基本上沒有跳出新／舊、雅／俗等二元對立的僵化框架，因而上述研究成果大多數還是擺脫不了本質主義思維的束縛，從而不能眞正地洞識鴛蝴與新文學的深層辯證關係。在這樣的思維慣習宰控下，

年第 4 期。

〔註27〕余夏雲《新文學與鴛鴦蝴蝶派的場域占位鬥爭考察（1896～1949）》，西南交通大學 2008 年碩士論文。

〔註28〕安敏成《現實主義的限制：革命時代的中國小說》，薑濤譯，江蘇人民出版社 2001 年，第 5 頁。

〔註29〕王德威《被壓抑的現代性——晚清小說新論》，北京大學出版社，2005 年，第 11 頁。

〔註30〕周蕾《婦女與中國現代性：西方與東方之間的閱讀政治》，蔡青松譯，上海三聯書店，2008 年。

〔註31〕唐小兵《蝶魂花影惜分飛》，《讀書》1993 年第 3 期。

學界對鴛鴦蝴蝶派這樣一個龐雜、繁複的對象，動輒加以統一的概括，往往視其爲一個靜態的整體，而去努力尋找其所謂的共同特徵。但由於鴛鴦蝴蝶派恰恰是一個被建構出來的範疇或話語實踐，所謂共同特徵其實隨著論爭對象所定標準的變化而有所不同，因而對所謂共同特徵的追求極易陷入盲人摸象式的偏見。鴛鴦蝴蝶派作爲非新文學知識群體的泛稱，由於在新文學建構自身的歷程中長期以一種負面性的「他者」角色而呈現，同時它隨著新文學的發展而不斷地建構自身，進而在新文學的指認與自我想像中形成了一個相對固定的知識群體。因此對於這樣一個中國近現代文學史上游移變動的重要知識群體，我們就必須要將其置放到新文學「指認」與自我「認同」的雙重視野中進行較全面地考察，只有這樣才能拆解研究中長期存在著的新／舊、雅／俗等二元對立的思維舊習，從而敞顯鴛鴦蝴蝶派在文學爭鬥場景與自我想像中曖昧遊移的面容，在此基礎上才能較爲客觀公正地看取鴛鴦之於中國近現代文學的價值與意義，進而重審中國近現代文學中新／舊、雅／俗文學之間深層的複雜關聯，及其呈現出來的繁複的文學生態圖景。

　　我們知道「鴛鴦蝴蝶派」這一名稱始於五四新文學作家的批判與指認。五四新文學登上文壇，爲了確定自己迥異於現存文學樣態的特徵，首先進行了一系列的命名行爲，「鴛鴦蝴蝶派」即是他們贈與民初文學的一個名號。新文學的「命名」是爲了與舊文學區別開來，試圖通過對「假想敵」的歸類與指認等策略，完成自身的理論建設，從而確立自身的主體性與合法性。通過「文學革命」、「白話文學」、「人的文學」等提法，新文學初步釐定了自己的目標，並對民初文壇進行了頗具批判意味的現象描述，這些現象都被他們歸入「舊文學」「舊文化」的名號之下，成了他們所提倡的「新文學」「新文化」的對立面。新文學的批判所及對象，有一個逐漸清晰的過程，從局部到整體，從現象到觀念。從二十年代到三十年代，雖然新文學的目標不斷變化，群體內部也在發生分化，但鴛鴦蝴蝶派一直是其共同的對立物，批判範圍也在擴大，一些後起之秀被累加進鴛鴦蝴蝶派這一陣營之中。而且，隨著新文學逐漸成爲一種新的「雅」文學，與之相對，鴛鴦蝴蝶派就成了通俗文學的指稱。

　　正因爲鴛鴦蝴蝶派是作爲新文學的對立物而被命名和界定。因此，自五四以來，新文學群體的攻訐之辭諸如「趣味」「消閒」「金錢」「遊戲」「封建意識」等，就一直與鴛鴦蝴蝶派如影隨形，影響至今。儘管文學史對它的容納經歷了一個從遮蔽、歧視到視之爲現代文學不可缺少的「另半部」的過程，但總體上，

目前一些主流文學史與研究論著仍然難以擺脫新文學與鴛鴦蝴蝶派二元對立的僵化模式，在新／舊、雅／俗二分的格局中描述鴛鴦蝴蝶派，一味地強調二者在諸如審美風格、文學觀念等方面的不同。但我們必須注意到，首先，鴛鴦蝴蝶派與新文學之間多樣與複雜的糾葛、爭鬥被簡化為二元對立的關係，無疑忽視了二者之間因互動與互滲而呈現的斑駁色彩。正如有研究者論及新文學倡導者的二元對立立場時指出：「幾乎新文學倡導者以簡捷方式提出的每一對命題，都會落在其他命題的複雜糾纏中。孤立地看每一組二元對立，確是你死我活，水火不容，但多組二元對立之間，卻絞纏著衝突與參照、排斥與融彙。這樣，雖然新文學倡導者確曾試圖構築黑白分明的森嚴壁壘，而分明的『黑』與『白』卻因交叉與錯位而呈現出斑駁的色彩」。〔註32〕新文學與鴛鴦蝴蝶派之間也是如此，二者並非是涇渭分明的兩種文學形態，其實存在著鬥爭中的糾纏與交叉，所謂新／舊、雅／俗二分與對立的勾勒其實包含著研究者自己的價值評判。在這種主觀臆斷中，它們之間還有一個駁雜、含混的灰色地帶被長期忽視了，這個超越了二元對立的互動、互滲的「第三度」文學空間無疑為重審新／舊、雅／俗文學之間的關係提供了重要契機。

其次，鴛鴦蝴蝶派並不天然的就與「舊」「俗」有著聯繫，它之所以被目為「舊文學」「通俗文學」，其實是處於同一文化空間中不同知識群體、文學形態爭鬥與整合的結果。誠如研究者所言：「通俗文學領域的出現是以下兩種情況的產物，獨佔排他的機制，通俗文學由此而成為文學的『另類』；大眾傳播和大眾教育機構的發展，這為象徵形式的大規模生產和廣泛流通創造了條件。」〔註33〕鴛鴦蝴蝶派之被視為通俗文學即是如此。新文學與鴛鴦蝴蝶派之所以能夠新舊、雅俗二分，恰恰是因為他們擁有一個幾乎共同的文學平臺、文化傳播空間。在近現代中國，隨著科舉制的廢除，傳統秩序的崩塌，知識份子必須重新尋求自己的位置，而都市大眾傳媒的興盛與學校等教育機構的發展，造就了一個新的社會文化空間，為知識份子提供了謀生與實現自己價值的平臺。鴛鴦蝴蝶派與新文學作為不同的知識群體，他們其實同處於這個社會文化空間，因此都有在這個文化空間中佔據位置、爭奪資源的要求。所

〔註32〕劉納《二元對立與矛盾絞纏：中國現代文學發難理論以及歷史流變的複雜性》，載《中國現代文學研究叢刊》2003年第四期。

〔註33〕〔英〕約翰·B·湯普森：《意識形態與現代文化》，高銛等譯，譯林出版社，2005年，第162頁。

謂新舊、雅俗的區分正是這文化空間中占位、爭鬥的手段與結果。

　　那麼，處於同一文化空間中鴛鴦蝴蝶派與新文學之間的爭鬥是如何進行的呢？它們對立中的交叉與互動又是如何體現的？它們之間新舊、雅俗的二元對立與等級制度又是如何被製造出來並廣爲接納，成爲一種常識的？鴛鴦蝴蝶派的形象又是如何建構出來的？本書通過查閱大量的原始相關文獻，力圖回到新、舊文學論爭的歷史鮮活現場，來考察這一複雜的過程。所以，本書關注的重點不是鴛鴦蝴蝶派本來面目如何，哪些作家作品可以放入這一流派。而是主要探討：爲什麼一些作家作品被認爲是鴛鴦蝴蝶派？在它的生產、傳播、閱讀、社會評價中，它的文學、文化空間是如何形成的？以及它是如何進行形象建構與身份認同的？書中「鴛鴦蝴蝶派」並非一個本質主義的概念或範疇，而是一種話語實踐，即它是由創造主體基於不同的立場來專門應對特定的社會文化與意識形態情境而行使的言語行爲，它具體表現爲「一系列的清晰的招式與姿態」。〔註34〕因此，作爲一個群體，它是一個由建構、想像而生成的動態群體；就個體而言，其中的作家對自己的身份也經歷了一個不斷尋求、認同的過程。應該說，在鴛鴦蝴蝶派的群體想像與自我認同中，新文學界的外在區隔、指認是基本機制，而其自我確認則是主要策略，傳播空間又是它們之間鬥爭、分化與聚合的重要平臺。因此，本書擬將時段確定於民國文學發生初期，從鴛鴦蝴蝶派群體劃分、傳播空間開創及變遷、自我確認三個方面進行勾勒與探究。

　　首先，就群體而言，區分化（或區隔）機制是鴛鴦蝴蝶派劃分與形成的基礎。新文學對鴛鴦蝴蝶派的指認與批判，就是通過命名，製造區分和差異。誠如研究者所指出的：「差異是客觀的，但在人們表徵這個世界的過程中，不斷被主觀地挑選、製造、掩蓋等。在人們認識事物的過程中，差異的功能在於爲特定事物構成『邊界』。『邊界』是將不同事物或對立事物雙方截然分開的關鍵，我們無法準確定義沒有邊界的事物，所以由差異所建構的邊界在事物能爲人們所認識方面是至關重要的，而一事物的邊界就是它與其他事物的相異之處。」〔註35〕新文學與鴛鴦蝴蝶派之間的差異與區別即是如此，自五

〔註34〕王斑《歷史的崇高形象──二十世紀中國的美學與政治》，孟祥春譯，上海三聯書店，2008年，引言第11頁。
〔註35〕徐連明《差異化表徵：當代中國時尚雜誌「書寫白領」研究》，社會科學文獻出版社，2008年，第41頁。

四初期一直到三十年代，在「新文學」／「舊文學」、「人的文學」／「遊戲的消遣的金錢主義的文學觀念」、「進步的大眾文藝」／「封建的小市民文藝」的一系列對立中，新文學與鴛鴦蝴蝶派被一次次加以區分，新文學與鴛鴦蝴蝶派的界線逐步劃分出來。於是，一個「非新文學」的鴛鴦蝴蝶派群體就此形成，在新文學長期的批判與指認下，一切非新文學的作家往往都被歸入到鴛鴦蝴蝶派這一陣營。這是一個外延與內涵均相對模糊的群體，這個群體中既有一些由晚清而來的老作家、老報人，他們又因活躍於民初文壇，到五四時被冠以「壓陣老將」的稱號；也有於活動於新舊文學空間尚未區分之際，與新文學也有著諸多牽纏的「鴛鴦蝴蝶派大師」；另外還有在新文學興起以後才崛起，作爲通俗小說家而被累加進的一批人。

鴛蝴某種程度上是新文學界對「非我族類」的一個概括，只能作爲新文學的一個負面「他者」而存在。因此，那些被劃入這一名號之下的鴛蝴名家如包天笑、周瘦鵑、張恨水等人，爲了辨明自身在新的文學空間中存在的合法性，他們採取以「區分」回應「區分」的策略，努力辨析「鴛鴦蝴蝶派」、「禮拜六派」、「民國舊派」等概念之間的差別。於是，在他們的再次區分之下，在這個龐雜的鴛蝴群體之中又單獨劃分出一個正宗鴛鴦蝴蝶派，專指民初圍繞在《民權報》《民權素》周圍，創作駢體言情小說的徐枕亞、李定夷、吳雙熱等人。而實則所謂正宗鴛蝴也祇是一個因報刊雜誌的聚合而形成的「全無派別」之組合，哀情名家同樣有另一副筆墨，而且這個正宗鴛蝴群體其實和其他鴛蝴作家們多有牽連。此外，鴛鴦蝴蝶派是新文學區分、劃界的產物，然而，實際上，不同文學形態之間不可能涇渭分明，在新文學與鴛鴦蝴蝶派之間同樣存在著跨越邊界的灰色地帶，也就是在二者之間還有一個超越新／舊、雅／俗二元對立的「蝙蝠派」群體。在新文學發生初期，這些「蝙蝠派」作家試圖積極參與新文學，但最終卻被新文學界認爲是「非新」、「僞新」，因而還是難以擺脫鴛蝴身份。這反映出在特定的文學鬥爭格局中，新文學群體力圖維護命名權與自身合法性。「蝙蝠派」欲新未能新的尷尬，其實正給了我們一個審視鴛鴦蝴蝶派形成機制的契機。

其次，由於不斷區分的機制，形成了鴛鴦蝴蝶派這樣「派中有派」的格局。而這一格局的形成，其實離不開大眾傳播空間的開創與變遷。自晚清以來，大眾傳媒不僅是文學載體，承載著作品發表、傳播的功能，同時也是各種文學樣態進行區分的重要平臺。新文學與鴛鴦蝴蝶派群體之間的區別，導

致了二者的生產、傳播、消費的差異，而這種生產、傳播、消費之間的不同，又反過來促進了各自群體的形成。自晚清以來，鴛鴦蝴蝶派傳媒經歷了一個調整的過程，創辦於 1910 年的《小說月報》，承晚清啓蒙維新思潮而來，雖屢經調整版面，但始終在趣味與新知之間試圖取得一個平衡，體現了過渡兼容的特徵；1914 年創辦於成都的《娛閒錄》，在民初雜誌中較有代表性，既有「娛」和「閒」的特徵，同樣也有傳播新知的一面，蘊涵著多重言說空間，體現了文化空間尚未區分之際的多種可能性；五四新文化運動以後的鴛鴦蝴蝶派雜誌期刊則又呈現另一副面目，它們主要著重於日常生活領域的言說。對於「先鋒」的新文學，他們將之作爲時尚的文化符號加以利用，《半月》、《紫羅蘭》即是例證。報刊雜誌宗旨與形態的調整其實也反映了讀者群體的變遷與分化，這些雜誌報刊的讀者群體構成相當複雜，而新文學群體將這些讀者加以「封建小市民」等汙名，其實也是一種鬥爭策略。正宗鴛鴦蝴蝶派是再次區分的產物，他們的代表報刊歷來與民初哀情駢體小說聯繫在一起，而實則這些報刊與同時期的其他雜誌一樣也具有多重面目，如《民權報》與《小說叢報》。同時，正宗鴛鴦蝴蝶派之所以給人單獨「一群」的印象，還離不開民權出版部的策劃、運營，以及版權之爭而起的文化事件。

　　無論是鴛鴦蝴蝶派的多元、模糊，還是正宗鴛鴦蝴蝶派的再次被加以區分，貫穿於其中的就是傳播空間的分化。然而，在新文學發生初期，儘管新文學與鴛鴦蝴蝶派群體往往各自擁有自己的發表陣地，新文學刊物與鴛蝴報刊宗旨、形態迥異。而實際上，還有一些「蝙蝠派」報刊雜誌，如泰東書局的《新人》、《新的小說》，商務印書館的《小說世界》，這些雜誌或以新文學、新文化刊物自命，或標榜融合新舊，但卻被新文學群體視爲「僞新」與「非新」。而讀者對這些雜誌的閱讀狀態與期許也同樣顯得多種多樣，各有差別，並不僅僅停留於單純的「消遣」。因此，在讀者評價與新文學界批判之間形成了一種耐人尋味的差異。可以說，在中國近現代文學發展歷程中，大眾傳媒作爲生產、傳播中的重要一環，也是作者與讀者群體集結、區分的平臺，因此在新文學與鴛鴦蝴蝶派的鬥爭與糾葛中發揮了重要作用。

　　最後，鴛鴦蝴蝶派群體的劃分與傳播空間的變遷，是其派別形成、形象建構的基礎。而如此龐雜參差的群體能以一個「派」命名，人生形態各異的作家們能接受一個共同的身份指認，還離不開他們的自我確認。在此過程中，群體意識的形成、身份認同的完成、與新文學區分中的周旋，無疑都是相當

關鍵的環節。在鴛鴦蝴蝶派群體意識形成中，私誼網路、會社網路和傳播網路顯然發揮著相當重要的作用，三個彼此重疊的人際網路，不僅決定了那些鴛蝴文人在都市中的生存與發展，影響了他們生活形態的過渡和轉型，而且使得他們以一個群體的形象而展示於世人。就身份而言，鴛鴦蝴蝶派給人們的印象往往是一群深具傳統情趣的舊派才子，之所以形成這樣的形象，不僅是緣於新文學的指認，他們自身的認同也是如此，在這個追尋身份、建構形象的過程中，由生存處境所決定的職業、文化裂變中的精神取向，以及面向新文學的策略性定位無疑都發揮著重要作用。對於鴛鴦蝴蝶派而言，新文學始終是一個強大的「他者」。面對這個「他者」，鴛鴦蝴蝶派的回應策略相當靈活，既接受新文學的區分，堅持一條「玫瑰之路」，標榜趣味與消閒；又不乏對新文學話語進行戲仿，顛覆其權威性與神聖性；同時也有著消解邊界與等級的同一性策略，在「新舊原本一家」的口號下一邊揭新文學家老底，一邊自己又積極逐新，擴展自身生存空間。正是在這樣靈活複雜的應對、周旋中，形成了鴛鴦蝴蝶派豐富、駁雜的形態，從而讓它歷經新文學的屢次批判而不衰，在民國文化、文學空間中佔據著重要的一席之地。

上　編

鴛鴦蝴蝶派群體的形成與劃分

　　鴛鴦蝴蝶派作爲一個特殊的知識群體，其範圍其實相當模糊，成員也十分龐雜。正如研究者所指出的：「至於哪些人是鴛鴦蝴蝶派作家，歷來也不曾在哪兒見到過一份完整的名單，只在人們心中約略有個數而已。」﹝註1﹞那麼，人們心中「約略有個數」這樣的觀念究竟是如何形成的呢？

　　應該說，鴛鴦蝴蝶派這一群體之所以形成，離不開它與新文學群體之間的鬥爭。在此過程中，新舊、雅俗的區分成爲它得以劃定的最基本機制。首先在與新文學的區分中，形成一個龐雜的鴛鴦蝴蝶派群體。在新文學長期的批判與指認下，一切非五四新文學的作家（尤其是小說家）往往被歸入到鴛鴦蝴蝶派這一陣營，這個模糊的鴛鴦蝴蝶派群體中，比較有代表性的有三種情況：一是晚清已登文壇的包天笑等人，他們的文學身影一直活躍於民初至五四以後；二是主要活動於新舊文化空間尚未區分之際的蘇曼殊，他與新文學和鴛蝴兼有關聯；另外就是新文學登場後才眞正崛起的張恨水等人，因被視爲「封建餘孽」而累加進鴛蝴群體。這些人爲什麼會被歸入鴛鴦蝴蝶派陣營？又是如何被納入其中的？

　　其次，那些被視爲鴛蝴代表的作家如包天笑、周瘦鵑、張恨水都否認自己是鴛鴦蝴蝶派。於是在他們的再次區分之下，又在其中劃分出一個狹義的

﹝註1﹞　寧遠《關於鴛鴦蝴蝶派》，魏紹昌編《鴛鴦蝴蝶派研究資料》，香港生活・讀
　　　　書・新知三聯書店 1980 年，第 124 頁。

「鴛鴦蝴蝶派」，也稱正宗鴛鴦蝴蝶派。專門指民初以《民權素》、《小說叢報》等為陣地，寫作哀情小說的徐枕亞、李定夷、吳雙熱等人，這所謂的正宗鴛鴦蝴蝶派究竟是一副怎樣的面目，他們又是如何被再次區分出來的？

　　最後，鴛鴦蝴蝶派是新文學界區分劃界的產物。而實際上，不同文學與文化形態之間不可能壁壘森嚴。即使在新文學與鴛鴦蝴蝶派之中，也存在著交叉與互滲。因此，我們還應注意到，在新文學與鴛鴦蝴蝶派之間還有一個灰色地帶，活躍著一批試圖跨越新舊的「蝙蝠派」作家，如胡懷琛（胡寄塵）、葉勁風、王靖、王無為等。但在長期文學史敘述中，他們不是被遮蔽、被遺忘，就是被簡單的歸入鴛鴦蝴蝶派營壘之中。這些作家又是如何體現了二者之間的互動與影響？他們「趨新」為什麼又會被認為是「非新」？

　　綜上所述，由於不斷區分的機制，當然也離不開他們自身的回應與確認，形成了鴛鴦蝴蝶派這樣「派中有派」的格局。按法國社會學家布迪厄的說法，被區分化的個人，在其所屬的群體之中，一方面作為群體的成員而在交響樂演奏整體中起作用，另一面卻又以其個人的身份同其所屬的本群體的其他個人成員相區別。〔註2〕鴛鴦蝴蝶派作家身上無疑就體現了這種交響樂特徵，他們的文學、文化活動與人生姿態如此千差萬別，如果試圖對他們所謂的共同點加以概括描述，顯然並不恰當。因此，本書採取點面結合的方式，選取代表作家進行「點」的論述，進而透視鴛鴦蝴蝶派整體「面」的格局。

〔註2〕　高宣揚《布迪厄的社會理論》，同濟大學出版社，2004年，第130頁。

第一章　區分中形成：模糊的鴛鴦蝴蝶派

　　鴛鴦蝴蝶派是新文學對「非我族類」的命名與指認，其範圍幾乎囊括了民初一直到 1949 年前所有非新文學的作家。可以說，鴛鴦蝴蝶派是在新文學界的不斷區分與指認之下，而形成的一個外延與內涵均相對模糊的群體。除了民初的哀情小說家，這個群體中還有一些由晚清而來的老作家，他們又活躍於民初文壇，到五四時被冠以鴛蝴「壓陣老將」的稱號；也有主要活動於新舊文學空間尚未區分之際，與新文學也有著諸多牽纏的「鴛鴦蝴蝶派大師」；另外還有在新文學興起以後才崛起，作為「封建餘孽」而被累加進的一批人。本章試圖通過對這幾個類別的代表作家如包天笑、蘇曼殊、張恨水等人的文學文化活動進行考察，來深入探討這些問題，並進而思考新文學與鴛鴦蝴蝶派這種區分背後所蘊含的價值評判標準。

第一節　包天笑：晚清走來的「壓陣老將」

　　在一些權威文學史的敘述中，晚清文學顯然與民初文學截然不同，在二者之間形成了一系列的褒貶對比，如：「民初的傳統小說祇是晚清小說高潮的餘波，幾乎無重要作品產生」。〔註 1〕以及「民初小說在藝術格調上，比清末有明顯倒退」。〔註 2〕類似的評判不勝枚舉。晚清的「小說界革命」，提出要利用小說的「不可思議之力」，對民眾「熏」、「浸」、「刺」、「提」，因此晚清文學就具有啟蒙民智的正當性、合法性；而民初文學祇是「越來越多地

〔註 1〕　趙毅衡《苦惱的敘述者》，北京十月文藝出版社，1994 年，第 12 頁。
〔註 2〕　楊義《中國現代小說史》，上卷，人民文學出版社 1998 年，第 38 頁。

畫出一副副脂香飄散而又醜陋不堪的怪相」，因此是「一股濁流」。〔註3〕在這樣的文學史敘述中，似乎民初文學與晚清文學之間形成了一個巨大的斷裂。

確實，時至民初，晚清文壇的一些重要人物告別了文字生涯，如曾樸開始沉浮於宦海，李伯元、吳趼人相繼謝世。但在民初文壇上，仍然還活躍著一大批由晚清而來的報人與作家，如李涵秋、張春帆、孫家振等人。在這批文人中，包天笑的人生經歷與遭際無疑相當具有代表性：他接受傳統教育，參加科舉應試，擁有設館授徒的塾師生涯；又在維新思潮影響下辦白話報刊，翻譯傳播域外新知，任教新式學堂，創作教育小說；還在上海進報館當主筆，編輯小說雜誌，創作翻譯了大量小說。但在五四新文學興起之後，他卻被視為舊派文人，是鴛鴦蝴蝶派的「壓陣老將」。

一、職業經歷：設館授徒、任教新學堂、託身大眾傳媒

包天笑，1876 年生於蘇州，幼習舉業，由於父親早逝，一邊以設館授徒謀生，一邊積極應考。像包天笑這樣受傳統教育的文人，本來科舉應試是其正途。但隨著清廷興辦新式學堂，並於 1905 年廢科舉，以及都市傳媒的興起，他的人生道路就出現了很多新的契機。由設館授徒到從事新式教育事業，即是一例。1903 年包天笑在吳中公學擔任教師，與蘇曼殊是同事。1904 年又遠赴山東任教青州督辦學堂。後來在上海期間，他還在幾所女子學校兼課。這些教學經歷為他創作教育小說提供了很好的素材。

投身於教育無疑是當時大部分知識份子的一種選擇，然而，對於包天笑這樣有著文學天賦的人而言，現代都市傳媒的興起又為他提供了一種新的謀生方式。1906 年，包天笑離開山東青州督辦學堂，受友人之邀進入《時報》館，開始其長達十四年的「時報」時期。《時報》為近代上海最有影響的三大報紙之一，包天笑任外埠新聞編輯，兼編副刊《餘興》。不久又擔任《月月小說》、《小說林》等期刊的編輯與撰稿人。據包天笑自己後來回憶：「時報館的八十元，再加上小說林的四十元，每月有一百二十元的固定收入，而我的家庭開支與個人零用，至多不過五六十元而已。」〔註4〕另外他還有寫小說的額外收入，當時上海的小說市價，普通的千字二元，包天笑的小說，後來漲到

〔註3〕 楊義《中國現代小說史》上卷，前引書，第 56 頁。
〔註4〕 包天笑《釧影樓回憶錄》，香港大華出版社 1971 年，第 324 頁。

千字三元。這一時期，包天笑發表了大量小說，有署爲科學、滑稽、偵探的短篇小說，有譯作社會小說《毒蛇牙》、《銷金窟》、《大寶窟王》等。但影響最大的是言情小說《空谷蘭》、《梅花落》，這兩部譯作後來多次被改編成話劇、電影。另外還有《鐵窗紅淚記》刊載於《月月小說》，這是較早譯介雨果的小說。長篇《碧血幕》連載於《小說林》，試圖以秋瑾爲主人公貫穿其革命事迹，但因《小說林》停刊而未完。以他這段時間的大量翻譯與創作，收入應該不菲。從此，包天笑當記者、任編輯、譯著小說，開始了他依靠文學市場和傳媒、出版界謀生的人生歷程。

1909 年開始，包天笑又相繼主編了《小說時報》、《小說大觀》、《小說畫報》等雜誌，在提攜新人方面做出了巨大貢獻，如他在民初主編《小說大觀》時，葉楚傖、姚鵷鶵、陳蝶仙、范煙橋、周瘦鵑、張毅漢，都是他部下大將，畢倚虹更是其先鋒隊。蘇曼殊不僅有《非夢記》刊載於其中，還與陳獨秀合譯雨果的《悲慘世界》。〔註 5〕編輯之餘，包天笑自己還在這些刊物發表了不少自己翻譯和創作的小說。如署「短篇小說」的《一縷麻》（1909 年《小說時報》第 1 年第 2 號）「哀情小說」的《冥鴻》（1915 年《小說大觀》第 2、4 集）、《飛來之日記》（1915 年《中華小說界》第 2 卷第 2 期。）等等。包天笑的小說具有強烈的社會批判意義，如《冥鴻》對民國成立後，愈加紛亂的社會現實加以揭露。並且其創作深受西方小說的影響，能借鑒、學習它們的藝術技巧，如《補過》就是以托爾斯泰的《復活》爲模本。

從晚清到民初，從蘇州到上海，包天笑的生活形態發生了一些重要的變化。作爲一個接受科舉教育的傳統文人，從應試入泮、設館授徒到活躍於滬上報界、文壇，包天笑的經歷反映了一種新的制度化環境——文學市場和出版界的興起所導致的知識份子生存方式變化。傳統中國知識份子過於依賴國家權力機構，皓首窮經以博得一衿青，從而躋身於官僚統治階層。如果功名蹭蹬，一些會設館授徒，培養的學生也多數擁擠在這條應試途上；另外就是給官員當幕僚，仍然離不開國家權力機構；其他如以賣文或經商爲生的則屬於文人末路的無奈。在包天笑的身上還有諸多過渡色彩，他早期的生活經歷還是和傳統知識份子相似，如在蘇州處館授徒，是塾師性質；而到南京蒯府任家庭教師，實則並無學生可教，也就是類似幕僚。但是自 1906 年進入上海《時報》館，包天笑就開始了靠編報刊雜誌和寫作來謀生。包天笑這批文人的生存方式轉變，其實離不開

〔註 5〕　包天笑《釧影樓回憶錄》，前引書，第 377 頁。

外在環境的變遷。上海自 19 世紀開埠以來，一個現代化的都市逐漸形成，西方
先進的印刷技術引進，是傳媒興盛的物質基礎。同時由於甲午戰敗的刺激，維
新思潮的沖刷，讀書人逐漸改變一心唯讀聖賢書的習慣，開始關心國事，途徑
就是通過上海的報紙，包天笑自己在蘇州時就經常閱讀上海的報紙。這樣報紙
的讀者群體就逐漸擴大，從而形成了一個頗有潛力的市場。而且，人們看報不
僅是為了瞭解時事，同樣有娛樂休閒的需要，報紙副刊與文學雜誌即應運而生。
包天笑本人從讀報到編報，從編輯新聞到副刊再到專門的小說雜誌，正可看出
19、20 世紀之交的社會變遷。

二、「開風氣」之舉：譯介、白話報、教育小說

作為一個能夠接受新思想的知識份子，包天笑有不少「開風氣」之舉。
自甲午戰敗後，社會思潮與風氣發生劇烈變化。於是包天笑與友人不再只熱
衷於八股試帖，大量接觸上海的報紙如《申報》、《時務報》，這些報紙為他
們打開了一扇認識世界的窗戶，他們因之「略識時事，發為議論，自命新派，」
〔註6〕在新思潮的影響下，1897 年，包天笑與諸友一起成立了勵學會，不久
又開辦東來書莊，售賣宣傳新知的書籍。後又在朋友介紹推薦下，赴南京在
蒯光典門下任家庭教師。蒯在上海成立金粟齋譯書處，包天笑被派去主持事
務，校對、編輯、出版了嚴復的《原富》、《穆勒名學》、《群學肄言》，並印
行了當時被清廷列為禁書的譚嗣同的《仁學》。金粟齋關閉後，包天笑又輾
轉於上海的幾家譯書局，如啟秀編譯局、廣智書局編譯所、珠樹園譯書處。
後因病重返蘇州。1901 年，在蘇州與勵學會同人創辦《勵學譯編》，積極介
紹西學新知，大力倡導啟蒙民智。隨後又創辦《蘇州白話報》，回應維新白
話文運動。

自晚清以來，包天笑就在維新思潮影響下，積極提倡白話。《蘇州白話報》
採用白話，顯然是出於開通民智的立場，正如他所言「關於社會的事，特別
注重，如戒煙、放腳、破除迷信、講求衛生等等，有時還編一點有趣而使人
猛省的故事，或編幾隻山歌，令婦女孩童們都喜歡看。」辦《蘇州白話報》
的目的非為盈利，收取些許費用，只為能促人閱讀。因為免費贈送，會被人
當作善書一樣棄置一邊。〔註7〕1917 年包天笑在上海主編《小說畫報》，也是

〔註6〕 包天笑《釧影樓回憶錄》，前引書，第 135 頁。
〔註7〕 包天笑《釧影樓回憶錄》，前引書，第 169 頁。

全部用白話。《小說畫報》在卷首也這樣提出：「蓋文學進化之軌道必由古語之文學變而爲俗語之文學……自宋而後，文學界一大革命即俗語文學之崛然特起。」「數千年來語言文字相距愈遠，一旦欲溝通之，夫豈易易耶？即如小說　道，近世競譯歐文而恒出以辭章之筆，務爲高古以取悅於文人學子。鄙人即不免坐此病。」〔註8〕在包天笑自己後來的追述中，他屢屢與胡適相比，頗爲自豪地道：「提倡白話文，在清季光緒年間，頗已盛行，比了胡適之等那時還早數十年呢。」〔註9〕

　　包天笑的另一個重要貢獻，就是他的那些教育小說了，最著名的是最初在《教育雜誌》上發表的譯作「三記」：《馨兒就學記》、《苦兒流浪記》、《埋石棄石記》，後由商務印書館出版單行本，銷數十分可觀。尤其是《馨兒就學記》，很多學校以此書作爲學生畢業時的獎品，「所以此書到絕版止，當可有數十萬冊」。這三部小說還獲得教育部的嘉獎「民國成立後的某一年，教育部忽然寄給我三張獎狀，那就是獎給我這三部教育小說的。」〔註10〕

　　另外，在譯介域外小說方面，包天笑也做出了重要貢獻，除了翻譯了「教育小說」《馨兒就學記》、《苦兒流浪記》、《埋石棄石記》、《孤雛感遇記》，以及托爾斯泰的《六尺地》（載1914年《小說月報》第五卷第二號）等。他還與張毅漢合譯了大量作品，如《心電站》、《狗之日記》、《石油燈》等。雖然其翻譯免不了晚清民初慣有的改譯之風，如他的《馨兒就學記》就是後來夏丏尊所譯的《愛的教育》，但包天笑是從日文翻譯而來，他自己也承認「我是從日文本轉譯得來的，日本人當時翻譯歐美小說，他們把書中的人名、習俗、文物、起居一切改成日本化。我又一切改變爲中國化。……有數節，全是我的創作，寫到我的家事了。」〔註11〕包天笑的改譯風格，在晚清民初，十分普遍。吳趼人、周瘦鵑的翻譯小說都有類似情況。任意刪改原作以符合中國的風俗習慣，恐怕也與讀者的接受有關。完全地忠實於原作，對於剛剛睜眼看世界的晚清民初讀者而言，肯定會顯得陌生，從而導致他們的拒絕。而在一個熟悉的框架內，加入一點異域風格，能讓讀者更爲順利地接受。

〔註8〕　《〈小說畫報〉短引》，芮和師、范伯群主編《鴛鴦蝴蝶派研究資料》，上卷，福建人民出版社，1984年，第12頁。
〔註9〕　包天笑《釧影樓回憶錄》，前引書，第169頁。
〔註10〕　包天笑《釧影樓回憶錄》，前引書，第388頁。
〔註11〕　包天笑《釧影樓回憶錄》，前引書，第386頁。

三、鴛鴦蝴蝶派的「壓陣老將」

作為一個依託大眾傳媒市場謀生的職業文人，毋庸諱言，包天笑難免有其媚俗的一面。如他創辦的《餘興》副刊，專載短篇小說、遊戲文章、戲劇、山歌以及時裝百美圖，內容上無所不包、雅俗共賞，增強了報紙的娛樂性，從而大大提高了《時報》的發行量。另外，包天笑主編的《小說時報》刊登名妓照片，名妓是當時上海引領時尚的人物，大量名妓的銅版照相，無疑會吸引讀者的目光，並刺激他們的購買欲望，這也導致了雜誌的媚俗化傾向。而民初，他在上海主編《小說畫報》採用白話，很大程度上是因為「上海那時所出的小說雜誌，文白兼收，有的堆砌了許多詞藻，令人望而生厭，所謂鴛鴦蝴蝶派的小說，就在這個時候出現。」〔註12〕當時上海雜誌眾多，要想在競爭中勝出，需要有些與眾不同之處，才能吸引讀者眼球。他採用白話，無疑是為了標新立異，就像《小說畫報》用石印而不用鉛印，採用日本式線裝，插畫不用照相銅版圖畫，而是仿以前的《點石齋畫報》，畫要工細。正是這些別出心裁處，《小說畫報》出版後，風行一時，照例印三千冊，可以銷完。顯然，《小說畫報》的採用白話，主要是出於商業目的，雖然也提出「小說以白話為正宗，本雜誌全用白話體，取其雅俗共賞」，但真正的用意顯然是試圖「凡閨秀學生商界工人無不咸宜。」〔註13〕希望製作一份「無不咸宜」的文化產品，擴大產品的銷路才是其目的所在。

從晚清至民初，包天笑就一直以他的編輯、翻譯、創作，引領風騷，「執二十年文壇之牛耳」。因此，五四新文化運動伊始，他即被作為鴛鴦蝴蝶派「壓陣老將」而備受指摘，魯迅《兒歌的「反動」》一文，署名「某生者」，就是對鴛鴦蝴蝶派作者喜歡用「某某生」筆名的諷刺，包天笑常用「天笑生」筆名，自然是其嘲諷對象之一。同時，包天笑主編的刊物《星期》、《小說大觀》、《小說畫報》，常與《禮拜六》、《紅雜誌》等相提並論，都成為新文學家們攻擊的靶子，他本人也被冠以「文娼」、「斯文流氓」的惡諡。到三十年代，瞿秋白把文壇分為不同「學閥」獨佔的「三個城池」，「舊人」城池裏「稱王稱霸」的就有包天笑。〔註14〕新文學界批判他金錢至上的文學觀，思想意識落

〔註12〕包天笑《釧影樓回憶錄》，前引書，第380頁。
〔註13〕《〈小說畫報〉短引》，芮和師、范伯群主編：《鴛鴦蝴蝶派研究資料》，上卷，前引書，第12頁。
〔註14〕瞿秋白《學閥萬歲》，《瞿秋白文集》（二），人民文學出版社，1954年，第618頁。

後，藝術水平低下，對讀者造成毒害。

面對新文學家的責難，包天笑沒有過多的辯解與回應。他仍然保持自己慣有的敘述方式與道德立場，不同於胡適、陳獨秀等人對傳統文化與道德採取審視、批判、反思的態度。他主張「提倡新政制，保守舊道德」，對於西方現代文明的侵入，引起傳統道德逐漸淪喪解體，包天笑深爲憂慮與不滿，撰寫於 1922 年的《上海春秋》即是表達這種情緒的力作。小說寫「表面上極繁華之大觀」的上海，「暗裏實爲罪惡之淵藪」〔註 15〕對都市罪惡進行了集中展示：「龜子鴇兒奢淫成俗，狐群狗黨流蕩忘歸」、「交易所奸商擎黑手，信託股浪子吸黃金」、「開藥房亂賣虎狼藥，設醫院徒多花柳醫」……《上海春秋》對社會現實展開了多方面多角度的揭示，但基本上滿足於平面掃描，缺乏一個深刻的批判視角，夏濟安的意見可謂十分中肯：

> 這種書的缺點是：作者對道德沒有什麼新的認識，祇是暗中在搖頭歎息「人心不古」；他們對經濟、社會變遷，也沒有什麼認識，祇是覺得在「變」，他們不知道，也不 Care to Know 爲什麼有這個「變」。他們自命揭穿「黑幕」，其實注意的祇是表面。他們的長處是對於 Mores 大感興趣，當時人的服裝、生活情形、物價等記錄的很詳細，可能也很正確……〔註 16〕

應該說，小說有對讀者獵奇心理的刻意迎合，顯然有承民初黑幕餘緒的影子。對都市種種騙局、陷阱的描繪，其實與《海上繁華夢》、《九尾龜》等狹邪、黑幕小說有著諸多一致。作爲晚清即有著開啓民智啓蒙情懷的包天笑，在五四新文化運動之後，仍然堅持他一貫的立場和敘事風格，正體現了生存心態的相對穩定性，生存心態（habitus）是布迪厄社會理論的一個最基本的概念，它不祇是用來強調與社會結構共時並存、同時運作的行動者秉性系統；不祇是指那些指導著社會區分的區分原則，而且也是實際地起區分化作用的區分活動本身；它不祇是單純已形成的內在化的行動者主觀心理狀態，而且是同時積累著行動者歷史經驗和凝縮社會歷史發展軌跡，並不斷地在客觀世界中外在化的「生成原則」。〔註 17〕在生存心態的構成中，個人的最原初的生存經

〔註 15〕《上海春秋》廣告，載《半月》1924 年第四卷第一號。
〔註 16〕《夏濟安對中國通俗文學的看法》，見夏志清《愛情‧社會‧小說》，引自范伯群主編《中國近現代通俗文學史》上卷，前引書，第 345 頁。
〔註 17〕高宣揚《布迪厄的社會理論》，前引書，第 113 頁。

驗具有極端重要的作用。包天笑從小接受傳統教育，使得他對於傳統文化與道德有著過多的依戀，如他的《一縷麻》對從一而終、女子守節的肯定；《上海春秋》則充滿道德墮落、世風日下的譴責之意。在五四新文化運動轟轟烈烈展開對舊文化、舊道德批判之際，他仍然固守著在既定的知識結構中理解問題。他主編的《星期》專設「婢妾號」，討論是否該納妾蓄婢，但並沒有從婦女解放的高度去思考這一社會問題。他將道德淪喪更多歸咎於新思潮的興起，在《上海春秋》中，男女平等、自由戀愛、婚姻自主等現代觀念，不過是軋姘頭、逛妓院等尋歡作樂、四處獵豔的新招牌。

同時，生存心態又是雙向運作的，它不僅僅體現著已形成的主觀心理狀態，同時也爲外在環境所建構。包天笑在五四以後，面對新文學界的壓力，也在努力作出調整。他主編的《星期》雜誌的內容與形式安排就體現了這種調整。

《星期》創刊於 1922 年，其時，五四新小說創作已有一定成績，產生了像《狂人日記》這樣讓人耳目一新的作品；文學研究會已成立，正展開對鴛鴦蝴蝶派的批判，新文學與鴛鴦蝴蝶派的區分已逐漸明晰。被歸入鴛鴦蝴蝶派即意味著「舊」、落後、文學觀有問題……被新文學界冠以「鴛鴦蝴蝶派壓陣老將」的包天笑，自然明白這種區分背後的等級，因此，首先，他試圖調和新舊，《星期》上就曾登出這樣的見解：「新舊文學戰爭，一時還沒有勝負，但舊文學貴保守，新文學貴進取，老年人都崇拜舊文學，少年人都傾向新文學」。還採取各打五百大板的策略，稱「現在中國新舊文壇，如同南北對壘，各不相下，其實都各有是，有不是，我勸兩方面不要盛氣，各研究人家的是，與自己的不是出來，更望中立的學者，來舍短取長，產出一個調查派來。」〔註18〕並且，他還「很希望舊小說，也要稍依潮流，改革一下子，新體小說家也不要對於不用標點的小說一味排斥，大家和衷共濟，商榷商榷，倒是藝術上可以放些光明的機會啊！」〔註19〕

其次，《星期》推出了諸多新作者，民初即活躍於文壇的作家，已被新文學界視爲「舊派」文人。《星期》的前幾期多是這些舊派小說家的作品，如徐卓呆、江紅蕉、畢倚虹等。但隨後越來越多的新名字開始出現，新作者的作品往往被標以「試作」字樣，爲雜誌吹入了一些新鮮的空氣，也爲年輕人踏上文壇提供

〔註18〕伊涼《星期談話會》，載《星期》1922 年第 12 號。
〔註19〕靈蛇《小說雜談》，載《星期》1922 年第 18 號。

了一方展示才華的舞臺。如施蟄存曾以施青萍筆名，發表小說《寂寞的街》；戴望舒也曾以戴夢鷗爲名，在其中發表作品。對於新文學界中女性作家群體出現，《星期》也加以模倣，推出「新文化體」的女作家創作：「本期有惲玉女士的《回憶》是新文化體的，是清澈遠之筆，近來女作家漸漸的出現了。」〔註20〕

　　另外，包天笑也努力向新文學界靠攏，大量借用新文學的概念與符號，如《星期》中就有小說標爲「新小說」。在二十年代，胡適已成爲新文化、新文學的一面旗幟，其毀譽參半的「胡適之體」新詩已經成爲新文學與文學革命的一個象徵。包天笑在二十年代初與胡適有所交往，並曾將長篇小說《留芳記》向其「誠心請教」，〔註21〕因此得以向胡適索稿，胡適酬以詩作《我們的雙生日》（載《星期》第 13 號）。並且《星期》上還載有《宣統和胡適》，標注爲「胡適自述」（載《星期》23 號）。胡適作爲一個新文化名人，包天笑以極大的熱忱與胡適拉上關係，目的無非是將自己抹上一點「新」的色彩。

　　但新文學界顯然對包天笑的這種靠近並不買賬，他們仍然將《星期》視爲與《禮拜六》、《紅雜誌》一樣的鴛鴦蝴蝶派雜誌。對於《星期》在徵文上聲明稿件以白話爲主，新文學界也認爲是對「新文學運動的一種侮蔑」，其編輯者不過是隨波逐流的「作惡者」。〔註22〕儘管《星期》在形式上頗費心思地採用一些新的元素，但在新舊文學鬥爭激烈之際，它仍然被認爲是舊派雜誌。包天笑還是一直被新文學界視爲舊派文人、老鴛鴦蝴蝶派。雖然在一九三六年，在《文藝界同人爲團結禦侮與言論自由宣言》上，曾吸納他參與簽名，但其實還是將他視爲不同於新文學作家的「另一群」中人。

　　回顧包天笑的文字生涯，從晚清一路走來，一直到民初、五四、大陸建國後，他就戴著那頂鴛鴦蝴蝶派的帽子。比起吳趼人、曾樸，包天笑實在不幸，設若他也和他們一樣，只在晚清文壇上縱橫，更多是被視爲「開啓民智」「改良社會」的啓蒙者。而在民初言情與黑幕浪潮中翻滾過，就讓他無奈地成了鴛鴦蝴蝶派老將。到了晚年，包天笑還在爲自己的這樣的遭際感到委屈，他曾撰文稱自己並非鴛鴦蝴蝶派：

　　　　近今有許多評論中國文學史實的書上，都目我爲鴛鴦蝴蝶派，有的且以我爲鴛鴦蝴蝶派的主流，談及鴛鴦蝴蝶派，我名總是首列。我

〔註20〕《編輯餘墨》，載《星期》1922 年第 40 號。
〔註21〕包天笑《釧影樓回憶錄續編》，山西教育出版社，1999 年，第 596 頁。
〔註22〕C.P《白話文與作惡者》，載 1922 年《文學旬刊》第 38 號。

> 與這些刊物,都未曾庽目,均承朋友們告知,且爲之不平者。我說:
> 我已硬戴定這頂鴛鴦蝴蝶派的帽子,復何容辭。行將就木之年,「身
> 後是非誰管得」,付之苦笑而已。……至於《禮拜六》,我從未投過
> 稿。徐枕亞直至到他死,未識其人。我所不瞭解者,不知哪部我所
> 寫的小說是屬於鴛鴦蝴蝶派。〔註23〕

但是,鴛鴦蝴蝶派本就是一個文學格局中新舊區分的產物,就如同蘇曼殊的
身後評價一樣。

第二節　蘇曼殊:鴛鴦蝴蝶派大師,還是新文學之始?

在二十世紀中國文學史上,蘇曼殊這個名字無疑有著永遠無與倫比的魅
力,他以多種形象呈現於後人:啓蒙者、革命者、風流蘊藉的情僧、才華橫溢
的文學家……蘇曼殊生活於一個處於轉型的過渡時代,異邦新知輸入,本土傳
統裂變,知識份子的人格理想建構面臨著諸多困惑,種種矛盾糾纏中也醞釀著
新質的萌芽。此際,新舊、雅俗的區分格局尚未形成,蘇曼殊放達的人生姿態
就折射了這樣一個豐富多元的文學空間和文化生態。〔註24〕蘇曼殊圓寂於五四
新文學方興未艾的1918年,於是,關於他是新是舊,是鴛鴦蝴蝶派大師,還是
新文學之始,就成了一個爭論不休的話題。無論是新文學陣營還是鴛鴦蝴蝶派
文人,都有不少人在人格上或文藝觀方面,引蘇曼殊爲同調。

一、「斷零」身世與放達人生

蘇曼殊1884年出生於日本橫濱,關於他的身世血統問題,頗多謎團。據柳
亞子考證,認爲蘇曼殊乃廣東商人蘇傑生和其日妾河合氏的妹妹若子所出,但
產後不到三個月,她就跑回老家了,河合氏便把曼殊撫養起來。〔註25〕於是,
血統出身就成了蘇曼殊始終難以釋懷的一個問題,他曾自述「思量身世,有難
言之恫。」〔註26〕1889年,蘇曼殊由嫡母黃氏領回廣東老家,雖然父親和日本

〔註23〕包天笑《我與鴛鴦蝴蝶派》,魏紹昌編《鴛鴦蝴蝶派研究資料》,香港生活·
讀書·新知三聯書店1980年,第126頁。

〔註24〕黃軼《現代啓蒙語境下的審美開創——蘇曼殊文學論》,上海人民出版社,2008
年,第215頁。

〔註25〕柳亞子《蘇曼殊傳略》,柳無忌編《蘇曼殊研究》,上海人民出版社,1987年。

〔註26〕馬以君編《蘇曼殊文集》,花城出版社,1991年,第37頁。

的生母、養母讓他思念，但剛開始的日子還是比較妥帖。三年後，蘇傑生因生意失利返歸故鄉，兩個中國妾陳氏帶回了廣東，河合氏姐妹依然留在日本。父親的歸來並未給蘇曼殊的生活帶來溫暖與關愛，而陳氏則一再中傷他的出身，促使並導致家族成員對他的歧視。1896 年，身患重病的蘇曼殊被拖進柴房待斃，多虧兄嫂憐其孤苦，悉心照顧，才使其免於一死。後來他曾說「家庭事雖不足爲兄道，每一念及，傷心無極矣！」〔註 27〕這段不幸的經歷，對他一生的心理狀態、生存選擇乃至個性稟賦、命運遭際，都具有決定性的作用。童年的經歷與體驗往往會對一個人的性格形成有十分關鍵的影響，蘇曼殊孤獨敏感、自哀自憐、自卑中又帶有強烈自尊的性情即由此鑄成，而在審美方式上則傾向感傷、哀怨。加上成年後經歷諸種人生失望，畢生陷入執著尋找與虛幻體驗、鍾情癡情又向往「世外法」的矛盾之中。

　　蘇曼殊的一生大多是在漂泊中度過，他的人生歷程十分豐富且充滿神秘色彩，往往同時具有多種身份：僧人、文人、革命者、報社主筆……活躍於晚清民初這樣多元的社會文化空間，他的交遊十分廣闊，據柳無忌考證：「曼殊友人中，一個一個的名字排列在我們的腦筋裏，這差不多成了一幅民國以來文人名士的縮影圖。在那些友人中，我們可尋到許多於中國文學上政治上都有永久影響的人。」〔註 28〕這些朋友有僧有俗、有男有女，國籍有中國、西班牙、日本、印度等；政治傾向各異，既有甘爲清廷走狗者，也有立志推翻異族統治的革命者；就文化文學立場而言，這些朋友中既有後來成爲新文化、新文學運動中堅的陳獨秀、劉半農、沈尹默，也有被視爲鴛鴦蝴蝶派老將的包天笑、胡寄塵、姚鵷雛。其中蘇曼殊與陳獨秀交情尤爲深厚，兩人在日本相識，性情相契。陳獨秀可謂是蘇曼殊的良師益友，蘇曼殊在《文學因緣自序》中，稱他是「畏友仲子」，蘇曼殊是從他學詩譯文而走上文學道路。蘇曼殊翻譯《慘世界》，就由陳獨秀潤飾過。〔註 29〕同時，蘇曼殊與包天笑的交情也較長久，兩人在蘇州吳中公學相識，蘇曼殊曾爲包天笑繪扇面《兒童撲滿圖》，意指推翻滿清統治。〔註 30〕後來蘇曼殊在《復劉半農》信中還

〔註 27〕馬以君編《蘇曼殊文集》，前引書，第 550 頁。
〔註 28〕柳無忌《蘇曼殊及其友人》，柳亞子編《蘇曼殊全集》第五卷，中國書店 1985
　　　年，第 81 頁。
〔註 29〕柳無忌《蘇曼殊及其友人》，柳亞子編《蘇曼殊全集》第五卷，前引書，第 10
　　　頁。
〔註 30〕包天笑《釧影樓回憶錄》，前引書，第 261 頁。

提及包天笑:「朗生兄時相聚首否?彼亦纏綿悱惻之人,見時乞為不慧道念。」
〔註31〕

　　在生活情調方面,蘇曼殊深具傳統名士風度,他處處多情,堪稱「情僧」。
在上海期間,常與包天笑、畢倚虹一起出入青樓,畢倚虹的《人間地獄》中對
此有所描寫;病中致友人的書信中專門提及「惟女校書數輩過存。不圖彼輩墮
葉飄花,尚有故人之意。」〔註32〕在安慶期間,還特意囑託柳亞子「兄如先在
滬瀆,乞為我善護群花。」〔註33〕這樣的冶遊愛好,使得蘇曼殊與那些鴛蝴文
人有著諸多類似:託身報館,穿行花街柳巷。包天笑後來回憶「上海那時的風
氣,以吃花酒為交際之方,有許多寓公名流,多流連於此。」〔註34〕每逢蘇曼
殊來上海,朋友們為他叫上很多海上名花,包天笑戲之為「萬花叢中一詩僧」。
據朋友回憶,蘇曼殊出入青樓,在情而不在欲。但這種行為方式還是體現了傳
統文人的落拓不羈。五四新文化運動興起之後,在對舊文化、舊道德的批判審
視中,狎妓縱酒的風流已然被視為舊派文人的墮落之舉了。尤其在西方人道主
義思潮影響下,妓女被看作是被侮辱與被損害的對象,文人狎妓還會面對道德
指摘。例如後來胡適在上海吃花酒,被《晶報》得知,特意大書特書,包天笑
說:「胡適之在上海吃花酒,這也無足為異,當他在上海華童公學教書的時候,
本來也是放蕩慣的。這一回,他是胡博士了,是中國教育界的名人了,當他從
北京來上海。即將出國,似乎要尊嚴一點。偏有那位老同學胡憲生(無錫人),
觸之於某妓院,適為余大雄所瞥見(他們是同鄉),又以為這是晶報好材料,便
寫了胡適之冶遊的一篇素描。」〔註35〕此事讓胡適十分尷尬。由此也可見,五
四以後,在生活情調方面,新派與舊派也在逐漸進行區分,出入青樓只能是舊
派人物的風雅。蘇曼殊的此種愛好,也成為他後來與鴛鴦蝴蝶派纏夾不清的一
個證據。

二、豐富多元的文學實踐

　　在蘇曼殊生活的時代,新與舊、雅與俗尚未區分,社會文化空間呈現出
混雜曖昧的特徵。所以無論是交遊還是生活方式,如果從後來的標準出發,

〔註31〕馬以君編《蘇曼殊文集》,前引書,第 626 頁。
〔註32〕馬以君編《蘇曼殊文集》,前引書,第 550 頁。
〔註33〕馬以君編《蘇曼殊文集》,前引書,第 559 頁。
〔註34〕包天笑《釧影樓回憶錄》,前引書,第 359 頁。
〔註35〕包天笑《釧影樓回憶錄》,前引書,第 449 頁。

將蘇曼殊簡單地歸入哪一個「圈子」，都是不恰當的。這裡所說的「圈子」既是群體，也代表著勢力，其影響力主要體現於刊物。劉納曾說過「作爲個中人，郭沫若道出了『五四』新文化運動以來影響著文學進程的一個重要事實。幾乎每一位新文學人物都屬於某個『圈子』，而空頭的圈子幾乎是沒有意義和意思的——它只能通過刊物產生影響力……因此，當我們提到中國現代文學史上的一個個『圈子』，首先想到的會是它們的刊物。」〔註36〕二十年代新文學界內部如此。其實五四新文化運動初期，在新文學界與鴛鴦蝴蝶派的區分中，情況也類似。新文學與鴛鴦蝴蝶派分屬不同的「圈子」，各自擁有自己的雜誌。屬於哪個圈子，就決定了作品的發表陣地。但蘇曼殊的作品，既有見於《新青年》，也可見於《小說大觀》。1916 年，他的《碎簪記》發表於改組後的《新青年》上。1917 年，他的《非夢記》又刊載於包天笑主編的《小說大觀》。新文學界也有一些作家曾在民初鴛蝴雜誌上發表過作品，如劉半農、葉聖陶都曾在民初《禮拜六》、《小說月報》等雜誌上發表小說，但五四前後，他們就不再爲這些鴛蝴雜誌撰稿，作品只刊載於《新青年》、《新潮》等新文學刊物上。因此他們被視爲從鴛鴦蝴蝶派中發生「質變」，走向新文學的代表作家。而蘇曼殊於 1918 年辭世，此時雖然已開始對民初文壇進行批判，但新文學界尚處於形成聚合之中，與鴛鴦蝴蝶派的區分剛剛開始醞釀。所以，蘇曼殊究竟會屬於哪個「圈子」，又成了一個未解之謎。

　　蘇曼殊以他過人的才華，給後人留下了大量的文學文本。這些文學作品中，既有具有「清新的近代味」的古體詩，也有籠罩著「彌天幽恨」的寫情小說，還有對西方文藝家拜倫、雨果等人作品的翻譯引介……尤其是他的小說創作，無論是新文學中浪漫主義小說的萌動與勃興，還是鴛鴦蝴蝶派哀情潮的掀起巨浪，似乎都可以從這裡找到源頭。蘇曼殊的小說創作主要集中在他晚年，《斷鴻零雁記》（1911～1912 年）、《天涯紅淚記》（1914 年，未完稿）、《絳紗記》（1915 年）、《焚劍記》（1915 年）、《碎簪記》（1916 年）、《非夢記》（1917 年）。其中以《斷鴻零雁記》影響最爲深遠。《斷鴻零雁記》1911 年先在爪哇《漢文新報》上連載了一部分，但影響甚微。1912 年，蘇曼殊回到上海，任《太平洋報》主筆。5 月開始，《斷鴻零雁記》重新刊載於《太平洋報》，廣告稱之爲「哀情小說」。同年，徐枕亞《玉梨魂》在《民權報》副刊連載。兩部小說在當時都風靡一時，成爲民初哀情小說的代表之作。《斷鴻零雁記》

〔註36〕劉納《社團、勢力及其它》，載《中國現代文學研究叢刊》1999 年第 3 期。

在國內公開發表後很快被翻譯成英文，並被改編爲話劇，演出時「觀者數百人，頗聞鼓掌聲」。〔註37〕

《斷鴻零雁記》具有明顯的自傳性，主要寫「余」出家爲僧、東渡尋母，以及與雪梅、靜子兩位女郎的感情糾葛。小說中，「余」（三郎）自小就離開生母來到中國，寄養在父親的朋友家中。養父死後，他被迫削髮爲僧。有一天，偶遇幼時的乳母和乳母之子，得知自己親生母親在日本的情況。他決定東渡尋母，爲了積攢去日本的盤纏，他就在乳母那裡落腳，賣花掙錢。在賣花過程中，竟又巧遇養父爲他自幼定下的未婚妻雪梅。雪梅贈金資助他尋母。他來到日本，找到母親，得享天倫之樂。並與楚楚動人、天生慧骨的表姊靜子陷入感情的漩渦。他雖然對靜子滿懷深情，可又覺得對不起雪梅，而且自己是出家之人，實在無法接受她們的感情。苦悶之中，他只得不辭而別，回到中國。回國後，得悉雪梅因家人逼婚另嫁，爲忠貞於他而絕食身亡。悲愴之下，他去憑弔雪梅。在路上又遇到已削髮爲僧的乳母之子，方知乳母亦已去世。當他好不容易找到雪梅的家，卻受到婢女的搶白，他最終沒有尋到雪梅的墓。小說結尾：

> 嗚呼，「踏遍北邙三十里，不知何處葬卿卿！」讀者思之，余此時愁
> 苦，人間寧復吾匹者，余此時淚盡矣，自覺此心竟如木石，決計歸
> 省吾師靜室，復與法忍束裝就道。而不知彌天幽恨，正未有艾……

《斷鴻零雁記》採取第一人稱獨白限制敘事，誠如陳平原所指出的：「中國古代小說缺的是由『我』講述『我』自己的故事，而這正是第一人稱敘事的關鍵及其魅力所在。」〔註38〕這種敘事角度便於自我情感的抒發，容易引起讀者的共鳴。

三、影響與歸屬：新文學開創者還是鴛鴦蝴蝶派哀情小說家？

某種程度上，「《斷鴻零雁記》正是郁達夫自敘傳式小說的先驅。」〔註39〕蘇曼殊的小說不僅在自敘傳的敘事模式方面對郁達夫等創造社作家產生影響，其小說中掙扎於東西文化、聖俗之間的零餘者形象也對他們頗多啓發。郁達夫

〔註37〕張鷟《小說世界探索錄》，引自黃軼《現代啓蒙語境下的審美開創——蘇曼殊文學論》，上海人民出版社，2008年，第172頁。

〔註38〕陳平原《中國小說敘事模式的轉變》，上海人民出版社，1988年，第77頁。

〔註39〕陳平原《中國小說敘事模式的轉變》，前引書，第79頁。

對蘇曼殊的評價並不高，聲稱蘇曼殊「在文學史上可以不朽的成績，是指他的浪漫氣質。」認爲他的小說實在做的不好，《斷鴻零雁記》帶有一點自敘傳色彩，但有很多地方，太不自然，太不寫實，做作得太過。〔註40〕但實際上，郁達夫與蘇曼殊之間有著諸多類似：都親近佛學，都曾留學日本，飽嘗作爲弱國子民的悲哀，都具有浪漫的詩人氣質，敏感自憐。《沉淪》中的「他」和《斷鴻零雁記》中的「余」有著太多的相像。同樣，王以仁《神遊病者》中的主人公也可見蘇曼殊的影響，「他」是一個纖弱敏感、內向自卑的零餘者，自始至終手握一卷蘇曼殊的《燕子龕殘稿》。電車上他讀著「偷嘗天女唇中露，幾度臨風拭淚痕」，遇到一個令他心醉神迷的女子，但女子卻對他不屑一顧。於是在一個明月高懸的夜晚，他走上板橋，把《燕子龕殘稿》一頁頁撕下拋入水中，喃喃著「薄命的詩人！神經質的詩人！」投水自盡。〔註41〕小說中表現病態的多愁善感，以及情感的矛盾衝突，都是承蘇曼殊而來。因此，早期創造社骨幹就曾將蘇曼殊視爲現代浪漫主義的先驅：「在這個文雅人辦的『五四』運動之前，以老的形式始創中國近世羅漫主義文藝者，就是曼殊；而曼殊的文藝，跳了一個大的間隔，接上創造社羅漫主義運動。」〔註42〕與之相類似，錢玄同也認爲蘇曼殊爲新文學之始：「曼殊上人思想高潔，所爲小說，描寫人生眞處，足爲新文學之始基乎？」〔註43〕

　　但蘇曼殊與鴛鴦蝴蝶派「剪不斷，理還亂」的關係，也可以從他的小說中找到證據。他的幾部小說中總彌漫著飄零、感傷的氛圍，常常有世事多變、人生無常的感歎，這樣的「斷」「零」體驗、「彌天幽恨」與民初的哀情小說頗爲一致，也是一種時代情緒的體現。而這種情緒又常常表現於纏綿悱惻、幽怨哀婉的男女之情。民初哀情小說的結局一般都很悲慘，癡情總是落空，主人公非死即亡，哭聲一片，這也使得它們被譏諷爲「眼淚鼻涕小說」。蘇曼殊的小說結局也是類似，主人公不是遁入空門就是死亡。而且，他的小說中一男二女的三角戀愛模式，以及對理想女性的德與才的設想，均不脫才子佳人舊套。因此，在新文學界的一些人眼中，蘇曼殊還是鴛蝴中人。比較有代

〔註40〕郁達夫《雜評曼殊的作品》，柳亞子編《蘇曼殊全集》，第五卷，前引書，第115～118頁。
〔註41〕王以仁《神遊病者》，載《小說月報》1924年第十五卷第十一號。
〔註42〕陶晶孫《急忙談三句曼殊》，引自黃軼《現代啓蒙語境下的審美開創——蘇曼殊文學論》，上海人民出版社2008年，第99頁。
〔註43〕錢玄同《致陳獨秀信》，載《新青年》1917年第三卷第一號。

表性的是周作人，認爲蘇曼殊「是一個很有天分的人」「又生就一副浪漫的性情，頗足以代表革命前後的文藝界的風氣；」但他的思想，還逃不出舊道德的樊籬。「說曼殊是鴛鴦蝴蝶派的人，雖然稍爲苛刻一點，其實倒也是眞的。……曼殊在這派裏可以當得起大師的名號，卻如儒教裏的孔仲尼，給他的徒弟們帶累了。」〔註44〕周作人主要從思想道德與影響的角度，較爲中肯地指出了蘇曼殊與鴛鴦蝴蝶派的關係。而胡適對蘇曼殊則完全持否定態度，胡適主張白話文學，在他的文學史脈絡中，實在無法肯定蘇曼殊的那些用文言寫成的小說。因此，他對蘇曼殊小說的評價就顯得十分苛刻，在1917年11月20日給錢玄同的信中稱「先生屢稱蘇曼殊所著小說。吾在上海時，特取而細讀之，實不能知其好處。《絳紗記》所記，全是獸性的肉欲。其中又硬拉入幾段絕無關係的材料，以湊篇幅，蓋受今日幾塊錢一千字之惡俗之影響者。《焚劍記》直是一篇胡說。」〔註45〕1922年，胡適發表《五十年來中國之文學》，對蘇曼殊也是隻字不提。這自然引起當時很多「曼殊迷」的極大不滿，於是大量的紀念文章和評論文字出現在《語絲》等雜誌上。同時，包天笑、范煙橋、周瘦鵑等人又視他同爲鴛派或舊派中人。范煙橋在《中國小說史》中評價《斷鴻零雁記》爲「傑出哀情小說」，在他專爲舊派勾勒發展線索的《民國舊派小說史略》中，蘇曼殊爲其中重要的言情小說作者，范煙橋認爲蘇曼殊的小說「不爲潮流所卷，有其『戛戛獨造』的思致，而熱情奔放，流於腕底。」〔註46〕周瘦鵑主編的《紫羅蘭》還專門出「曼殊上人紀念號」。包天笑、胡寄塵、葉楚傖與蘇曼殊生前皆有交情，在其身後也多有追懷之作，他們也都將蘇曼殊當作自己同道中人。

正因爲蘇曼殊處於如此特殊的時代背景，活躍於各種社會文化舞臺，擁有多姿多彩的人生經歷，以致於鴛鴦蝴蝶派和新文學界都青睞於他。所以，至今，學界在蘇曼殊是否屬於鴛蝴的問題上一直意見不一。如楊義在《中國現代小說史》第一卷道：「在鴛鴦蝴蝶派泛濫於小說界之時，曾被視若大師，但小說的格調情致與鴛鴦蝴蝶派作家頗爲懸殊的，是民國初年著名詩人和小說家蘇曼殊……有別於林紓沈沈暮氣和鴛鴦蝴蝶派的馥馥脂粉氣」，〔註47〕劉

〔註44〕周作人《答芸深先生》，柳亞子《蘇曼殊全集》第五卷，前引書，第127～128頁。
〔註45〕胡適《答錢玄同》，《胡適文存》卷一，上海亞東圖書館1926年，第54頁。
〔註46〕范煙橋《民國舊派小說史略》，魏紹昌編《鴛鴦蝴蝶派研究資料》，前引書，第180頁。
〔註47〕楊義《中國現代小說史》上卷，前引書，第55頁。

揚體也認爲「蘇曼殊並非鴦派作家」，原因卻未詳述。〔註48〕而袁進則認爲「他作品中的情感思想與鴛鴦蝴蝶派的代表作《玉梨魂》距離不大，尤其是他的《斷鴻零雁記》，問世後得到民初小說家的歡賞，對鴛鴦蝴蝶派的崛起是起過重大作用的。」〔註49〕這些爭論都圍繞蘇曼殊小說的風格、題材等，或認爲蘇曼殊充滿「彌天幽恨」的哀情小說，與徐枕亞、吳雙熱的同時期作品並無二致，應該屬於鴦蝴；或認爲其價值取向是明確的反封建，顯然不同於鴦蝴。但鴛鴦蝴蝶派果眞有一個統一明確的風格與立場嗎？鴛鴦蝴蝶派既是新文學對民初文學的一種概括與指認，其特徵的總結也是這種思路的產物，標準不同，範圍也隨之變動，特徵自會有別。

　　在蘇曼殊的歸屬問題上，一直糾纏的就是新與舊的問題，有的認爲蘇曼殊的小說蘊含著新質，是新文學的先聲；又有人認爲蘇曼殊還是舊派風流才子本色，思想立場與鴛鴦蝴蝶派並無二致。其實，蘇曼殊的創作主要集中在新文學陣營出現之前，其時所有作家皆爲一派，小說界並無新舊之分。只有出現了新文學群體所提倡的「新」，才會有所謂的「舊」；只有出現了新文學，才會有鴛鴦蝴蝶派。因此，問題不在於蘇曼殊是否該歸入鴛鴦蝴蝶派，而是在何種意義和標準下，蘇曼殊是或者不是鴛鴦蝴蝶派。

第三節　張恨水：「封建餘孽」還是「章回小說大家」？

　　包天笑、蘇曼殊因爲在民初的上海報界、文壇引領風騷，當五四新文學登場後，他們自然被視爲代表舊派的鴛鴦蝴蝶派。而張恨水在民初哀情、黑幕成潮之際，還尚未眞正一展才華，〔註50〕他崛起是在二十年代的北京。但即便如此，他也被歸入了鴛鴦蝴蝶派的陣營之中。面對這樣的指認，張恨水自己也頗覺無奈，曾言「在『五四』運動之後，本來對於一切非新文藝、新形式的文字，完全予以否定了的。而章回小說，不論它的前因後果，以及它的內容如何，當時都是指爲『鴛鴦蝴蝶派』。」〔註51〕作爲個中人，張恨水此

〔註48〕劉揚體《流變中的流派——鴛鴦蝴蝶派新論》，前引書，第 13 頁。

〔註49〕袁進《鴛鴦蝴蝶派》，上海書店，1994 年，第 58 頁。

〔註50〕1910 年代，張恨水的一些小說已見於一些報紙，如在 1919 年，他的《眞假寶玉》、《小說迷魂遊地府記》連載於《民國日報》。

〔註51〕張恨水《寫作生涯回憶》，張占國、魏守忠編《張恨水研究資料》，天津人民出版社，1986 年，第 36 頁。

言可謂道出了鴛鴦蝴蝶派所產生的機制。在現代文學格局中，並沒有一個固定不變的鴛鴦蝴蝶派，它其實是一個不斷累加的存在，這種累加主要是在與新文學對立中產生的。但二十年代才眞正嶄露頭角的張恨水是如何成爲新文學的對立面呢？又怎樣被納入鴛蝴陣營之中的呢？

一、眷戀傳統：文化資本與生存心態

應該說，張恨水之所以被視爲鴛鴦蝴蝶派，離不開由文化資本所決定的在文學空間中所處位置。趙孝萱曾指出：鴛鴦蝴蝶派這一特殊的知識群體，是堅持傳統文人習氣與風度的一群人，而非在大學以「學者」面貌出現的新式知識份子。與發起「新文學」的教授群體相比，鴛蝴是一批以寫稿出版爲業的文人，更多具有「名士氣」、「才子氣」。〔註52〕而這兩個群體的差異主要由他們各自所擁有的文化資本所決定的。按布迪厄的說法：文化資本作爲資本的一種，凝結著社會成員的不平等關係，成爲社會區隔的一個重要標誌，其存在形式主要有三種：被歸併化的形式、客觀化的形式和制度化的形式。被歸併化的形式，指的是在人體內長期地和穩定地內在化，成爲一種稟性和才能，構成爲「生存心態」。客觀化的形式，指的是物化或對象化爲文化財產，例如有一定價值的油畫等。制度化的形式指的是由合法化的制度所確認的各種學銜、學位等。〔註53〕

在二十年代的文學場域中，新文學家與鴛鴦蝴蝶派的區分不僅僅在於文學作品形式，也體現於由文化資本所決定的生存形態與生活方式。新文學家一般擁有留學經歷或新式教育背景，依託現代教育機構，是大學教授、學者，他們常常具備精英文化心態，能夠審視傳統，以啓蒙民眾爲己任。而鴛鴦蝴蝶派則多受傳統教育，依靠寫稿、辦報謀生，是報人、文人，因此，更多是採取一種市民立場，對傳統有著相當深厚的眷戀，從張恨水的生存心態即可看出這點。

張恨水出身舊式官僚家庭，幼年接受四書五經教育，少年起浸潤於中國古典詩詞小說，在性情取向上更多親近傳統文人的思想習性。十一、二歲時，因爲愛讀《聊齋》、《紅樓夢》等古典小說，受這些小說的影響，自己佈置書房，焚香讀書，作起斗方小名士來。十五歲進學堂，校長是個維新人物，張

〔註52〕趙孝萱《「鴛鴦蝴蝶派」新論》，前引書，第 180 頁。
〔註53〕高宣揚《當代社會理論》，下卷，中國人民大學出版社，2005 年，第 822 頁。

恨水是受其譏笑的守舊分子之一。在此刺激下，開始閱讀新書、上海的報紙，知道小說中的那種風流才子不適宜於眼前的社會，一躍成為一個維新少年。但文學上的嗜好還沒變，依然愛讀風花雪月的詞章。後來他自述這一時期：「我是雙重人格。由學校和新書給了我的啓發，我是個革命青年，我已剪了辮子。由於我所讀的小說和詞曲，引我成了個才子的崇拜者。」這些鑄就了他「禮拜六的坯子」。〔註 54〕

　　隨後在蘇州墾殖學校就讀期間，學校經常因經費不足等原因陷入停課，張恨水感到前途渺茫，思念亡父，憂慮一家婦孺，愁苦無從發洩，寫了不少詩詞，無非淚呀血呀窮病呀。這段時間，他還喜歡看《小說月報》。其時《小說月報》由惲鐵樵主編，刊載有不少民初流行的言情小說。受其影響，張恨水創作了兩篇文言小說《舊新娘》、《桃花劫》，投到《小說月報》，雖然沒有登出，但收到惲鐵樵鼓勵的回信。第一個未完成的長篇是《青衫淚》，白話章回體，模倣《花月痕》的套子，每回都插些詞章。1918 年在蕪湖《皖江日報》工作期間，創作《紫玉成煙》《南國相思譜》，刊載於《皖江日報》副刊，完全是談男女愛情的。這些早期創作「完全陶醉於兩小無猜，舊式兒女的戀愛中」，形式上「偏重辭藻，力求工整」。到 1919 年，張恨水二十四歲，五四運動爆發了。使他「受到了很大刺激」。不久，因事去上海「親眼看到了許多熱烈的情形」，返蕪湖後，馬上辦起了介紹「五四」運動的周刊，宣傳一些新文化運動的觀點。但他自幼愛好古典文學，裝了一肚子詞章，對於新文學界主張文學革命的主張「雖然原則贊同，究竟不無保留」。〔註 55〕

　　正是這樣的生存心態，使得張恨水與五四新文學作家有著明顯的區別。他堅持傳統道德立場，重視人倫秩序，如忠孝節義等。在其創作中，經常可見他對一些新思潮、新事物的批判與反思。早期連載於《民國日報》副刊《民國小說》的《真假寶玉》，其中大觀園的對聯是「歐風美雨銷專制，妙舞清歌祝共和」，橫批「平權世界」。〔註 56〕顯然是諷刺那些沐歐風美雨，滿口「共和」、「平權」的新派人物。張恨水在其小說中，對那些從價值觀念到行為方式都背離傳統文化與道德的新人物，基本上是持否定態度的。如《金粉世家》

〔註 54〕張恨水《寫作生涯回憶》，張占國、魏守忠編《張恨水研究資料》，前引書，第 17 頁。
〔註 55〕《張恨水年譜》，張占國、魏守忠《張恨水研究資料》，前引書，第 197 頁。
〔註 56〕恨水《真假寶玉》，載《民國日報・民國小說》1919 年 3 月 10 日。

中的白秀珠,《春明外史》中的時文彥、胡曉梅（影射徐志摩與陸小曼）,《過
渡時代》中的胡當仁、歐化先……對於這些過度解放的新派人物,作者一貫
的立場是對他們進行道德審視與批判。同樣,對一些盲目追隨西方的新事物,
張恨水也多採取批判的態度,如《春明外史》中的婦女解放組織、新詩社等,
都是烏煙瘴氣。

　　生存心態與道德立場也影響了張恨水的交遊範圍。自 1919 年北上以後,張
恨水主要生活於北京,但他的朋友主要限於報人圈子,如成舍我、左笑鴻等。
他與北京當時主要由大學教授構成的新文化圈比較隔膜,雖然與陳獨秀和劉半
農交情不錯,但都算不是相契極深的朋友。相比而言,張恨水雖然不喜歡上海
這個城市,但與上海的幾個鴛鴦蝴蝶派中人則頗為投緣,如周瘦鵑、嚴獨鶴等
人。尤其是與周瘦鵑交情相當深厚。他們兩人同年,人生經歷也頗為相似:都
是幼年喪父,度過艱難的少年歲月,成年後靠一支筆養活全家。因此,「在上海
相見之後,非常的說得來」。〔註57〕他們還有著相似的生命情調,都愛好蒔花弄
草,周瘦鵑喜歡種花,家中頗有一些名花。張恨水在北平每年賞菊,所費也不
少。兩人友誼比較長久,一直到解放後,長女赴蘇州實習,張恨水還特意託她
問候周瘦鵑。與周瘦鵑的這份交情,某種程度上決定了張恨水在三十年代新舊
文學對壘時的立場。1932 年,《申報》副刊《自由談》由黎烈文主編,改載新
文藝作品。此一事件,與 1921 年《小說月報》改組一樣,成為新文學與鴛鴦蝴
蝶派爭鬥的一個導火索。1933 年,《申報》又另開《春秋》副刊,由周瘦鵑主
編。應周瘦鵑之邀,張恨水為《春秋》寫作《東北四連長》。這種行為,誠如學
者評價的:「張恨水為《春秋》撰稿,使他在這場新舊文學之爭中,站到了舊文
學一邊,他開始成為舊文學營壘打出來的一面旗幟。」〔註58〕

二、禿筆謀生:文化資本與生活形態

　　同時,張恨水之所以被歸入鴛鴦蝴蝶派,不僅僅折射了文化資本的歸併
化形式——生存心態的構成與取向,同時還體現了制度化的文化資本在其人
生歷程與擇業方面的影響。這種制度化的文化資本主要是學校教育的各種資
歷證書形式,這些證書往往成為個人擇業的一種保證。如教授、學者往往需

〔註57〕張恨水《寫作生涯回憶》,張占國、魏守忠編《張恨水研究資料》,前引書,
　　　　第 56 頁。
〔註58〕袁進《張恨水評傳》,湖南文藝出版社,1988 年,第 163 頁。

要一個學位、學銜，或新式教育背景，新文學界的不少人都有留學經歷，擁有博士、碩士頭銜，像各報刊媒體動輒稱「胡適之博士」，即是屬於此種。而鴛鴦蝴蝶派文人則一般缺少這樣的文化資本，這在張恨水的身上就可看出。在張恨水後來的自述中，屢次言及少年失學的痛苦。本來父親要他去日本留學，而他自己則想到英國去。但十八歲時，父親的早逝，讓留學計劃成了泡影。1913 年，在親戚幫助下，考上蘇州蒙藏墾殖學校就讀。因政治背景與經費缺乏等原因，蘇州墾殖學校解散了，張恨水只有回到故鄉自修。1914 年，到南昌補習英語，打算考大學，但只補習了半年，經濟來源斷絕，把學業又放棄了。失學之後，曾在小報館寫稿，又加入李君磬的進化團演文明戲，還度過一段流浪的歲月。1918 年，在友人推薦下，到蕪湖《皖江日報》做編輯。1919 年，張恨水在五四運動刺激下，決定北上求學。到北京後，任《益世報》助理編輯，時間零碎而不集中，生存的艱難，使得讀書夢想成為泡影。隨後，除了給天津《益世報》寫通信，任蕪湖《工商日報》的駐京記者，還給上海的《申報》、《新聞報》提供通訊，成了「新聞工作的苦力」。〔註59〕雖然此時通訊文字收入甚豐，但為了養家，供弟妹讀書，自己已無法再去讀書深造。1924 年《春明外史》連載造成轟動，很多報刊來向他約稿，從此正式走上寫小說賣文的道路。全家都到了北京，就靠一支筆養活一家老小。並且隨著幾部小說引起巨大反響，張恨水成了出版商、書商爭搶的「香餑餑」。對於一個賣文為生的作家而言，作品暢銷無疑是一件好事，因為會帶來豐厚的回報。雖然張恨水一再申明自己抱定「不拆濫汙」的宗旨。但實際上也有粗製濫造的現象，有五六部小說同時寫作的情況。因此小說類型化傾向比較嚴重，情節、人物形象多有雷同，這些都是商業化寫作難免的弊病。

　　與張恨水形成對照的是劉半農的遭際，兩人早期經歷頗有相似之處，他們都曾先後參加過李君磬的進化團，都有賣文生涯。劉半農於 1912 年來到上海，在開明劇社擔任編劇，同時為上海的一些雜誌報刊譯著小說，在《禮拜六》、《中華小說界》、《小說月報》等雜誌報刊上發表了大量小說。這些與當時流行的小說在題材、敘事方面基本相同。劉半農於 1916 年，在《新青年》上發表一組譯作《靈霞館筆記》，1917 年，又在《新青年》上發表《我之文學改良觀》（載《新青年》第三卷第三號。），此文在當時相當有影響。也引起

〔註59〕張恨水《寫作生涯回憶》，張占國、魏守忠《張恨水研究資料》，前引書，第
　　　32 頁。

蔡元培的注意，又因陳獨秀的推薦。〔註60〕1917 年夏，年僅二十六歲的劉半農為蔡元培聘至北京大學任教。但在北大，被一些同事鄙視曾為鴛鴦蝴蝶派，「當時有人謂方從鴛鴦蝴蝶派文場中出來，焉得當教授？」〔註61〕劉半農遂於 1920 至 1925 年，遠涉重洋，留學英、德、法諸大學，獲得博士學位，為他執教北大獲得一個重要的正式資格證書。1934 年，劉半農在西北考察方言時染病去世，北京大學為其舉行校葬。張恨水專門作《哀劉半農先生》，提及「在二十年前，君本一海上零落賣文之人。近今普羅作家斥為禮拜六者，事乃近之。旋君幡然覺悟，襆被北上，為北京大學教授。『五四』以來，乃與胡適、錢玄同、陳獨秀等努力於文化之改革，所謂新青年派者。君固其中巨擘，雖其主張與當時諸彥不盡符合，然自有其不可磨滅之光榮史在。」〔註62〕流露出對劉半農後來能成為新文化巨擘，頗為豔羨的情緒。羨慕劉的轉變與際遇，能夠成為新文化中人、大學教授，為學術獻身；哀的實際是自己，依舊賣文為生，且面對新文學界的圍剿。此時的張恨水的確心情複雜，因為在新文學界的批判與指認之下，他已戴定那頂鴛鴦蝴蝶派的美麗帽子。

三、新文學的批判與接納

張恨水被帶上鴛蝴的帽子，還與他幾部作品如《春明外史》、《金粉世家》、《啼笑因緣》的轟動有著一定關係。在二三十年代，新文學還在面臨著讀者接受的焦慮與困境，他們提民眾文學，要啟蒙大眾，可是民眾並不怎麼看他們的作品。張恨水的這些章回體小說反而會引起強烈反響。這種情形讓新文學界頗感無奈：「中國的讀者大眾都喜歡看《啼笑因緣》，任是批評家無情地批判他，他仍擁有讀者大眾，一味推重的進步的小說，讀者依然有限。」〔註63〕1924 年開始連載的《春明外史》讓張恨水名滿京華，《世界晚報》因此銷量大增。其後創作的《金粉世家》也引起熱烈的追捧：「我十幾年來，經過東南、西南各省，知道人家常常提到這部書。在若干應酬場上，常有女士們把書中的故事見問。」〔註64〕1929 年，《啼笑因緣》在上海又是一炮而紅，還有

〔註60〕劉小惠《父親劉半農》，上海人民出版社，2000 年，第 7 頁。
〔註61〕王森然《劉半農先生評傳》，鮑晶編《劉半農研究資料》，天津人民出版社，1985 年，第 24 頁。
〔註62〕恨水《哀半農先生》，載南京《民報報》1934 年 7 月 16 日。
〔註63〕房堅《大眾‧批評家‧作家》，載《文學大眾》1936 年第二期。
〔註64〕張恨水《寫作生涯回憶》，張占國、魏守忠編《張恨水研究資料》，前引書，

無數的「啼笑因緣迷」，「上至黨國名流，下至風塵少女，一見著面，便問《啼笑因緣》」。〔註65〕盛名之下的張恨水，幾乎成了鴛鴦蝴蝶派的一面旗幟，於是招致了新文學界火力集中的批判。《春明外史》、《啼笑因緣》的成功，被新文學界視為鴛鴦蝴蝶派捲土重來的標誌。有批評《啼笑因緣》表現了「欣賞主義的戀愛觀」和「復仇主義」思想。〔註66〕茅盾則將《啼笑因緣》視為「小市民文藝」中「半封建的形式」代表。〔註67〕除《啼笑因緣》之外，張恨水被批判最多的就是他的「國難小說」。比較有代表性的是錢杏邨的《上海事變與鴛鴦蝴蝶派文藝》，文中稱張恨水是「封建餘孽的鴛鴦蝴蝶派作家」，代表了沒落的封建階級。張恨水的《仇敵夫妻》、《最後的敬禮》等幾部「國難小說」，仍舊是「鴛鴦蝴蝶的一體，祇是披上了『國難』的外衣」，「是缺乏真實性的，所描寫的一些事實，仍舊是過去作家的濫調與空想」，由此看出，他的意識是不純粹的，「包含了強度的封建意識，也部分的具有資產階級意識的要素。」〔註68〕

　　作為被批判的對象，張恨水對新文學界的非議自然不能無動於衷，他多次提及新文學的批評，可見其在意程度。張恨水比較能夠虛心接受新文學界的批評，並努力向新文學借鑒學習。與劉雲若、還珠樓主等民國通俗小說家纏綿煙塌、純粹憑才氣與閱歷寫作不同，張恨水在為各種報刊撰文之餘，很注重自身的提高，他自稱每天「加油」，每天必定看一兩點書，看的書很雜，文藝的、哲學的、社會科學的都看。「所以不被時代拋得太遠，就是這點加油的工作不錯」。〔註69〕張恨水是一個比較有時代感的作家，能夠對自己的創作進行調整。尤為難能可貴的是，為了突破以往創作的侷限，回應時局的號召，他特意於1934年自費到西北考察。這次考察給予他巨大的震撼。他沒想到，人世間居然現在還有這樣苦難深重的地方！他覺得要寫人民的苦處，實在還

　　　　第41頁。
〔註65〕張恨水《我的小說過程》，張占國、魏守忠編《張恨水研究資料》，天津人民出版社，1986年，第275頁。
〔註66〕夏徵農《讀〈啼笑因緣〉——答伍臣君》，張占國、魏守忠編《張恨水研究資料》，前引書，第307頁。
〔註67〕茅盾《封建的小市民文藝》，1933年《東方雜誌》第三十卷第三號。
〔註68〕錢杏邨《上海事變與鴛鴦蝴蝶派文藝》，芮和師、范伯群編《鴛鴦蝴蝶派研究資料》，下卷，福建人民出版社，1984年，第867～870頁。
〔註69〕張恨水《寫作生涯回憶》，張占國、魏守忠編《張恨水研究資料》，前引書，第48頁。

有他想不到寫不到的地方。他後來回憶道：「人總是有人性的，這一些事實，引著我的思想，起了極大的變遷。文字是生活和思想的反映，所以在西北之行以後，我不諱言我的思想完全變了。文字自然也變了。」〔註 70〕所以，創作於次年的小說《藝術之宮》中就有對城市底層百姓饑寒交迫窘境的真實刻畫，其中蘊含著同情歌頌窮人、揭露譴責富人的階級意識。這樣的意識也體現於他後來在《新民報》擔任主筆，採取「居中偏左」的編輯方針。這「偏左」正是對底層百姓的關懷與肯定，比起前期作品中還是「言情為經，社會為緯」的愛情經歷為主線，他後期作品如《丹鳳街》、《紙醉金迷》《秦淮世家》則更多的是對底層百姓的美德加以描繪讚揚的筆墨。正是在這些平凡百姓的身上，張恨水發現了扶危濟困的俠義之情，這其實也寄託了他「禮失，求諸野」的道德理想。

隨著左翼思潮逐漸成為主流意識形態，張恨水的調整正好契合了這種話語方式。同時，隨著政治形勢的變化，像張恨水這樣有著巨大影響的作家，自然成了需要團結的對象。因此，在 1944 年，張恨水五十歲生日的時候，新文學界的一些朋友祝賀他創作生活三十年，老舍、潘梓年等紛紛撰文稱讚他的作品與人。老舍稱他為「國內唯一的婦孺皆知的作家」。〔註71〕《新華日報》特意刊發為張恨水創作三十年所作的評論：恨水先生的作品，雖然還不離章回小說的範疇，但我們可以看到和舊型的章回體小說之間顯然有一個分水界，那就是他的現實主義的道路，在主題上儘管迂迴而曲折，而題材卻是最接近於現實的，由於恨水先生的正義感與豐富的熱情，他的作品也無不以同情弱小，反抗強暴為主要的「題母」。正由於此，他的作品，得到廣大的讀者所歡迎，也正由於此，恨水先生的正義的道路更把他引向現實主義。〔註72〕

實際上，新文學界對張恨水不管是否定還是肯定，都是將張恨水視為「另一類」。他之所以得到肯定是因為符合此時新文學界的一些標準。因此，張恨水與新文學界的關係其實沒有改變，他被視為鴛蝴的事實也沒有改變。對於這樣的事實，張恨水本人其實很清楚。他一方面不承認自己是鴛鴦蝴蝶派，「二十年來，對我開玩笑的人，總以鴛鴦蝴蝶派或禮拜六派的帽子給我戴上，我

〔註70〕 張恨水《寫作生涯回憶》，張占國、魏守忠編《張恨水研究資料》，前引書，第 63 頁。

〔註71〕 老舍《一點點認識》，載重慶《新華日報》1944 年 5 月 16 日。

〔註72〕 《張恨水先生創作三十年》，載重慶《新華日報》1944 年 5 月 16 日。

真是受之有愧。」〔註73〕另一方面他又接受新文學界的這種區分與等級，三十年代，當年批判鴛鴦蝴蝶派的「主將」之一鄭振鐸與張恨水同車旅行，提及茅盾（沈雁冰）對張恨水的小說頗為肯定。張恨水對這段旅途念念於心，在茅盾五十壽辰時，特地撰文追述。〔註74〕張恨水的這種心理就很耐人尋味。

　　目前學界對張恨水與鴛鴦蝴蝶派關係的意見大致分三種：一種是認為張恨水是鴛鴦蝴蝶派（或稱舊派）代表作家，如夏志清、范煙橋等；另一種是認為他不屬於鴛鴦蝴蝶派而自成一派，叫做「張恨水派」，持此論者是張友鸞；〔註75〕還有認為他前期是鴛鴦蝴蝶派，後期則走向現實主義，向新文學靠攏，走出了「鴛鴦蝴蝶派的狹小世界」，如范伯群、袁進、楊義、魏紹昌等。但是，鴛鴦蝴蝶派本來就是新文學區分、指認的產物，張恨水之所以隸屬於鴛鴦蝴蝶派，體現的正是文學場域鬥爭中文化資本的構建與區分功能。他自身具備「禮拜六的坯子」的稟性，傳統的道德立場，賣文的職業選擇，都與新文學家們有著明顯不同。這些自然就會給他帶來新文學陣營的指派和歸類。同樣，劉雲若、秦瘦鷗等被歸入鴛鴦蝴蝶派也是緣於這種思路。

〔註73〕恨水《總答謝——並自我檢討》，載於重慶《新民報》1944 年 5 月 20～22 日。
〔註74〕恨水《一段旅途回憶——追憶在茅盾先生五十壽辰之日》，載重慶《新華日報》
　　　　1945 年 6 月 24 日。
〔註75〕張友鸞《章回小說大家張恨水》，張占國、魏守忠編《張恨水研究資料》，前
　　　　引書，第 146 頁。

第二章　再次區分：全無派別的正宗鴛鴦蝴蝶派

　　廣義的鴛鴦蝴蝶派，主要由新文學界的指派與區分而產生，這個群體龐雜而模糊，幾乎囊括了所有非新文學的作家。然而，那些被認為是鴛鴦蝴蝶派代表的作家如包天笑、張恨水、周瘦鵑都辯白自己並非此中人物。即如范煙橋、鄭逸梅這樣較有史家意識的鴛蝴中人，也只願自稱「舊派」，而將鴛鴦蝴蝶派限於民初徐枕亞等幾人。於是在這些鴛蝴作家的指認下，又有了所謂正宗的「鴛鴦蝴蝶派」。那麼，為什麼會出現這樣的辨析呢？所謂正宗鴛鴦蝴蝶派又是怎樣的一個群體？

第一節　以區分回應區分

　　新文學對鴛鴦蝴蝶派的批判與指認，是通過命名製造區分和差異的手段。隨著新文學權力的確立，現代文學經典文學史敘述模式的形成，當初爭鬥中的命名就會逐漸成為一個無需質疑的定義。而且，一個囊括所有非新文學的模糊範疇，極易給人造成這個群體泥沙俱下的印象。那些炮口所及的鴛蝴名家們越來越明白這一頂「美麗的帽子」對自己的不利，於是，為了給自己的文學立場找到合法性，他們選擇了以區分回應區分的策略。

一、概念辨析：「鴛鴦蝴蝶派」、「禮拜六派」、「舊派」

　　作為五四新文學的對立面，鴛鴦蝴蝶派的稱謂顯得有些五花八門：鴛鴦蝴蝶派、濫調四六加黑幕派、禮拜六派、舊派文人等等。雖然這些不同稱謂

指涉的範圍與時間各有側重，是新文學群體因論爭形勢的變化而採用的不同名稱，實則「非新文學」這一基本定性未變，因此，最後基本上還是籠統地都稱爲鴛鴦蝴蝶派。但那些被視爲是鴛蝴代表的作家，卻大多熱衷辨析這些稱謂，努力讓自己擺脫鴛鴦蝴蝶派這頂帽子。

四十年代，張恨水在檢視自己創作歷程時，就明確提出禮拜六比鴛鴦蝴蝶派「思想前進得多，文字的組織也完密遠過十倍。」在他登上文壇的時候，不但鴛蝴已銷聲匿迹，就是禮拜六也被「『五‧四』文化運動的巨浪而吞沒了」。〔註1〕因此，他根本不是什麼鴛鴦蝴蝶派，甚至連禮拜六派也沾不上邊。被視爲鴛鴦蝴蝶派「壓陣老將」的包天笑，在晚年也曾特意撰文，稱自己並非鴛鴦蝴蝶派。〔註2〕「哀情巨子」周瘦鵑也說「我是編輯過《禮拜六》的，並經常創作小說和散文，也經常翻譯西方名家的短篇小說，在《禮拜六》上發表的。所以我年輕時和《禮拜六》有血肉不可分開的關係，是個十十足足、不折不扣的《禮拜六》派」。「至於鴛鴦蝴蝶派和寫作四六句的駢儷文章的，那是以《玉梨魂》出名的徐枕亞一派，禮拜六派倒是寫不出來的。當然，在二百期的《禮拜六》中，未始捉不出幾對鴛鴦幾隻蝴蝶來，但還不至於滿天亂飛遍地皆是吧！」〔註3〕在一些正式場合，一些作家也努力洗清自己與鴛鴦蝴蝶派的關係，如 50 年代中期，在北京通俗文藝出版社召開的幾次座談會上，陳愼言、張恨水、張友鸞等通過辨析「章回小說」、「鴛鴦蝴蝶派」、「禮拜六派」等概念，和對寫作歷史情景的回顧，爲「章回小說」、「禮拜六派」和他們的寫作作了辯護。〔註4〕

在這些作家看來，鴛鴦蝴蝶派與禮拜六派、章回體以及舊派都不是一回事，鴛鴦蝴蝶派僅限於民初那些以駢文寫成的哀情小說，尤以徐枕亞的《玉梨魂》爲代表。像鄭逸梅就認爲：「實則『鴛鴦蝴蝶派』以詞藻是尙，往往駢四儷六出之；『禮拜六派』大多用通俗散文，也有用語體的。」〔註5〕范煙橋撰《民國舊派小說史略》，將民國以來的言情、社會、歷史傳奇、武俠、翻譯、偵探、短篇

〔註1〕 恨水《總答謝——並自我檢討》，載重慶《新民報》1944 年 5 月 20～22 日。
〔註2〕 包天笑《我與鴛鴦蝴蝶派》，魏紹昌《鴛鴦蝴蝶派研究資料》，香港生活‧讀書‧新知三聯書店 1980 年，第 126 頁。
〔註3〕 周瘦鵑《閑話〈禮拜六〉》，魏紹昌《鴛鴦蝴蝶派研究資料》，前引書，第 129 頁。
〔註4〕 洪子誠《中國當代文學史》，北京大學出版社，2007 年，第 113 頁。
〔註5〕 鄭逸梅《關於〈禮拜六〉周刊》，《禮拜六》影印本，第一冊，江蘇廣陵古籍刻印社 1987 年，第 1 頁。

（附筆記）等類別通稱為「舊派小說」。鴛鴦蝴蝶派祇是言情類中哀情小說之一種，「從小說的內容和形式來看，『鴛鴦蝴蝶派』的作品應當以《玉梨魂》為代表，作者則以徐枕亞為代表。」，即以哀情而言，也有文言與白話之分，文言也有不用駢體文寫的，而是用古文——散文來寫的。在范煙橋看來，用白話和古文寫的哀情小說都不屬於鴛鴦蝴蝶派，因此，蘇曼殊的《斷鴻零雁記》、何諏的《碎琴樓》、陳蝶仙的《淚珠緣》都不是鴛蝴小說。〔註6〕

於是，在這些辨析之下，形成了一個所謂的「正宗鴛鴦蝴蝶派」。那麼，為什麼這些作家要努力作出這些區分呢？他們為什麼那麼想擺脫鴛鴦蝴蝶派的稱謂？我們必須看到，這些作家對所謂「正宗鴛鴦蝴蝶派」的圈定，其實更多關涉民初小說的負面評價。

二、民初小說的負面評價

自五四以來，民初小說就背負著過多的負面評價，而這些批評往往著重於三個限製詞：民初、言情（尤其是哀情）、駢體。首先是「民初」一詞，提及民初文壇，似乎只遊弋飛舞著無數的蝴蝶鴛鴦，高張著重重黑幕。這些作品對讀者尤其是青年產生了不良影響，助長了社會的惡劣風氣。這一形象的塑造較早來自梁啓超的不滿，他提倡的晚清小說界革命，在客觀上提高了小說的地位，促進了小說的繁榮。卻不料產生了民初種種內容品質低劣的作品。在1915年，梁啓超幾乎是痛心疾首的連稱「吾安忍言！吾安忍言！」因為今之所謂小說文學者「其什九則誨盜與誨淫而已，或則尖酸輕薄毫無取義之遊戲文也。」讀者尤其是青年子弟受這些小說影響，「其思想習於汙賤齷齪，其行誼習於邪曲放蕩，其言論習於詭隨尖刻。」從而導致社會風習，一落千丈。〔註7〕1916年，李大釗也認為當時文壇，「墮落於男女獸欲之鬼窟，而罔克自拔，柔靡豔麗，驅青年於婦人醇酒之中者。」〔註8〕其後在新文化運動逐漸掀起之際，對民初文壇的否定就更為集中了。劉半農明確提出「今日流行之紅男綠女之小說」不是文學。〔註9〕錢玄同批判當時「其實與『黑幕』同類之書

〔註6〕　范煙橋《民國舊派小說史略》，魏紹昌《鴛鴦蝴蝶派研究資料》，前引書，第177頁。
〔註7〕　梁啓超《告小說家》，陳平原、夏曉虹編《二十世紀中國小說理論資料（第一卷）1897～1916》，北京大學出版社，1997年，第511頁。
〔註8〕　守常：《〈晨鐘〉之使命》，載《晨鐘報》1916年8月15日創刊號。
〔註9〕　劉半農《我之文學改良觀》，載《新青年》1917年第三卷第三號。

籍正復不少,如《豔情尺牘》、《香閨韻語》及鴛鴦蝴蝶派小說等等」。〔註10〕
志希掃描「今日之小說界」,詳細分析「黑幕派」、「濫調四六派」和「筆記派」
的缺陷與危害,希望引起「教育當局的注意,青年學生的反省。」〔註11〕這
些批評都將民初社會風氣的墮落歸於小說的影響。

　　其次是針對言情(尤其哀情)這一小說類別。對於民初言情(尤其哀情)
小說的泛濫與類型化傾向,批評之聲一直不絕如縷。早在 1914 年,王鈍根就批
評:「嗚呼!其真能言情邪?試一究其內容,則一癡男一怨女外無他人也;一花
園一香閨外無他處也;一年屆破瓜,一芳齡二八外無他時代也;一攜手花前,
一併肩月下外無他節候也。如是者一部不已,必且二部,二部不已,必且三部
四部五部以至數十部。作者沾沾自喜,讀者津津有味。胥不知小說為何物。」
〔註12〕再後來,回顧民初言情小說,魯迅的那段描述已基本成為經典評價:

> 這時新的才子＋佳人小說便又流行起來,但佳人已是良家女子了,
> 和才子相悅相戀,分拆不開,柳陰花下,像一對蝴蝶,一雙鴛鴦一
> 樣,但有時因為嚴親,或者因為薄命,也竟至於偶見悲劇的結局……
>
> 〔註13〕

魯迅指出了民初言情之作與才子佳人小說的一脈相承,其情節內容方面落入
俗套。這些類型化、俗套批評的背後意思就是粗製濫造,藝術水平低下。

　　第三,就是「駢體」的形式。鄭逸梅、范煙橋等人都強調正宗鴛鴦蝴蝶
派使用駢體文做小說,詞藻是尚,駢四驪六,據說鴛鴦蝴蝶派的得名最初就
與這種駢驪形式有關。〔註14〕相對於胡適所提倡的白話文學、國語文學,駢
體文無疑是「死文言絕不能產生活文學」。〔註15〕駢體小說就是「舊」的代表,
所以周作人說「《玉梨魂》派的鴛鴦蝴蝶體,《聊齋》派的某生者體,那可更

〔註10〕錢玄同《〈黑幕〉書》,《新青年》1918 年第六卷第一號。
〔註11〕志希《今日中國之小說界》,載《新潮》1919 年第一卷第一號。
〔註12〕王鈍根《〈小說叢刊〉序》,引自袁進《近代文學的突圍》,上海人民出版社,
　　　　2001 年,第 432 頁。
〔註13〕魯迅《上海文藝之一瞥——八月十二日在社會科學研究會講》,《魯迅全集》
　　　　第四卷,人民文學出版社,2005 年,第 310 頁。
〔註14〕據范伯群考證,「鴛鴦蝴蝶」一詞首先由周作人提出,一九一八年周作人在北
　　　　京大學文科研究所講演《日本近三十年小說之發達》,提及「《玉梨魂》派的
　　　　鴛鴦蝴蝶體」。
〔註15〕胡適《建設的文學革命論》,《中國新文學大系‧建設理論集》(影印本),上
　　　　海文藝出版社,2003 年,第 130 頁。

古舊得厲害，好像跳出在現代的空氣之外。」〔註16〕在語言形式的使用方面，五四以來基本形成這樣的等級秩序：白話高於文言，白話中又是新式白話高於章回舊小說的白話。在文言中，又是古文（散文）高於駢文。因爲駢體文尙用典，講究對仗與形式美，是「文勝質」的典型。胡適將「文學墮落之因」以「『文勝質』一語包之」。「文勝質者，有形式而無精神，貌似而神虧之謂也」。〔註17〕那麼，用駢文創作小說，肯定就是落後與墮落的象徵了。與駢體小說形成對比的是章回體小說，三十年代，在左翼文藝大眾化討論中，有論者主張舊瓶裝新酒，合理採用群眾喜聞樂見的舊形式。「章回體小說」就是這種深受大眾喜愛的舊形式，只要對它加以改造，就具有合法性。因此那些鴛蝴作家們更樂於表明自己創作過章回小說，如張友鸞對張恨水的評價就是「章回小說大家」。范煙橋也總結「這裡說的民國小說，是指的舊派小說，主要又是章回體的小說。」〔註18〕

　　民初駢體言情小說背負著如此眾多的負面評價：輕靡的風格，類型化的情節結構，陳舊的語言形式……它已然是一個墮落腐朽、完全靜止不前進的形象。因此不難理解爲什麼包天笑、張恨水、周瘦鵑等人要努力與它劃清界線，將它稱爲鴛鴦蝴蝶派。那麼，民初駢體文創作的哀情小說果眞如此不堪嗎？眞是民初惡濁社會特有的文學現象嗎？

三、駢體哀情小說與正宗鴛鴦蝴蝶派

　　其實，小說中夾雜駢儷文字是中國文學中早就有的現象，如唐傳奇《南柯太守傳》、《長恨歌傳》中就有一些偶對之辭。以駢文創作小說，在此之前也有唐代張鷟的《遊仙窟》和清代陳球的《燕山外史》。到了民初，當文人們已經感覺到中國傳統文學幕落花凋的末運，作爲中國文學獨特品種的駢文竟有了一次回光返照的興盛，形成了獨特的文學景觀。〔註19〕以駢文創作小說，與當時彌漫於整個文化界的傷感氛圍相適應。徐枕亞等人之所以采取駢文，還與作者自身的文學素養有關，這些作者都擅長詩詞，用駢文顯然是「炫才」之舉。且對仗工穩、用典繁複的駢文能更好地渲染情緒、烘托氛圍。正如劉

〔註16〕周作人《日本近三十年小說之發達》，載《新青年》1918年第五卷第一號。
〔註17〕胡適《寄陳獨秀》，《胡適文存》卷一，上海亞東圖書館，1926年，第3頁。
〔註18〕范煙橋《民國舊派小說史略》，魏紹昌編《鴛鴦蝴蝶派研究資料》，前引書，第167頁。
〔註19〕劉納《嬗變》，中國社會科學出版社，1998年，第191～193頁。

鐵冷所言:「須知爾時能爲詩賦者夥,能爲詩賦者,即能作四六文,四六文之不適世用,不自民國始,不待他人攻擊。然在袁氏淫威之下,欲哭不得,欲笑不能,於萬分煩悶中,藉此以泄其憤,以遣其愁,當亦爲世人所許,不敢侈言倡導也。」〔註20〕在民初,小說中夾雜駢儷偶對十分普遍。《玉梨魂》、《孽冤鏡》、《蘭娘哀史》不過是此中代表之作而已。

而哀情小說作爲言情小說中之一種,「是專指言情小說中男女雙方不能圓滿完聚者而言,內中的情節要以能夠使人讀而下淚的,算是此中聖手。」〔註21〕這類小說實則濫觴於晚清,1906年吳趼人的《恨海》、符霖的《禽海石》均是敘寫情的落空。尤其在1911年,《玉梨魂》、《孽冤鏡》尚未問世,《小說月報》上已刊有大量「情天雲黯,恨海波翻」的哀情小說。《東方雜誌》上連載的言情小說《碎琴樓》,也是寫一對青梅竹馬小兒女的愛情悲劇。這種有情人好夢難圓的小說在民初愈演愈烈,一時間綠愁紅慘、哀怨悲淒,掀起了一股哀情潮。自晚清民初始,小說的繁榮帶來潮流的變換更替,誠如范煙橋總結的:「隨著讀者的口味而時相轉換,彙成『潮流』。有時是哀情小說成了潮,有時是社會小說成了潮,有時又是武俠小說成了潮……一個潮起來,『五光十色』、『如火如荼』,過了一個時期,潮退了,也就『絢爛之極,歸於平淡』,又換了一個潮。」〔註22〕

由於民初政治環境的惡劣,整個社會彌漫著一種失望傷感的氣氛,哀情小說中佳人「貌麗如花,命輕若絮」,才子「豐才嗇遇,潦倒終身」。「我餘未盡之情,君抱無涯之戚」,更能贏得讀者的共鳴。同時,戀愛自由、婚姻自主的新思潮從晚清就已傳入,但父母之命的包辦婚姻依舊存在,在這新舊交替的轉捩點,上演了一幕幕的愛情悲劇。因此造成民初哀情小說盛極一時,而《玉梨魂》《孽冤鏡》等不過是這股哀情潮中的代表作品。范煙橋:「『父母之命,媒妁之言』的傳統婚姻制度,漸起動搖,『門當戶對』又有了新的概念,新的才子佳人,就有新的要求,有的已有了爭取婚姻自由的勇氣,但是『形格勢禁』,還不能如願以償,兩性的戀愛問題。沒有解決,青年男女爲之苦悶異常。從這些現實和思想要求出發,小說作者就側重描寫哀情,引

〔註20〕鄭逸梅《民國舊派文藝期刊叢話》,魏紹昌《鴛鴦蝴蝶派研究資料》,前引書,第295頁。

〔註21〕許廑父《言情小說談》,載《小說日報》1923年2月16日。

〔註22〕范煙橋《民國舊派小說史略》,魏紹昌《鴛鴦蝴蝶派研究資料》,前引書,第169頁。

起共鳴。」〔註23〕因此，徐枕亞、吳雙熱等人的駢體哀情小說，其實是民初哀情潮中脫穎而出的傑作，而他們這些小說的流行又爲這股潮流推波助瀾。將他們視爲單獨的「另一群」，顯然並不符合事實。

因爲，所謂正宗鴛鴦蝴蝶派和與其他諸如「禮拜六派」之間，其實有著太多的牽纏與聯繫。從傳播網路的角度來看，就在《民權素》、《小說叢報》中，已有周瘦鵑、鄭逸梅等人的作品。而二十年代的《紅玫瑰》、《半月》等雜誌上也有徐枕亞的文字。就社團而言，包天笑雖然說不識徐枕亞，但他們同爲南社社友，而南社歷來被視爲鴛鴦蝴蝶派的發源地。成立於1922年的星社，徐枕亞、吳雙熱雖未列名其間，卻都有小說見於星社的小說集《星光》之中。按魏紹昌的說法，所謂鴛鴦蝴蝶派和禮拜六派其實是一回事，他們的小說觀念、文學主張相同，都是「遊戲」「消閒」；徐枕亞編的《小說日報》撰稿人名單中已含有禮拜六之諸人，《小說日報》的《爲徐枕亞夫人敬徵悼詞》啓事中，有鄭逸梅、趙眠雲等；著作單行本中，徐枕亞曾爲多人作序。〔註24〕應該說，張恨水、周瘦鵑等人之所以再次區分出一個正宗鴛鴦蝴蝶派，其實正是受新文學區分機制的影響。是爲了使自己的寫作生涯具有一定的合法性，從而爲自己的創作在文學史上爭取一點點地位。

第二節　「全無派別」的組合

正宗鴛鴦蝴蝶派的範疇其實也是相當模糊的，包天笑稱「徐枕亞直至到他死，未識其人。」〔註25〕周瘦鵑強調「至於鴛鴦蝴蝶派和寫作四六句的駢儷文章的，那是以《玉梨魂》出名的徐枕亞一派」。〔註26〕「民初，以駢儷文寫小說，世俗稱之爲鴛鴦蝴蝶派，徐枕亞和吳雙熱兩人，便爲此中巨擘。」〔註27〕他們都只簡單地提到代表作家與作品，並未明確指出到底包括哪些人。

〔註23〕范煙橋《民國舊派小說史略》，魏紹昌《鴛鴦蝴蝶派研究資料》，前引書，第169頁。

〔註24〕魏紹昌《我看鴛鴦蝴蝶派》，臺北商務印書館，1992年，第9頁。

〔註25〕包天笑《我與鴛鴦蝴蝶派》，魏紹昌《鴛鴦蝴蝶派研究資料》，前引書，第126頁。

〔註26〕周瘦鵑《閒話〈禮拜六〉》，魏紹昌《鴛鴦蝴蝶派研究資料》，前引書，第129頁。

〔註27〕鄭逸梅《民國舊派小說名家小史》，魏紹昌《鴛鴦蝴蝶派研究資料》，前引書，第491頁。

一、《民權報》、《小說叢報》的聚合

范煙橋和鄭逸梅從雜誌報刊陣地對其進行了劃定，鄭逸梅認爲「假使把《民權報》作爲鴛鴦蝴蝶派的發祥地，那麼《小說叢報》是鴛鴦蝴蝶派的大本營了。」〔註28〕范煙橋還從時間和流行潮流方面對其進行了劃定：「《民權報》和後來不定期的《民權素》，可以說是鴛鴦蝴蝶派小說的大本營。因爲辛亥革命以後，民黨的文人，多數成爲它們的撰述者。這些人是傾向於駢體文的，徐（指徐枕亞）、吳（指吳雙熱）等當了編輯，又有《玉梨魂》的流行爲例，自然群趨此途，所謂『物以類聚，方以群分』了。」〔註29〕

以雜誌報刊爲依據來劃分，就不免有相對模糊之處。因爲每份雜誌雖有自己的取向，但作者群體一般還是比較龐雜。《小說叢報》主撰之一劉鐵冷曾對鴛鴦蝴蝶派有一個說明：「余等之組合，以《民權報》爲基本，一時湊集，全無派別，近人號余等爲鴛鴦蝴蝶派，只因愛作對句故。」「余等同輩，爲會稽蔣箸超，松江胡儀鄘，常熟吳雙熱、徐枕亞，武進李定夷，湖州包醒獨，並余七人而已。」〔註30〕這個名單與《小說叢報》的編輯部合影基本一致，只少了徐天嘯一人，因爲徐天嘯的創作相對較少。劉鐵冷還提到了「一時以文字相交接分任撰述者」，有楊南邨、朱鴛雛、姚鹓雛、葉楚傖、鄭逸梅等，涉及人員其實也相當不少。由此也可得知，所謂正宗鴛鴦蝴蝶派並不是一個明確主張的文學流派。而是因爲雜誌報刊的傳播網路的聚合，在當時形成了一個有一定影響的「圈子」，他們互相欣賞，彼此模倣，一時蔚然成風。所謂「全無派別」正是其特徵所在。

在這個圈子裏，有中心人物如徐枕亞、吳雙熱等，他們之所以成爲中心人物，是因爲他們作品的影響力，徐枕亞的《玉梨魂》、吳雙熱的《孽冤鏡》、李定夷的《霣玉怨》，相繼發表於《民權報》副刊，轟動一時。出單行本後，更是多次再版。除了中心人物，還有一批周邊作家，就是鄭逸梅所說的「文字的網羅」。這些人大多創作過駢體小說，彙成民初的哀情潮。只不過在文學史的追溯中，更多注意到的是那些中心人物的代表之作。

〔註28〕鄭逸梅《民國舊派文藝期刊叢話》，魏紹昌《鴛鴦蝴蝶派研究資料》，前引書，第 293 頁。

〔註29〕范煙橋《民國舊派小說史略》，魏紹昌《鴛鴦蝴蝶派研究資料》，前引書，第 167 頁。

〔註30〕鄭逸梅《民國舊派文藝期刊叢話》，魏紹昌《鴛鴦蝴蝶派研究資料》，前引書，第 295 頁。

二、哀情名家的另一副筆墨

這些被視爲正宗鴛鴦蝴蝶派的文人，他們的人生經歷與創作情況其實也是千姿百態。如劉鐵冷，上海龍門師範畢業，先後擔任多所學校教職，也曾經營出版事業。〔註31〕參加《民權報》編務，《民權報》停刊後，他與友人籌辦《小說叢報》。劉鐵冷的主要著作有《鐵冷叢談》、《鐵冷碎墨》、《求婚小史》、《懼內日記》等。鄭逸梅說劉鐵冷「工駢體文，所撰說部，類《燕山外史》」。〔註32〕劉鐵冷的小說並不都是卿卿我我的言情之作。例如他載於《民權素》上的《縊婦血》就是反映張勳部下擾民的作品；而他的筆記則文字樸實流暢，有濃鬱的鄉土氣息。

而與徐枕亞同被稱詡爲「此中巨擘」的吳雙熱，畢業於虞南師範學校，他所撰《蘭娘哀史》登載於《民權畫報》，很受讀者歡迎。又撰《孽冤鏡》，和《玉梨魂》相間在《民權報》副刊登出。《蘭娘哀史》主要寫蘭娘、嘯菴的夫婦之愛，以及嘯菴病歿後，蘭娘哀毀逾常的情態，在蘭娘別夫、哭夫、殉夫的情節中，營造出一片愁雲慘霧的悲哀氛圍。《孽冤鏡》則是才子佳人一見傾心，父母干預釀成悲劇。這兩部哀情小說奠定了他的文學地位與影響。《民權報》停版之後，吳雙熱又爲《小說叢報》、《小說新報》創作小說，先後刊行了《雙熱嚼墨》、《斷腸花》、《鵑娘香史》等，共十餘種。除了哀情小說，吳雙熱則還擅長滑稽詼諧筆墨，如他的《快活夫妻》被評爲「事事遊戲，語語滑稽」。〔註33〕他連載於1914年《禮拜六》上的《蘸著些兒麻上來》，標籤爲「豔情小說」，描寫了兩對美滿姻緣，介眉、慧珠志趣相投，由師生而夫婦，同往歐美留學；夢郎、阿萱兩小無猜，終成眷屬，婚後閨房風光旖旎。在當時一片婚姻不自由、情天恨海的哀情潮中，這篇小說應該算別具一格。1919年，吳雙熱應邀赴粵擔任《大同日報》編輯，次年回到常熟，後又在南京任教，晚年文思枯竭，絕少動筆。

被認爲是「鴛鴦蝴蝶派健將」的李定夷則卒業於上海南洋公學。民初入《民權報》任編輯，成名代表作是長篇哀情小說《霣玉怨》，寫一見鍾情的青年男女，任人播弄，而終釀成一死一遁入空門的悲劇。而李定夷除了寫作哀

〔註31〕芮和師《劉鐵冷早年的通俗文學活動——江蘇通俗文學作家評傳》，《蘇州大學學報（哲學社會科學版）》，1989年第1期。
〔註32〕鄭逸梅《南社叢談：歷史與人物》，中華書局2006年，第143頁。
〔註33〕廣告，《小說叢報》第三年第二期。

情小說,同樣「熱血一腔,豪情萬丈,夙夜匪懈,筆不停揮,以剷除民賊擁護共和爲職志。」〔註34〕自《民權報》停辦後,李定夷還編輯過《小說新報》和《消閒鐘》,至二十年代停止創作。

即便是徐枕亞,他的創作,也不僅僅限於駢體哀情小說,都還有另一副筆墨。如載於《小說叢報》上的系列短篇筆記《紅羊佚聞》,記敘太平天國時期的奇人軼事,肯定「紅羊一役,開革命先聲」。〔註35〕但是,徐枕亞等人的這副筆墨一向被忽視了,在很多追溯中,他們的名字幾乎都和駢體哀情小說聯繫在一起,他們也因此被視爲鴛鴦蝴蝶派的代表人物。只要提及民初文壇,聚光燈總集中在他們身上,他們已經成了「鴛鴦蝴蝶派」、「哀情」的指代。他們爲什麼會被視爲正宗鴛鴦蝴蝶派的代表呢?哀情的形象又是如何建構起來的?無疑,因爲其文本的暢銷、重寫與改編,徐枕亞是這些正宗鴛蝴派中比較典型的人物:他的人生與創作的互相疊印,使得哀情成爲這一群體的招牌形象;他的個人私事經由媒體渲染而成爲公共話題,則顯示了正宗鴛鴦蝴蝶派與其他鴛鴦蝴蝶派作家的牽連與過渡。因此,通過以徐枕亞爲個案的考察,我們可以對民初文學、文化格局的分化與走向有一個整體認識。

第三節　徐枕亞:哀情人生

徐枕亞這個名字,已經與「鴛鴦蝴蝶派」緊緊地聯繫在一起了。他的《玉梨魂》風靡一時,不知賺取了讀者多少眼淚;而他本人的情史又與他的文字互爲映照,贏得閨閣中無數的同情。在徐枕亞這裡,哀情不僅是一種小說類別,更是一種命運遭際。在現實與虛構、歷史與敘事之間,徐枕亞以他的人生經歷與文字作品,彰顯了哀情小說的多重意蘊。更由於報刊媒體的介入與推動,徐枕亞的哀情人生與哀情文字彼此疊印,引起讀者的共鳴,從而形成了他哀情才子的經典形象,成爲鴛鴦蝴蝶派小說的現實代言人。

一、人生與小說的疊印

徐枕亞,生於1889年,江蘇常熟人,畢業於虞南師範學校,畢業後曾隨

〔註34〕徐枕亞《民國舊派小說名家小史・李定夷》,魏紹昌編《鴛鴦蝴蝶派研究資料》,前引書,第510頁。
〔註35〕枕亞《紅羊佚聞・僧俠》,1914年《小說叢報》第二期。

父在常熟創辦小學堂，講授新學。兩年後其父病歿，學堂解散。1909～1911年，徐枕亞在無錫倉山任小學教職。1912 年，戴季陶主編的《民權報》在上海創刊，徐枕亞隨兄徐天嘯在報社內謀得編輯之職。1912 年，《玉梨魂》與吳雙熱的《孽冤鏡》相間在《民權報》副刊連載，一時頗爲轟動。《玉梨魂》的故事其實十分簡單：小學教員何夢霞寄寓在遠親崔氏家中，併兼任他家的家庭教師，崔氏有寡媳白梨影出身大家，她的兒子鵬郎從夢霞讀。夢霞與梨娘由相慕而相戀。但這是一段注定沒有希望的愛情，梨娘出於無奈，用「接木移花之計，僵桃代李之謀」，將小姑筠倩介紹給夢霞，逼著他們結婚。梨娘自覺對不起死去的丈夫，一方面也是爲了斷絕夢霞對自己的感情，自戕而死。筠倩是學堂培養出來的新女性，向往自由結婚，不滿意寡嫂包辦自己的婚姻。後來又發現梨娘與夢霞的戀情，覺得是自己害了梨娘，也自戕而死。夢霞也想殉情，但又認爲大丈夫應當死於國事，於是出國留學，回國後參加武昌起義，以身殉國。《玉梨魂》明顯可見明清才子佳人小說的影子：白梨影之才貌出眾，何夢霞懷才不遇，詩詞酬唱的愛情內容，以及過於感傷的情緒，所謂「一情相引，萬恨齊攢」。小說中與「情」相隨的就是「恨」。夢霞與梨娘愛得那麼小心翼翼、如履薄冰，相愛總是伴著無數的淚、愁、病。他們情感的核心是「憐」：梨娘憐才，夢霞憐佳人薄命。「憐」就是楚楚可憐、無依無靠，表現的是一種陰柔孱弱的美。除了這樣的自哀自憐，作者一再申明在寫一段「至情」之文，不涉肉欲：

> 梨娘固非文君，夢霞亦非司馬，兩人之相感出於至情，而非根於肉欲。夢霞致書於梨娘，非挑之也，憐其才而悲其命，復自憐而自悲，同是天涯，一般淪落，自有不能已於言者。梨娘覆書，內容如此，正與夢霞之意，不謀而合。梨娘深知夢霞之心，乃有此盡情傾吐之語，此正所謂兩心相印。梨娘惟如此對待夢霞，乃眞可爲夢霞之知己也。不然，稗官野史，汗牛充棟，才子佳人，千篇一律。況夢霞以旅人而作尋芳之思，梨娘以媃婦而動懷春之意，若果等於曠夫怨女，採蘭贈芍之爲，不幾成爲笑柄？記者雖不文，決不敢寫此穢褻之情，以汙我寶貴之筆墨，而開罪於閱者諸君也。

儘管如此，小說中情的眞摯與熱烈，與大段大段道貌岸然的說教文字，形成了強烈的對比。處理這樣一個「寡婦戀愛」的題材，作者其實是很矛盾的。他沒有勇氣把它寫成一個司馬相如、卓文君那樣大膽私奔的故事。他要努力

維護才子佳人純潔的形象，否則就像《紅樓夢》中賈母所批的：「弄得人不人鬼不鬼的」。小說中，夢霞與梨娘僅有兩次相見：一次是在燈會上，祇是驚鴻一瞥。另一次是由於小人陷害，危及梨娘的名節，兩人夜晚相見於內室，也祇是相坐對泣。

《玉梨魂》有較多自敘成分，是徐枕亞根據自己的一段情事敷衍而成。1909～1911 年，徐枕亞在無錫任教，借居學校附近的名書家蔡蔭庭家，蔡家有寡媳陳佩芬，其子從徐枕亞讀。徐枕亞與陳佩芬由相互傾慕到發生熱戀，兩人書信往來、詩詞唱和。但在封建社會，寡婦是悲慘的「未亡人」，只能心如枯井，再嫁是有礙風化的。兩個有情人難成眷屬，陳佩芬只好將姪女蔡蕊珠嫁與徐枕亞。〔註 36〕根據時萌的考證，現實中徐枕亞與陳佩芬經常密約幽期，十分大膽。陳佩芬是打算以生命為代價，來享受這短暫的情愛歡愉。她詩中有云「深夜相逢陽氣和，誰知巫峽夢是多，若能同剪西窗燭，再託陽臺赴飛蛾。」〔註 37〕徐枕亞在小說中對這些叛逆的行為進行了改寫，讓夢霞與梨娘「發乎情止乎禮」。除了刻意維護形象外，主要還是考慮當時社會環境的壓力。在民初這個乍暖還寒的時代，封建禮教的勢力還十分強大，讀者只能接受這樣近乎道德「潔癖」的小說。

如果說《玉梨魂》僅僅是對自己一段情事的追憶，那麼它不過就是如同元稹的《會真記》一樣，純屬個人化的書寫。但徐枕亞所處的時代，已經發生了很大的變化，尤其是大眾傳播媒介的興盛導致作品流傳範圍的擴大。徐枕亞最初創作《玉梨魂》，可能主要還是在枯寂的生活中，回憶一段美好的情感，將鬱結於心中的愛情傾吐出來。但沒想到居然一紙風行，出單行本後，不到兩年就再版了十次。徐枕亞收回版權後，僅僅過了十年，就印了 23 版，另外還有大量翻版偽本。這樣的暢銷，使得《玉梨魂》在民初幾乎是家喻戶曉。並且由於版權之爭，徐枕亞以日記體《雪鴻淚史》再次重寫這個故事，連載於《小說叢報》上，後也出單行本。同時，話劇、電影也對《玉梨魂》加以改編，更擴大了該小說的影響。

《玉梨魂》的暢銷與流佈之廣，也讓徐枕亞聲名大振，成為著名的哀情小說大家。他本人的情愛歷程與小說交相輝映，在《雪鴻淚史》序中稱：「余

〔註 36〕徐枕亞在《亡妻蕊珠事略》一文中有暗示，載《半月》1923 年第二卷第二十二號。
〔註 37〕時萌《〈玉梨魂〉真相大白》，《蘇州雜誌》1997 年第 1 期。

著是書……腦筋中實未有『小說』二字，深願讀者勿以小說眼光誤余之書。」
〔註38〕他強調眞實性，將眞實的愛情經歷與虛構的小說內容互相印證。在電影與話劇的改編中，作者本人又參與其中。「《玉梨魂》一書，既轟動社會，上海明星影片公司把這部小說，由鄭正秋加以改編，搬上銀幕，攝成十本。張石川導演，王漢倫飾梨娘，工獻齋飾夢霞……演來絲絲入扣，且請徐枕亞親題數詩，映諸銀幕上。」〔註39〕上海民興社將《玉梨魂》編演爲話劇，徐枕亞看了，還寫了《情天劫後詩》六首發表於報刊：

> 不是著書空造孽，誤人誤己自疑猜，
> 忽然再見如花影，淚眼雙枯不敢開。
>
> 我生常戴奈何天，死別悠悠已四年，
> 畢竟殉情渾說謊，只今無以慰重泉。
>
> 今朝都到眼前來，不會泉臺會舞臺，
> 人世淒涼猶有我，可憐玉骨早成灰。
>
> 一番慘劇又開場，痛憶當年合斷腸，
> 如聽馬嵬坡下鬼，一聲聲罵李三郎。
>
> 電光一瞥可憐春，霧鬢風鬟幻似眞，
> 仔細認來猶彷彿，不知身是劇中人。
>
> 舊境當年若可尋，層層節節痛餘心，
> 『夢圓』一幕能如願，我愧偷生直到今。〔註40〕

這幾首詩既是傷懷之作，也是對《玉梨魂》本事的說明。詩中提及「幻似眞」、「身是劇中人」，使得觀衆（讀者）在現實與虛幻之間自由穿行，從而打破幻境的堅實壁壘。讓作者的身世經歷與虛構文本彼此疊印。讀者在閱讀小說、觀看影劇的時候，也在窺探徐枕亞的情路歷程。因此，徐枕亞的個人情感經歷就成爲了讀者消費與消遣的內容。

　　《玉梨魂》、《雪鴻淚史》之後，徐枕亞又創作出版了《雙鬟記》（又名《棒打鴛鴦錄》）、《余之妻》、《燕雁離魂記》等小說。這些小說多爲婚姻愛情悲劇，

〔註38〕何夢霞日記，古吳徐枕亞評校《雪鴻淚史》，《小說叢報》1914 年第一期。
〔註39〕鄭逸梅《我所知道的徐枕亞》，轉引自范伯群《中國現代通俗文學史》，北京大學出版社 2007 年，第 144 頁。
〔註40〕引自范煙橋《民國舊派小說史略》，魏紹昌《鴛鴦蝴蝶派研究資料》，第 173～174 頁。

將婚姻不幸歸於傳統的婚姻制度,如認為「吾國婚制不良,多數少年男女宛轉屈服於老人專制權力之下,因心理之反對,演出種種惡劇,而夫婦之道苦。」〔註41〕現實中,徐枕亞的家庭婚姻也很不幸福。與蔡蕊珠婚後,慢慢地培養起了感情。但徐枕亞的母親是個有名的悍婦,性情暴躁,虐待媳婦。徐天嘯的妻子就是被她凌辱至死。蔡蕊珠也不容於惡姑,徐母硬逼他們離婚。徐枕亞沒有辦法,只好假離婚,將蔡蕊珠接到上海,一起過了一段舒心日子。但不久被徐母發現,到上海興師問罪,徐枕亞只好讓蔡蕊珠隨母親回到常熟老家。蔡蕊珠回鄉後不久,生下長子。徐母抱孫之後,對媳婦的嫌惡之心稍減。但幾年後又故態復萌,再次逼徐枕亞離婚。徐枕亞故伎重演,讓蔡蕊珠從無錫轉道上海。由於長期受婆婆虐待,氣鬱結胸,加上產後失調,蔡蕊珠不久就在上海亡故。

二、經典哀情形象的打造

　　蔡蕊珠去世後,《小說日報》登出許廑父、李定夷、潘無朕、郭先覺、孫綺芬、趙眠雲、吳雙熱、鄭逸梅、俞天憤聯合署名的《為徐枕亞先生夫人敬徵悼詞》

> 凡與先生交者。莫不知先生為多情人。而其夫人蔡蕊珠女士。則為紅顏薄命之尤。與先生伉儷十三年。其生平歷史。實一部絕妙哀情小說資料。盛年夭折。先生傷之。製聯挽之曰。「總算好夫妻。幸其死不樂其生。先我逍遙脫塵網。」「可憐小兒女。知有父竟忘有母。對人嬉笑著麻衣。」觀此聯可以知其梗概矣。同人等與先生善。敬為代徵悼詞。冀以稍殺其悲痛。先生尚有自撰亡妻傳略。及雜憶詩四十首。哀感頑豔。字字血淚。合印一冊。欲閱者請函開姓名住址。附郵三分向清華書局索取。即當寄奉。先生自言。將有「蕊碎珠沉記」說部之著。儻蒙海內人文。錫以珠玉。不論何種文字。均所歡迎。擬彙刊卷首。出版後各贈一冊。藉留紀念。尚祈不吝賜教為幸。
> 　〔註42〕

從這則啓事可以看出,蔡蕊珠的死亡與徐枕亞的哀情小說結合起來,一個備

〔註41〕 徐枕亞《余之妻》第11章,廣東大通書局1927年。轉引自劉揚體《流變中的流派——「鴛鴦蝴蝶派」新論》,中國文聯出版公司1997年,第102頁。
〔註42〕 《為徐枕亞先生夫人敬徵悼詞》,《小說日報》1923年7月27日。

受折磨的舊式女子的悲慘身世，居然為「一部絕妙哀情小說資料」！而徐枕亞「多情人」的形象，已因《玉梨魂》的行銷而深入人心。此際，多情人賦悼亡之作，當然是「哀感頑豔。字字血淚」，讀者看到的是徐枕亞哀情小說的現實演繹。而且，啓事中也提到，將有《蕊碎珠沉記》說部問世。人生與小說、現實與虛構再次交錯。自蔡蕊珠病沒後，徐枕亞將自己別署改為「泣珠生」，將悼亡詞百首刊佈，滿紙哀音，不忍卒讀。

　　悼亡之作由來已久，在中國這樣一個祇講夫婦之倫而不談愛情的國度，悼亡是唯一可以合法書寫伉儷情深的機會。因此，在古典詩文中，充斥著無數這樣的悼亡之作。但此時由於報刊媒體的參與，徐枕亞的悼念亡妻已經有了完全不同的內容。作為一個名人，徐枕亞的個人私事日益成為公共事件。悼亡不再僅僅是個人情感的宣泄，他的悲哀成了讀者消費的對象。他也必須以讀者所期待的方式表達他的悲傷。他不能選擇私下裏寫，或悲痛失聲而不寫。他必須寫作，而且還必須發表或出版。所以，蔡蕊珠剛死，亡妻傳略與雜憶詩，就已「合印一冊」而待售了。更由於商業性操作的介入，書商藉此機會大打書籍廣告，如「附郵三分向清華書局索取」，預告將有小說《蕊碎珠沉記》出版，都是將徐枕亞個人生活中一件極為悲傷的事件作為待售的商品，讓讀者來消費與觀看。

　　隨著徐枕亞的悼亡之作《泣珠詞》的刊行，他哀情才子的形象進一步強化，引得無數讀者尤其是女性讀者為之揾涕。在一些讀者那裡，現實與文字已混為一談，徐枕亞即是何夢霞。末代狀元劉春霖的女兒劉沅穎即是典型代表，她因讀了《玉梨魂》和徐枕亞所寫的悼亡《泣珠詞》後，被他的眞情與才華所打動。於是和徐枕亞書信往來，劉沅穎對徐枕亞有愛慕之心，徐枕亞對劉沅穎的詩作也頗為欣賞。兩人由通信、見面、相戀，而論及婚嫁。為說服劉春霖，徐枕亞還拜樊增祥為師，再由樊做媒，結果成就婚姻。

　　這椿婚姻在當時頗為人所津津樂道，結婚的新聞與照片刊載於各報刊雜誌。同人皆稱徐枕亞為「狀元女婿」，豔羨之情溢於言表。張恨水在其小說《春明外史》中對之進行了描寫，回目「淑女多情淚珠換眷屬，書生吐氣文字結姻緣」可謂是概括精確，也代表了當時很多人的心理。在時人眼中，這是才子佳人因文字而締就美滿姻緣。自科舉廢除後，才子佳人再也不可能「得中狀元大團圓」了，民初哀情小說中的才子都是不知前途何在，與佳人相愛的結局只能是勞燕分飛。而徐枕亞卻能以文字贏得淑女的芳心，頗為落魄才子

揚眉吐氣。而且，劉沅穎是狀元小姐，一介貧寒書生娶得如此女子也很能滿足小市民的風流富貴夢。經由各報刊的渲染、小說家的傳誦，徐枕亞的個人情感經歷再次成為公眾熱衷談論的話題。但這次婚姻最後依然以悲劇結束，由於貧富懸殊、地域差異、婆媳對立等原因，劉沅穎南來後，幾年後就郁郁而終。徐枕亞也從此一蹶不振，創作枯竭，開辦的書店也因經營不善而無法維持。抗戰開始後，貧病交加死於故鄉常熟。但此時由於內憂外患的時局，已經沒有多少人再去關注這個哀情才子了。一個看似美滿的才子佳人姻緣最終還是以悲劇收場，徐枕亞是以他人生演繹他的小說。

徐枕亞的情感經歷與人生遭際，使得他成了鴛鴦蝴蝶派哀情小說的形象招牌。他寫作哀情小說，自身又在實踐才子情鍾。通過這樣的形象塑造，他的作品與編輯的期刊進一步引起讀者的注意，從而得到推銷，這些也體現了媒體的商業化趨向。與之相類似的是周瘦鵑的紫羅蘭情結：周瘦鵑早年與務本女校學生周吟萍相識相戀，但女方父母嫌周家貧窮，將周吟萍嫁與一富家子弟為妻。周吟萍的英文名字為 violet，即紫羅蘭。周瘦鵑於是「一生低首紫羅蘭」，〔註43〕除了創作大量的哀情小說以紀念這段刻骨銘心的初戀，還對紫羅蘭情有獨鍾，主編的雜誌也名《紫羅蘭》。嚴芙孫評價周瘦鵑「清靈秀麗一往情深，不是至情人，決計寫不出這樣至情的文字。」〔註44〕周瘦鵑的哀情小說與他的初戀互相映照，紫羅蘭情節又與紫色系列雜誌相得益彰，這樣的至情形象對他作品、雜誌的推廣無疑有著十分積極的影響。讀者在閱讀的時候總是期待現實與虛構兩個文本能夠重疊，在這一點上，徐枕亞顯然給後來很多作家很多啟發，不僅是鴛蝴作家，一些新文學作家也同樣如此，如郁達夫將熱戀中的日記出版。

由於報刊影劇等媒體的推動，徐枕亞的經典形象與地位不斷加強，並廣為流傳。提及民初小說或鴛鴦蝴蝶派，自然會聯想到徐枕亞。俗話說，樹大招風，徐枕亞的名氣如此之大，一個人即能代表一個潮流。因此，他招致批評與非議也最多。新文學群體對徐枕亞與《玉梨魂》常常指名道姓地批判，如稱「《玉梨魂》派的鴛鴦蝴蝶體」是形式落後、思想腐朽的代表；〔註45〕《玉

〔註43〕周瘦鵑《一生低首紫羅蘭》，王智毅編《周瘦鵑研究資料》，天津人民出版社，
　　　　1993年，第133頁。

〔註44〕嚴芙孫《周瘦鵑》，《全國小說名家專集》，雲軒出版社1923年。

〔註45〕周作人《日本近三十年小說之發達》，《新青年》1918年第五卷第一號。

梨魂》的暢銷是金錢的文學觀的集中體現，「徐枕亞的《玉梨魂》騙了許多錢還不夠，就把他改成一部日記小說《雪鴻淚史》又來騙人家的錢。」〔註46〕類似的指責數不勝數，新文學群體顯然將徐枕亞與《玉梨魂》當作民初文壇惡劣現象的典型。

　　但實則《玉梨魂》風靡一時，徐枕亞並未從中獲得多少利益。他起初並不是為了稿費而寫作。後民權出版部靠出版《玉梨魂》大賺特賺，他才決定收回版權。但收回版權後也無法阻止別人翻印。1914 年，徐枕亞任《小說叢報》編輯主任，為打開銷路，假託得到《玉梨魂》中男主人公何夢霞的日記，題為《雪鴻淚史》，以長篇日記體形式連載於《小說叢報》。後來《雪鴻淚史》出版單行本，就以《玉梨魂》作為附贈品。

　　《雪鴻淚史》出版後，徐枕亞以此書稿費收入，創辦了清華書局。繼《小說叢報》之後，徐枕亞又編輯《小說季報》，歸清華書局發行。他在發刊詞中稱「大丈夫不能負長槍大戟，為國家干城，又不能著書立說，以經世有用之文章，先覺覺後覺，徒恃此雕蟲小技，與天下相見，已自可羞。」〔註47〕從中也可看出徐枕亞無可奈何的心態，作為一個傳統文人，他羞於談錢。時代與環境已使他干城之志成為泡影，但又提供給他另一條謀生之道。在現實生存與傳統抱負之間，他其實相當矛盾。吳雙熱為他的《枕亞浪墨》題序言：「嗚呼！吾與汝，皆一介布衣，文字而外無他長，若並此而棄之，所謂『歿世而名不稱』者也。」〔註48〕可謂是他們這代人的共同無奈，而在他們之後，另一些鴛蝴作家已能坦然地自稱「文字勞工」了。

〔註46〕志希《今日中國之小說界》，1919 年《新潮》第一卷第一號。
〔註47〕徐枕亞《發刊弁言》，《小說季報》1918 年第一集。
〔註48〕吳雙熱《〈枕亞浪墨〉序》，陳平原、夏曉虹編《二十世紀中國小說理論資料》
　　　（第一卷），北京大學出版社 1997 年，第 518 頁。

第三章 跨越新舊：灰色的「蝙蝠派」的群體

　　在新文學對鴛鴦蝴蝶派的批判與指認中，新文學為了彰顯自身，刻意通過命名製造差異，強調二者的截然不同。在二元對立的框架之下，新文學與鴛鴦蝴蝶派是涇渭分明的兩種文學形態。但是，文學與文化形態之間不可能那麼界線分明，就像學者所指出的：「不同大眾文化與諸種精英文化（其多樣性並不會更少）之間的界限是一種模糊不清的界線，故這一主題的研究者應當把注意力集中在二者的互動而不是他們的劃分上。」〔註1〕在新文學與鴛鴦蝴蝶派之間也是如此，它們之間的界線其實是模糊而變動的，在二者的對立中還糾結著互動與交叉。然而，這一體現互動、交叉的灰色地帶卻長期被忽略。在這個灰色地帶，活躍著相當一批「蝙蝠派」作家，在新與舊、雅與俗之間，他們試圖進行跨越和融合。這個「蝙蝠派」群體無疑為我們提供了一個審視鴛鴦蝴蝶派形成機制的重要契機。

　　「蝙蝠派」本為一個略帶戲謔的概括，鄭正秋的《蔣老五殉情記》中有：「說到什麼煩惱恨，做書的不願意學鴛鴦蝴蝶派的才子筆法，來刻意求工，竭力描摹，只能略略寫他幾句……」這段文字之上就有趙苕狂的眉批：「請問作者是什麼派的才子？照我看來，新舊兼通，可算得一個蝙蝠派的才子，哈哈！」〔註2〕鄭正秋為戲劇界名人，後又進入電影界，是中國電影的奠基人物之一。但他又與鴛鴦蝴蝶派有著千絲萬縷的聯繫，與上海鴛蝴圈子交誼甚厚。

〔註1〕　〔英〕彼得・伯克《歐洲近代早期的大眾文化》，楊豫、王海良等譯，上海人民出版社2000年，第4頁。
〔註2〕　轉引自魏紹昌《我看鴛鴦蝴蝶派》，臺灣商務印書館1992年，第186頁。

《民權素》上有他的《麗麗所劇評》系列文字。1914 年《小說叢報》上還刊有他的新劇小說《不情人》廣告:「不情人即惡家庭新劇,新劇家鄭正秋得意之作。」像鄭正秋這樣活躍於戲劇、電影界,又難以擺脫鴛蝴小說家身份的「蝙蝠派的才子」還有不少,例如徐半梅(卓呆)、汪優游等。但本文的「蝙蝠派」主要取其「新舊兼通」的含義(儘管「通」並不意味著精通)。在民間傳說中,蝙蝠既有獸的外形又有鳥的羽翼,在鳥獸大戰中它採取兩邊皆靠的策略。本文以「蝙蝠派」喻指那些欲新未能新或試圖融合新舊的群體。他們或以新文化/新文學中人自命,卻被新文學界予以否定,最終未能獲得一個「新」的身份,只能作為「二流」作家,從而在某種程度上仍然難以擺脫鴛蝴身份;或在新文學登場後,既試圖參與新文學進程,又與鴛鴦蝴蝶派有著關係,遊移於新舊之間,為新文學界所拒絕嘲諷,卻在鴛鴦蝴蝶派這裡得到認同與讚許。這個群體中有葉勁風、王靖、王無為等趨新文學雜誌的編輯與撰稿人,也有胡寄塵這樣積極試驗新詩的南社社友。但在文學史的敘述中,他們不是被簡單地打入鴛蝴名冊,就是一直被忽視。那麼,這些作家是如何體現了二者之間的互動與影響?他們為什麼長期塵封在文學史的角落之中?

第一節　欲新未能新

自新文化運動之初,新文化/新文學群體除了對鴛鴦蝴蝶派的批判否定之外,還提出了一系列有關新文學的設想,如「白話文學」、「人的文學」、「血和淚的文學」等等,符合這些標準的就是「新文學」,否則就是「非新文學」——即鴛鴦蝴蝶派。因此,某種程度上,鴛鴦蝴蝶派就是對不符合新文學標準的作品或作家的一種概括。臺灣學者趙孝萱曾提到,我們現在文學史對鴛鴦蝴蝶派的評價,「其實意味著它們永遠是比新文學次一級的二流之作。」〔註3〕新文學發生初期,那些試圖參與新文學卻被拒絕與否定的「蝙蝠派」群體,無疑就是這種情況。

這些「蝙蝠派」作家,長期被湮沒在歷史的塵埃裏。無論新文學群體還是鴛鴦蝴蝶派,都難以引他們為同調,他們主編的雜誌不僅為新文學群體所批判,也被鴛鴦蝴蝶派所嘲諷。在新舊之間,他們其實處於十分尷尬的境地。於是,無論在哪一種歷史追溯中,都難以安排他們的位置。這些作家中,主

〔註3〕趙孝萱《「鴛鴦蝴蝶派」新論》,前引書,第3頁。

要有《小說世界》的撰稿人葉勁風、楊小仲等，以及泰東書局《新人》、《新的小說》雜誌的編撰群體：王靖、王無爲、張靜廬等人。檢視他們的創作情況，有些文字無論是語言形式還是敘事風格，確實與新文學作品已相當接近，但由於發表陣地的原因，沒能進入任何選本，因此在新文學主流敘事的文學史中，他們只能被遺忘。而他們自己積極以「新文學」自居，與鴛鴦蝴蝶派力圖保持一定距離，因此，那些鴛蝴文人的追溯中，也難得一見他們的身影。那麼，他們是如何以「逐新」而被視爲「非新」的呢？我們可以考察幾位代表性作家的文學活動，如葉勁風，以及泰東書局的張靜廬、王靖、王無爲等人。而與之形成對照的是施蟄存、戴望舒等蘭社成員，他們雖然最初從鴛蝴雜誌開始發表文學作品，後來卻成功轉向，最終卻得到新文學界的首肯，從而擺脫鴛鴦蝴蝶派的身份。那麼，他們又是如何被新文學所認可呢？

一、遊移於新舊之間

在這些欲新未能新的「蝙蝠」作家與編輯中，葉勁風頗具代表性，他主編的雜誌《小說世界》呈現融合新舊的特徵，其中既有資深鴛蝴名家的作品，也有大量新體小說、新詩，而他自己創作「新體」小說，卻又對先鋒的「新」小說大加嘲謔。遊移於新舊之間顯然是其重要特徵。

葉勁風，商務印書館《小說世界》的主編與主要作者。1921 年，商務印書館的老牌文學雜誌《小說月報》全面改版，鴛鴦蝴蝶派失去一個經營十年的發表陣地，由此導致了他們與新文學群體一次論爭。1923 年，商務印書館又創辦《小說世界》，其中刊載林譯小說，還有鴛蝴作家徐卓呆、程小青、李涵秋、張碧梧、王西神、包天笑等人的作品，也有不少新體小說，甚至在第一期還有沈雁冰、王統照的作品。但在一些新文學家看來，《小說世界》的創刊是鴛鴦蝴蝶派捲土重來的標誌。因此，主編葉勁風儘管創作的都是「新體」小說，聲稱不在意形式的新舊，還是被新文學界視爲「非我族類」。但實則葉勁風在編輯《小說世界》時並沒有什麼名氣，那頂美麗的「鴛鴦蝴蝶」帽子也還輪不到他頭上。因爲編輯了《小說世界》，才被新文學群體將他歸入鴛蝴陣營，但鴛鴦蝴蝶派文人似乎並不引他爲同調，在他們後來彼此做的傳記中，並不見他的蹤影。鄭逸梅僅提及「銀幕」一詞爲其首創。〔註4〕就在當時，鴛

〔註4〕 鄭逸梅《民國舊派文藝期刊叢話》，魏紹昌《鴛鴦蝴蝶派研究資料》前引書，
　　　　第 346 頁。

蝴小報《晶報》、《最小》上還時常可見對他及《小說世界》的諷刺批評文字，如錢塘邨的《這真是勁風了》，就批評《小說世界》中的作品描寫不近情理。〔註5〕

葉勁風在《小說世界》上發表了不少新體小說，無論題材與技法，都與五四新小說相當接近。如《午夜角聲》、《北京的石頭》、《我們的國旗》、《懦人》等，在思想內容與藝術技法上，並不一定遜色於同時期的五四精英小說，其中《午夜角聲》寫兵災，小說是第一人稱敘事，「我」八歲時死了父親，下面還有兩個妹妹和一個弟弟，母親帶著我們艱難地度日。正值兵荒馬亂的時節，村里人都逃走了。一天晚上，聽到行軍的號聲，一家人驚惶失措，母親帶著我們做好了細緻的逃難準備。結尾很有幾分意味：母親搖搖頭，擡起伊疲乏的手，揉著眼睛，說道「逃到哪裡去呢！……」〔註6〕因此，范煙橋著於1927年的《中國小說史》將他與徐志摩、王統照等一同歸爲「新體小說作者之著名者」。〔註7〕同時葉勁風又不乏有對新文學的戲仿之作，如他那篇標注爲「齉齉派小說」的《？》，小說中毫無意義地濫用新式標點和一些新辭彙「女性」「他」「她」「它」。且調侃說「恐怕是鬼畫糊塗。小說兩個字。給我這樣一用。算是遭了大劫。」〔註8〕這就不免帶有幾分戲謔的態度了，因此深爲新文學作家所詬病。新文學界對他的創作基本是否定，認爲其態度不嚴肅，祇是「遊戲的」罷了，根本不是真正的新文學。〔註9〕

後來，葉勁風脫離《小說世界》，在文壇並未有多少活動。抗戰期間，他曾在上海主編了一份雜誌《天下》，其中有葛家良對他的介紹：「葉勁風先生稱得是文壇老英雄。在他爲商務印書館主編小說世界的時候，恐怕我還不到十歲。我認識他是在《天下》創刊之後。他是中等身材，瘦瘦的，微黑的臉，說起話來，一面銜著板煙，聲調輕而快，沉而遠，十足學者風度。他平時擔任教職，已經很忙，而今忙裏抽閒，爲《天下》奔波」。〔註10〕《天下》的主要作者還有蔣槐青、胡山源、趙君豪。《天下》雜誌雅俗相容，與當時的《萬象》雜誌頗多相似，祇是其創作群體沒有《萬象》那樣耀眼。某種程度上，《天

〔註5〕 錢塘邨《這真是勁風了》，《最小》1923年第三十七號。

〔註6〕 葉勁風《午夜角聲》，《小說世界》1923年第一卷第六期。

〔註7〕 范煙橋《中國小說史》，臺北漢京文化事業有限公司1983年，第296頁。

〔註8〕 勁風《？》，《小說世界》1923年第一卷第一期。

〔註9〕 《關於〈小說世界〉的話》，《文學旬刊》第62號，1923年1月21日。

〔註10〕 葛家良《回顧與前瞻——代卷頭語》，《天下》1944年第五期。

下》對《小說世界》多有承襲之處，都是以相容姿態而定位，而葉勁風本人也就在這樣新舊、雅俗之間遊移。

二、「拿談新文化運動當做職業」

葉勁風是本人創作新體小說，主編的雜誌卻相容新舊、雅俗，在新文學與鴛鴦蝴蝶派之間力圖採取調和、兼顧的姿態。而泰東書局的《新人》社員王無爲、王靖、張靜廬等人又明顯與之不同，他們力圖擺脫與「鴛鴦蝴蝶派」的關係。然而，他們以新文化／新文學急先鋒自命，卻同樣沒有得到認可。

在五四新文化思潮影響下，泰東書局決定進行轉向，《新的小說》、《新人》雜誌應運而生。兩份雜誌的主要撰稿者基本相同。張靜廬戲稱《新的小說》是「『半欄腳』式的新刊物」，顯然也是指其尷尬的位置。《新的小說》前六期主編是張靜廬，他當過學徒，因爲愛好閱讀小說，自己開始寫作小說。張靜廬身上也有趨新的一面，「五四」群眾運動時，他是全國各界聯合會的上海代表。後踏入出版界，成爲相當成功的出版商。客觀地說，作爲小說家，張靜廬的成就並不高，雖然刻意向新文學靠攏，如寫學徒之苦，大雪天早晨，嚴寒逼人，老闆、老闆娘照樣催他起床。〔註11〕但看他同時期的文言言情小說如《碎玉記》，還是難以擺脫民初鴛鴦蝴蝶派的套路，《碎玉記》敘「予」與碧痕的悲歡離合故事，兩人心生情愫，而「予」不得已來滬謀生，不得已而離別三載。幸好得遇故人告知彼此情況，又得重逢於滬上。但不久報館倒閉，「予」北上謀職，而碧痕竟淪落爲妓。〔註12〕小說中碧痕「天性多感」，仍然延續民初哀情小說中的那些柔弱女子形象。

張靜廬之後，《新的小說》繼任編輯是王靖，王靖是張靜廬在天津任《公民日報》時發掘的人才。在泰東書局期間，王靖譯著頗豐，在《新的小說》、《新人》上都有大量文章，並翻譯了《歐美文學家小傳》、《歐美短篇小說史》。其中一些譯著也有可肯定之處，如他對泰戈爾作品的譯介。但惜乎太講數量而不顧質量，大量的譯作推出，難免有些粗糙之作。郭沫若在《創造十年》一文中，對其有著漫畫式的描寫：「那位姓王的大編輯聽說是天津的什麼學堂出身，身上穿的是西裝，手中拿的是手杖，腳下穿的是響鞋……他每天起床很遲，一起床便在樓上高叫茶房打水。吃飯，差不多沒有一天不聽他吵菜不

〔註11〕張靜廬《學徒的早晨》，《新的小說》，1921 年第二卷第三期。
〔註12〕靜廬《碎玉記（上）》，《紅葉集》，泰東書局，1920 年 7 月。

好。每天上半天要到某女塾去教英文，上課時總愛塗一臉的雪花膏，打一身的香水……」在郭沫若的描繪中，王靖是一個人品修養極差的小人，沒有才能，卻偏偏占住別人的位置不讓。〔註 13〕在郭沫若看來，王靖就是一個趨新不得法的笑料。

《新的小說》另一主要撰稿人是王無爲，他同時還主編《新人》，「因外稿的缺乏，老是唱獨角戲。他的寫作真敏捷，記得《新人》出過一期廢娼運動專號時，十幾萬言厚厚的一本，竟由他一個人花了十天十夜的工夫，分門別類將它完成。」與王靖一樣，王無爲也擔任著泰東書局繁重的工作，「咯碌咯碌老是拖著一雙半統皮鞋跑東跑西」。〔註 14〕他在《新的小說》上發表了不少作品，僅 1921 年「新年號」這一期，就刊有他的 2 篇小說、2 首詩和 1 篇通訊——《改詩的問題》。王無爲的小說與新詩中常摻進夢境和幻想，有些與當時的新文學作品相比，也並不遜色。如他的新詩：「那時正十里月明，／一派風清；／地上印著疏疏梧桐影，／天上綴著點點燦爛星。／伊所說的幾句話，句句都帶著一點秋聲。」〔註 15〕而他同時期刊於《紅葉集》上的言情小說《白書記》，顯然又與同時期的鴛鴦蝴蝶派言情小說並無二致，《白書記》敘王清與英國姑娘蘭杜的戀情，小說對這段發生在教會學校的跨國之戀的描寫，還在模倣《紅樓夢》中的寶黛愛情。最後一連串的誤解與巧合造成的勞燕分飛，又是民初哀情小說的慣有結局。王無爲於 1921 年春辭職赴湖南長沙任《民國日報》主編，隨後其文學創作就更加少進入文學史視野了。

有研究者在談及王靖、王無爲等《新人》社員時指出：「其實『新人』的社員，特別是其中做編輯的，有不少只不過是拿談新文化運動當做職業，自己也並不真正信仰，更不用說身體力行了。」〔註 16〕這個判斷大體是準確的，正如《新人》的一位作者陳伯熙「一段頗爲坦白的自供」：

> 就是我本身，去年在廣東，和多年研究無政府主義要即刻組織新村的謝叔野先生，那夜在西壕酒店，談起社會主義；他就拿出漳州送來自造的一盒煙膏，彼此一面吸鴉片煙，一面講新思潮。我就發笑，

〔註 13〕郭沫若《創造十年》，《郭沫若全集》文學編，第十二卷，人民文學出版社 1992 年。

〔註 14〕張靜廬《在出版界二十年》，江蘇教育出版社，2005 年，第 64 頁。

〔註 15〕王無爲《一葉的秋聲》，載《新的小說》1921 年第二卷第四期「新年號」。

〔註 16〕中共中央馬克思、列寧、恩格斯、史達林著作編譯局研究室編著《五四時期期刊介紹》第二集，人民出版社，1959 年，第 415～416 頁。

笑了便聯想現在所謂同志，大都如此……」〔註17〕

「拿談新文化運動當做職業」無疑道出了張靜廬、王靖、王無爲等泰東書局職員的特徵，但這也是他們的無奈，受雇於一個祇講數量的老闆，他們也就只有這樣粗製濫造而無從講究質量。

從王靖、王無爲、張靜廬到葉勁風等人，無疑都是試圖積極參與新文學，但他們最終都未能在新文壇上佔據一席之地。究其原因，首先是囿於他們的知識結構，對新文化、新文學的理解往往流於膚淺，不能眞正理會新文化運動背後的一整套移植自西方的現代話語與思想意識。其次，他們的創作水平，雖然採用新形式，但與新文學界的設想與要求還是存在一定差距。最後，也是最爲重要的，命名權與標準掌握在新文學群體手中，鴛鴦蝴蝶派是新文學命名指認的。同樣，是否屬於新文學陣營也是得由新文學家們裁奪。與這些「蝙蝠派」作家形成對比的是施蟄存、戴望舒等蘭社成員，他們雖然最初的文學活動都受鴛鴦蝴蝶派的影響，但最終得以在新文學期刊上發表文字，得到新文學界的首肯，從而擺脫鴛鴦蝴蝶派的身份。

施蟄存、戴望舒等蘭社成員早期的文學活動都與鴛鴦蝴蝶派有著密切關係，他們還曾赴蘇州拜訪重要的鴛蝴社團——星社同人，與鄭逸梅等結下友誼。〔註18〕在鴛蝴小報《最小》上，黃轉陶的《卡黨小傳》就介紹了施青萍、戴夢鷗（即戴望舒）等蘭社成員。〔註19〕施蟄存早期以施青萍的筆名在鴛鴦蝴蝶派雜誌和小報上發表過不少文字，他後來回憶，初期投稿到新文學雜誌，卻屢遭退稿，「我不自覺自己的幼稚，我只要發表。此路不通，則另謀彼路，於是我投到《禮拜六》《星期》這些雜誌了」〔註20〕1922、1923年前後，他在《禮拜六》、《星期》上發表多篇小說，這些作品顯得還相當稚嫩，如《寂寞的街》寫一條白天寂寞的街道，引起「我」的好奇，與朋友一起於夜間去考察，發現所進行的下流社會的勾當。內容相當簡單，描寫也較爲普通。〔註21〕施蟄存於1923年自費出版小說集《江干集》，請胡亞光畫了封面，還請王西

〔註17〕伯熙《如何做新人》，載《新人》1920年第一卷第一號。
〔註18〕金理《從蘭社到〈現代〉：以施蟄存、戴望舒、杜衡及劉吶鷗爲核心的社團研究》，中國出版集團東方出版中心2006年，第17頁。
〔註19〕分別見於《最小》第七十、七十一號，1923年7月25、27日。
〔註20〕施蟄存《我的創作生活之歷程》，《十年創作集》，華東師範大學出版社1996年，第800頁。
〔註21〕施青萍《寂寞的街》，載《星期》1922年第17號。

神、姚鵷雛、高君定題了詩詞，交松江印刷所排印了一百本。但他認為「這一集中的作品，文學和風格，都在鴛鴦蝴蝶派和新文學之間，是一批不上不下的習作，所以我不認為它是我的第一本正式的文學創作集。」〔註 22〕施蟄存將自己的創作生命從 1928 年算起。〔註 23〕因為 1928 年 1 月，施蟄存的小說《絹子》刊載於《小說月報》第十卷第一號，「這對我鼓舞很大，從此我脫離了鴛鴦蝴蝶派刊物，擠進新文學運動的隊伍。」〔註 24〕

與施蟄存相似，戴望舒最初的文學作品，也是發表在鴛鴦蝴蝶派雜誌上，如《債》發表於《半月》，《母愛》則發表於《星期》。直到其《雨巷》為葉聖陶所激賞，杜衡在《〈望舒草〉·序》中提到「使望舒底詩作第一次被世人所知道」的這首《雨巷》：「我們是很不容易把葉聖陶先生底獎掖忘記的。《雨巷》寫成後差不多有年，在聖陶先生代理編輯《小說月報》的時候，望舒才忽然想起把它投寄出去。聖陶先生一看到這首詩就有信來，稱許他替新詩底音節開了一個新的紀元。……聖陶先生底有力的推薦使望舒得到了『雨巷詩人』這稱號，一直到現在。」〔註 25〕

施蟄存、戴望舒等人最終能進入新文學，他們自己創作水平的提高是不容忽視的因素，施蟄存曾提到，他明白了新文學與鴛鴦蝴蝶派的鴻溝後，停止了向鴛蝴雜誌的投稿。中學畢業後，從之江大學而上海大學而大同大學而震旦大學，五六年期間，他只「胡亂地讀書」。〔註 26〕正是這「胡亂地讀書」使得他終於在思想與創作方面逐漸提高。其他蘭社成員的經歷也相類似，戴望舒後來還留學法國。同時，新文學家對他們的肯定與鼓勵，顯然也是一個重要的原因，如果不是《小說月報》這樣的「高級文學刊物」的錄用稿件，沒有葉聖陶這樣的編輯的鼓勵與賞識，也許他們擺脫鴛鴦蝴蝶派的過程會艱難一些。相比而言，那些「蝴蝶派」作家就沒有如此幸運，他們多數人作為商業性雜誌的編輯與撰稿人，繁重的編寫生涯，使得自我提高相當困難，而

〔註 22〕施蟄存《我的第一本書》，《北山散文集》（二），華東師範大學出版社，2001
　　　　年，第 1056 頁。
〔註 23〕施蟄存《十年創作集·引言》，華東師範大學出版社，1996 年，第 3 頁。
〔註 24〕施蟄存《關於「現代派」一席談》，《北山散文集》（一），華東師範大學出版
　　　　社，2001 年，第 678 頁。
〔註 25〕杜衡《〈望舒草〉·序》，凡尼、郁葦編《戴望舒作品精編》，灕江出版社，2004
　　　　年，第 204～205 頁。
〔註 26〕施蟄存《我的創作生活之歷程》，《十年創作集》，華東師範大學出版社，1996
　　　　年，第 800 頁。

追求數量的同時就難免粗製濫造，使得他們的作品難以擺脫「其實意味著它們永遠是比新文學次一級的二流之作。」〔註27〕而且，處於特定的文學鬥爭格局中，因爲涉及合法性的鬥爭，新文學群體爲維護自己的命名權，已經在一個二元對立的框架中對他們的雜誌報刊作了定性。因此，他們的「趨新」也只能被視爲「非新」了。而在這個「蝙蝠派」群體中，又以胡寄塵的文學活動最爲典型。

第二節　胡寄塵：「新文學的巨子，舊文學的專家」

胡寄塵，字懷琛，他的文學活動異常豐富，既以「新文學」「新詩／白話詩」相標榜，又以精通舊文學而自居。他的名噪一時主要與新詩／新文學有關，1920 年爲胡適改詩，1921 年出版新詩集《大江集》，封面赫然印著「模範的白話詩」。1921 年，泰東書局出版了他的講稿《新文學淺說》。同時，他又常在《禮拜六》、《半月》上發表小說，1921 年《小說月報》改革後，他也是跳出應戰的人員之一，在《晶報》《最小》報上發表反對意見。在新文學與鴛鴦蝴蝶派之間，他遊移於其中，體現了一種典型的「蝙蝠派」特徵。因此，對他的評價也存在著截然不同的意見：在吹捧者眼裏他「是舊文學的專家，也是新文學的巨子」。〔註28〕而胡適、魯迅則對他不無諷刺。那麼，在新文學發生初期，胡寄塵爲什麼會有這些文學活動？它們究竟有何意義？爲什麼對他的評價會出現如此巨大的差異？

一、參與新文學：新詩、白話短篇小說、《新文學淺說》

胡寄塵是南社成員，與柳亞子交情相當深厚，柳亞子稱胡寄塵的詩「味在酸鹹外，功參新舊中」。〔註29〕但胡寄塵並不是以南社詩人的身份贏得時人注意，而是因參與新詩引起廣泛關注與熱烈爭論。1920 年 3 月，胡適的《嘗試集》由亞東圖書館出版，胡寄塵即以「胡懷琛」的署名於 4 月底發表《讀〈嘗試集〉》，對集中詩作加以指摘，並自告奮勇爲胡適改詩。〔註30〕又在《時事新報》上拋出一系列關於詩歌方面的文章，如《〈嘗試集〉正謬》、《詩的前

〔註27〕趙孝萱《「鴛鴦蝴蝶派」新論》，前引書，第 3 頁。
〔註28〕東皋仲子《大江集序》，胡懷琛《大江集》，泰東書局，1921 年。
〔註29〕鄭逸梅《南社叢談：歷史與人物》，前引書，第 265 頁。
〔註30〕胡懷琛《讀〈嘗試集〉》，《神州日報》1920 年 4 月 30 日。

途》等。胡寄塵主要從音節、押韻角度出發，將胡適的詩歌加以裁度，如將胡適原詩「也想不相思／可免相思苦／幾次細思量／情願相思苦」改爲：「也要不相思／可免相思惱／幾度細思量／還是相思好。」理由是「讀起來很不順口，所以要改。」那首著名的《蝴蝶》一詩中「也無心上天」，改爲「無心再上天」，理由是「讀起來方覺得音節和諧」。胡寄塵主張詩歌必須能誦讀，認定「詩是可以唱的東西」，他依據的是《尚書》中「詩言志，歌永言」的標準。胡寄塵是以精通舊學的詩學大家姿態來指導新詩的發展，誠如他給胡適的信中所寫的：「我自十二歲做詩以來，到現在二十多年了，這二十多年裏頭，幾乎沒有一年不在詩裏討生活，舊詩學的書，市上買得著的，我大略都翻過了，當了衣服買詩集，是常有的事。」〔註 31〕由於胡寄塵的刪改，胡適本人做出回應，劉大白、朱執信等人也紛紛撰文，從而引起一場沸沸揚揚的討論。後來，這些討論文章與書信，胡寄塵予以收集成冊，由泰東書局出版，題爲《〈嘗試集〉批評與討論》。這樣用心地整理，胡寄塵顯然是想在新詩的發展歷程中留下自己的印迹。〔註 32〕

除了爲胡適改詩之外，胡寄塵還自己身體力行，創作了大量的白話詩。1921 年，他的詩集《大江集》由泰東書局出版，胡寄塵對這部詩集相當自信，聲稱「我做大江集的宗旨，是要矯正新舊詩兩方面的流弊。」〔註 33〕其中的詩作也確實努力在實踐這句承諾，力求既是白話，又能琅琅上口，融舊體詩音節入新詩。如「樹葉兒，經秋霜。一半青；一半黃。樹無知，人自傷！」（《秋葉》）；「當日喜春來；今日送春去。來也從何方？去也向何處？問春春不言；留春春不住。芳草遠連天，便是春歸路。」（《送春詩》）。《大江集》在當時頗受一些讀者歡迎，式芬的《新詩的評價》有言「從南邊來的朋友說，那裡的中學生（中了他們的復辟派的國文教員的餘毒）很歡迎胡寄塵劉大白沈弦廬的（新）詩，以爲與古詩相近所以有趣。」「恰巧在這國學家門牆之下的門人又多歡迎《大江集》一派的詩。」〔註 34〕至 1923 年，《大江集》即再版發行，廣告稱「胡懷琛所著之《大江集》。能融化新舊。自成一家。爲現代詩學界極

〔註 31〕引自胡適《答胡懷琛的信》，《時事新報·學燈》1920 年 9 月 12 日。

〔註 32〕關於改詩事件，具體參見姜濤《「爲胡適改詩」與新詩發生的內在張力——胡懷琛對〈嘗試集〉的批評研究》，《北京大學學報（哲學社會科學版）》2003 年第 6 期。

〔註 33〕《胡懷琛通信》，《晶報》1921 年 5 月 9 日。

〔註 34〕式芬《新詩的評價》，《晨報》1922 年 10 月 16 日。

有價值之書。出版以來。早已風行一時。今初版已售完。特爲再版發行。內容有新加入之詩。有再版自序。有訂正之處。比初版尤美。」〔註35〕

　　詩歌而外，小說創作是胡寄塵的另一重要文學活動。1917 年，胡寄塵主編《小說革命軍》雜誌，上面都是他自己的作品，是一份個人雜誌，但只三期而止。宣言其作品要「一改革浮泛之文辭，二改革穢褻之思想，實行社會教育，提倡優美文學。」〔註36〕胡寄塵的小說觀念也是融和新舊，既提倡小說要「暗示讀者走一條正當的途徑，以收改造社會之功」。又主張「拿自己的熱烈感情，博取讀者的同情，不可向勸世文一般做。」〔註37〕胡寄塵本人的小說創作以白話短篇爲主，應該說，總體成就並不高，與他自詡的目標頗有一些差距。但內容題材以及敘事風格與那些鴛鴦蝴蝶派小說名家如包天笑、周瘦鵑、張恨水又有著明顯的區別。胡寄塵一般不寫才子佳人的戀愛，也沒有社會種種怪現狀的展示。他還是截取一些生活的片斷，書寫自己的人生感悟，雖然這些感悟往往太直白、概念化，缺乏讓讀者思考回味的餘地。1921 年《小說月報》改革後，還刊出過胡寄塵的一篇小說《第一次的戀愛》，小說寫「密司忒黃是個性情最溫和的人，是個愛情最富最專一的人，也是個最有豔福的人，也是個最能享受家庭活樂的人」，與夫人結婚二十年，沒有一言半語不服從夫人，除了夫人，沒和第二個少年婦女說過話。已有一子一女。家庭生活幸福美滿。同時黃是一位作家，「他做的寫情小說，和詩歌，早傳遍全國；」但四十一歲時在朋友家邂逅一女子，女子只簡單地說了句「久仰久仰！凡是先生做的小說，和詩歌，我都讀熟了，我都背得出。」結果，黃隔了兩天，就說自己二十年來享受了幸福的虛名，「直到前天，才算是眞知道戀愛的滋味。」〔註38〕小說中黃的一次邂逅即讓他體會到熱戀，究竟邂逅時他的心理如何，爲什麼會有如此強烈的反應，都沒有很好地加以描寫。小說還是停留在「有這麼回事」的講述上，而缺乏讓人思考的深度，還是一種傳「奇」的套路。

　　胡寄塵不僅積極參與新詩、小說的創作與討論，還對新文學的理論建設頗爲關注。1921 年，他的講稿《新文學淺說》由泰東書局出版，封面署胡懷琛著。全書分五章：第一章　文學定義；第二章　文法；第三章　論理與文

〔註35〕廣告《再版〈大江集〉》，《最小》1923 年第九十五號。
〔註36〕《小說革命軍》1917 年第一期。
〔註37〕范煙橋《中國小說史》，前引書，第 298 頁。
〔註38〕胡懷琛《第一次的戀愛》，載《小說月報》1921 年第十二卷第五號。

學;第四章 修詞學;第五章 美的文學。其中第五章爲全書重點,其中討
論趣味、生趣、意境、創造,以及普遍的價值、永久的價值等問題。作者聲
稱「對於文學性情不相近的人,只須研究前四章夠了,第五章不必研究,因
爲只須如此已能做得通了;對於文學性情相近的人,覺得前四章枯燥無味,
只管從第五章研究起,以前的知其大概便了,文章自然會做得好。」但此書
實際上並無多少創見,祇是將各種新舊學說雜糅一處。如對文學的定義,就
引用了三種說法:章太炎的「著於竹帛謂之文,論其法式謂之文學」;陳獨秀
的「(一)藝術的組織。(二)能充分表現意志及情。(三)在人類心理上有普
遍的美感。」以及 Bacon 說的「才智的,感情的,藝術的,永久的價值。」
胡寄塵本人贊成章太炎的定義。〔註 39〕而原因則語焉不詳,可能是因爲章太
炎的定義更寬泛吧。對修辭的要求則是「信、達、美」。〔註 40〕顯然是繼承嚴
復的「信、達、雅」的提法。胡寄塵自言此書原爲江蘇省立第二師範學校的
授課講稿,目的是要學生知道「文學是什麼,且要他知道如何能將文章做得
好。」〔註 41〕如果將書名定爲《文學淺說》,或許並無可厚非。但在新文學發
生的初期,胡寄塵當仁不讓地自命爲「新文學」,顯示出他積極參與新文學進
程的努力,甚至還試圖以新文學指導者自居。

胡寄塵爲什麼要如此關注新文學,積極參與新文學呢?我們可以聯繫當時
的文化格局,來考察他的一系列文學活動。在二十年代,當新文化、新文學的
影響逐漸擴大,提出的一些問題逐漸成爲社會熱點話題。作爲活躍於文壇、講
臺的滬上文人,胡寄塵自然不甘落後,不僅關注這些話題,也在模倣這套話語
方式。這正是一種追趕時尚的行爲,誠如齊美爾分析的:「對於時尚來說,一方
面,只要它是模倣,它就在滿足對社會的依靠的需要,……但是另一方面,它
也滿足著區別的需要,滿足分化、變換、獨樹一幟的傾向。」〔註 42〕同樣,胡
寄塵參與新詩、新文學的創作與討論顯然也是緣於這種趨趕時尚的心理。正如
有學者分析的:當新詩集成爲一種閱讀時尚,不僅是新式學生,就連舊派人物
也嘗試新詩,「時髦」之中就包含著對成爲「新人物」的渴望。而且,獲得某種
文學能力——寫白話文或讀「新詩」,是被允許進入某一精英文化圈的資本,以

〔註 39〕 胡懷琛《新文學淺說》,泰東書局,1921 年,第 1 頁。
〔註 40〕 胡懷琛《新文學淺說》,前引書,第 15 頁。
〔註 41〕 胡懷琛《自序》,《新文學淺說》,前引書,第 1 頁。
〔註 42〕 齊美爾《時尚心理學——社會學研究》,《社會是如何可能的——齊美爾社會
學文選》,林榮遠編譯,廣西師範大學出版社,2002 年,第 151 頁。

獲得特殊的社會性身份。〔註43〕胡寄塵如此熱心地爲胡適改詩，自己創作新詩
與白話短篇小說，顯然有這些原因。

　　但是，胡寄塵如此熱衷於提倡新詩、新文學，卻招致了諸多非議。自稱
「模範的白話詩」的《大江集》問世後，招致的非議與嘲笑數不勝數，以致
後來新文學界將之作爲「僞新詩」的範本。詩集出版後不久，《時事新報》上
登載吳江散人的《讀〈大江集〉》，就毫不客氣地說胡懷琛論詩的著作，頗多
牽強舛誤，「實有遺誤初學不少者在也。」而《大江集》標榜「模範的白話詩」，
實則「既非白話，亦非文言；且陳意遣詞俱陋劣無所取，更何足以當模範？」
〔註44〕另外也有讀者諷刺「胡懷琛君頗著盛名於上海文壇，北京稱之爲『詩
學大家』，而胡君亦似曾標其所做詩爲『標準的白話詩』」。對胡懷琛的《新文
學淺說》提出幾處質疑：對文學的定義不正確，智、情、意的劃分不可行，
以及其中聲稱「讀熟吾書之前四篇，對於文學已能明瞭，更續讀後二篇者不
難造成文學家」，認爲「此言近誇」。〔註45〕甚至還有讀者揭他的老底，說胡
懷琛就是滬上文人胡寄塵。這樣的禮拜六派文人，談論新詩、創作新詩無非
是跟風。尤其是胡適本人對改詩事件更是表達了極大的輕蔑，他否認胡寄塵
改詩的合法性，認爲沒讀懂他的詩。〔註46〕再版《嘗試集》時，胡適《〈夢與
詩〉自跋》中嘲諷「今日蠶一眠，明日蠶二眠」，即爲胡寄塵詩句。〔註47〕魯
迅也做《兒歌的反動》，諷刺胡寄塵的新詩《兒歌》不通，順便挖苦他爲胡適
改詩一事，「胡先生夙擅改削，當不以鄙言爲河漢也。」〔註48〕

二、姿態：消弭新舊界線

　　面對種種批評否定之聲，胡寄塵自然不能無動於衷，他在《時事新報》
的《學燈》、《文學旬刊》上屢次撰文，對吳江散人、孫祖基等人的非難予以
回應。一邊爲自己的觀點辯解，一邊稱「模範的白話詩」六字爲書坊中人替

〔註43〕姜濤《「新詩集」與中國新詩的發生》，北京大學出版社，2005 年，第 56 頁。
〔註44〕吳江散人《讀〈大江集〉》，載《時事新報・學燈》1921 年 7 月 1 日。
〔註45〕孫祖基《通訊》，載《時事新報・文學周刊》1921 年 8 月 20 日。
〔註46〕《致張東蓀信》，《時事新報・學燈》1920 年 5 月 12 日。
〔註47〕胡適《〈夢與詩〉自跋》，《嘗試集》，上海亞東圖書館，1922 年增訂第四版，
　　　　第 93 頁。
〔註48〕魯迅《兒歌的「反動」》，《魯迅全集》第一卷，人民文學出版社，2005 年，第
　　　　412 頁。

他加的。胡寄塵頗以詩學名家而自豪,但其詩集遭遇如此難堪的評價,他內心的失落可想而知。1923 年,他發表於《小說世界》上的一篇小說可謂是自況寫照:詩人張春江為文學而文學,為作詩而作詩。不肯入官場,不肯為人作壽文等。日子拮据而遭妻子抱怨,但張春江初志不改,「『然而為文學而研究文學,為作詩而作詩,便說天涯海角,或是萬古千秋之後,無人真能鑒賞你,我的犧牲也值得。』張春江如此說著,連吻著他的詩集不已。」〔註 49〕雖然小說中詩人如此安慰自己,但現實中胡寄塵還是顯得有些底氣不足。他以新詩人、新文學家自居,卻不為一些讀者與新文學界所認可。於是胡寄塵開始逐漸調整姿態,他聲稱自己的獨立宗旨,既非新派亦非舊派。他還特意在《時事新報》上登《胡懷琛啟事》「我做的小說無論登在甚麼雜誌上,或日報上,都是本著我自己的宗旨做的,絕對不受他人的拘束,絕對不插入他人的風氣。」〔註 50〕在 1922~1923 年,新文學與鴛鴦蝴蝶派論爭日漸激烈之際,胡寄塵依然聲明「我決不敢做個新式的小說家。然而也不敢做個舊式的小說家。」〔註 51〕這其實是胡寄塵被新文學界拒絕之後無奈告白,他趨新卻被認定是「非新」,但又不甘心被歸入舊派的鴛鴦蝴蝶派。於是,在新舊之間,他選擇了一種遊移、跨越的策略。

　　新文學與鴛鴦蝴蝶派之間的界線越來越明晰,胡寄塵擺出一副中允的姿態,致信《時事新報》的《學燈》副刊,發表他對新舊文學之爭的看法,提出「不必把新舊的界限放在心裏。不必把人我的界限放在心裏。」〔註 52〕但這封信被《學燈》拒絕發表,於是胡寄塵將它刊載於鴛蝴小報《最小》上。後來胡寄塵很多有關新舊之爭的文章,都是發表於鴛蝴小報《最小》與《晶報》上,文章發表的報刊雜誌,無疑是作家的一個重要身份歸屬標誌,胡寄塵此時更被新文學界視為鴛鴦蝴蝶派了,儘管他主張消弭新舊界線,站在一個不新不舊的立場,對新舊文學皆有肯定與批評。對於新文學界批評鴛鴦蝴蝶派消遣的文學觀,胡寄塵則認為如果「有趣味的文字之中,寓著很好的意思」還是可取的。「儻然完全不要消遣,那末,只做很呆板的文字便是了,何必要做含有興趣的小說。」〔註 53〕

〔註 49〕胡寄塵《為你犧牲》,載《小說世界》1923 年第二卷十二期。
〔註 50〕《胡懷琛啟事》,載《時事新報》1921 年 8 月 5 日。
〔註 51〕胡寄塵《一封曾被拒絕發表的信》,載《最小》1923 年報第 8 號。
〔註 52〕胡寄塵《一封曾被拒絕發表的信》,載《最小》1923 年報第 8 號。
〔註 53〕胡寄塵《消遣?》,載《最小》1923 年第三號。

　　雖然爲新文學界嘲諷拒絕，對於新文學的動向，胡寄塵仍然十分關注。但逐漸改爲以一副友好的旁觀者姿態，常常稱新文學群體爲「他們」。有時還在力圖補充新文學之不足。二十年代，新文學群體關注民間文學，開展「歌謠」運動。胡寄塵也不甘落後，提及「近日講新文學的人，都很注意民間文學，已有許多人，搜集各地方的歌謠了，但除了歌謠以外，不曾有第二樣文學發現出來。」爲此，他則專門發掘了一些民間傳說，把小時候鄉下老太婆說的故事，加以整理，名爲《老嫗說怪》。〔註54〕胡寄塵既不能爲新文學群體所接納，他就試圖以一種中立客觀的態度，熱心爲新文學提出一些建議，如他認爲歸有光是一位傑出的小說家，因爲歸有光描寫家庭瑣事，看似平淡，卻越讀越有味。因此「希望新文學的人能瞭解中國的小說界有這樣的作品。」〔註55〕

三、評價：新文學界的嘲諷與鴛鴦蝴蝶派的讚賞

　　胡寄塵常常是以一副新舊兼通的面目對新文學提出忠告，但新文學群體並不買賬。他們將他當作一個在新舊之間「騎牆」的人物，並對此大加諷刺。《時事新報・文學旬刊》曾登出一篇雜談：

> 有一位寄塵先生做了一篇《敬告同志》，裏面說：「新文化的小說起初很有人歡迎，爲什麼又漸漸的被說看不懂，現在我們的小說又盛行起來，」小說有新文化的舊文化的，已經很有些奇異了。至於「我們的小說」，更不知是何所指。讀這一篇短文的總以爲這位「寄塵」先生始終是個「舊文化小說」家，卻萬不會料到他就是二三年前號稱「新詩新小說大家」的胡懷琛先生。在二三年前很有人歡迎「他們」的小說家，現在因爲「我們的小說又盛行起來」，一變而成爲「我們的小說家」，這「我們」兩個字眞會得作怪。〔註56〕

這篇雜談可以代表一般新文學界對胡寄塵這樣跨越新舊人物的看法。那麼，新文學群體爲什麼會對胡寄塵的種種文學活動加以徹底否定呢？應該說，在新文學發生初期，新文學群體對鴛鴦蝴蝶派的鬥爭，是以定義何爲眞正的文學，以及區分二者之間的界線爲主要手段。「定義（或分類）的鬥爭的焦點就是（體裁或學科之間的，或同一體裁內部的生產模式之間的）界線，及由此

〔註54〕胡寄塵《中國民間文學之一斑》，載《小說世界》1923 年第二卷第四期。
〔註55〕胡懷琛《歸有光的小說文學》，載《小說世界》1923 年第三卷第一期。
〔註56〕魯《雜談》，載《時事新報・文學旬刊》1922 年 9 月 21 日。

而來的等級。確定界線、維護界線、控制進入，就是維護場中的既定秩序。」
〔註 57〕新文學與鴛鴦蝴蝶派的鬥爭，表面上是新舊之爭，實際上更多地是文學場域中確定合法性的鬥爭，以及文學空間資源的爭奪。而胡寄塵這樣試圖模糊界限，甚至以一副新舊兼通的姿態對新文學指手畫腳，實際上是對新文學命名權的挑戰，從而導致對新文學合法性的質疑。尤其他的「新舊兼備」的新詩與小說，更對新文學的接受群體造成影響，侵佔了一定的文學空間資源。因此，新文學群體對於這類「趨新」的舊派文人自然無法容忍。

　　與新文學的全盤否定形成對比，鴛鴦蝴蝶派作家對胡寄塵則評價甚高。如對改詩事件如此敘述：「近自新文學流行以來，名人胡適之氏，以新詩稱於世，而君嘗持其缺點，為之改削。」〔註 58〕「君擅韻語，胡適之以新詩名，而君削之揭於報上，適之為之首肯。」〔註 59〕對胡寄塵的短篇小說也稱讚有加：「做短篇小說以一二千言狀社會人物儘其致，讀之舒暢紆餘，不覺其急促者，斯為難能。然此中有聖手焉，曰胡寄塵是。」〔註 60〕這些鴛蝴同人之所以對胡寄塵大加讚賞，是因為胡寄塵這樣的趨新行為，其實也正是二十年代鴛鴦蝴蝶派的普遍做法。如包天笑主編的《星期》上登載胡適的新詩，《紅玫瑰》雜誌刊陳西瀅與凌淑華、徐志摩和陸小曼的照片。他們這樣做，並不是所謂的向新文學靠攏。因為大多數鴛蝴作家的知識結構是無法理解新文化、新文學背後的整個一套知識系統。他們只限於追逐這些熱點話題，將新文學變成一種可以消費的時尚符號，而這種做法又在客觀上擴大了鴛鴦蝴蝶派的生存空間。這恐怕也是胡寄塵的悲哀，他試圖以跨越新舊的姿態縱橫文壇，卻只在「舊派」的鴛鴦蝴蝶派這裡得到了認同。

　　總之，胡寄塵、葉勁風、王靖等「蝙蝠派」作家，之所以「趨新」而被視為「非新」，其實反映了文學場域鬥爭的原則，即關於合法性的鬥爭，誠如布迪厄所指出的：「文學（等）競爭的中心焦點是文學合法性壟斷，也就是說，尤其是權威話語權利的壟斷，包括說誰被允許自稱『作家』等，甚或說誰是

〔註 57〕〔法〕皮埃爾·布迪厄《藝術的法則——文學場的生成和結構》，劉輝譯，中央編譯出版社，2001 年，第 271～272 頁。
〔註 58〕嚴芙孫《胡寄塵》，《全國小說名家專集》，雲軒出版社，1923 年。
〔註 59〕鄭逸梅《民國舊派小說名家小史》，魏紹昌《鴛鴦蝴蝶派研究資料》，前引書，第 476 頁。
〔註 60〕鄭逸梅《民國舊派小說名家小史》，魏紹昌《鴛鴦蝴蝶派研究資料》，前引書，第 476 頁。

作家和誰有權利說誰是作家；或者隨便怎麼說，就是生產者或產品的許可權的壟斷。」〔註 61〕在二十年代，隨著新文學吸引越來越多的作家投入其中，以期獲得一個「新」的社會身份時，一套選擇、承認與排斥的認可機制也隨之產生，而傳播即是這套機制中的重要一環。晚清民初以來，創作群體的形成與區分，其實離不開大眾傳播空間的開創與變遷。

〔註61〕〔法〕皮埃爾·布迪厄《藝術的法則——文學場的生成和結構》，劉輝譯，前引書，第 271～272 頁。

中　編

鴛鴦蝴蝶派傳播空間的開創與變遷

　　鴛鴦蝴蝶派群體的文學、文化活動與人生姿態雖然千差萬別，但他們大多與現代都市傳媒有著不可分割的聯繫，他們的身影活躍於各種大眾傳播媒體：報刊雜誌、電臺、電影等等。大眾傳媒不僅為他們提供了謀生的新方式，還參與了他們的形象建構與身份認同。自新文化運動以來，鴛鴦蝴蝶派與新文學的種種複雜糾纏關係就在大眾傳媒這個舞臺上展開。〔註1〕

　　在中國現代文學發展歷程中，大眾傳媒不僅是文學載體，承載著作品發表、傳播的功能，同時也是各種文學樣態進行區分的重要平臺。誠如布迪厄所指出：「最初的差異是作為場的生產空間運行的基礎，這種差異之所以可能，多虧有各種各樣的公眾，而最初的差異顯然促進了各種公眾的形成。」〔註2〕新文學

〔註1〕　有研究者認為現代文學的傳媒分為大眾傳媒和小眾傳媒，大眾傳媒和小眾傳媒帶來現代兩種不同形態的文學，兩種不同的傳播媒體，構成了中國現代文學兩種不同的審美風度，其走向各不相同。不同的媒體培養了不同的作家，也培養了不同的審美情趣。大眾傳媒對應於通俗文學，注重市場效應；而新文學是小眾傳媒，更注重啟蒙，注重純美。大眾傳媒主要關心人們的時尚生活，刺激人們的消費欲望。小眾傳媒則是知識份子言說的空間，是他們參與社會的一種方式。（周海波《傳媒時代的文學》，人民文學出版社，2007年，第38～39頁，第48頁。）本人認為這樣的區分有些絕對化，新文學同樣有注重市場的一面，如他們編輯的報紙副刊；鴛鴦蝴蝶派對應於大眾傳媒，不只是刺激人們的消費欲望，也有表達自我、參與社會的努力。

〔註2〕　〔法〕皮埃爾‧布迪厄《藝術的法則——文學場的生成和結構》，劉暉譯，前

與鴛鴦蝴蝶派群體之間的區別，導致了二者的生產、傳播、消費的差異，而這種生產、傳播、消費之間的不同，又反過來促進了各自群體的形成。在中國現代文學發生初期，隨著大眾傳播空間的開創與變遷，大眾傳媒作為生產空間中重要一環，也是作者與讀者群體集結、區分的平臺，因此在新文學與鴛鴦蝴蝶派的鬥爭與糾葛中發揮了重要作用。

雖然，電影與電臺等傳播媒介也為鴛鴦蝴蝶派文人一展才華的重要平臺，但限於篇幅，本章主要關注的是鴛鴦蝴蝶派大眾傳媒中的印刷媒體：報紙副刊、小報、文藝雜誌、書籍等。報紙副刊是鴛鴦蝴蝶派的重要傳播媒介，一些作品與副刊相得益彰，形成廣泛的影響，如張恨水的《啼笑因緣》連載於《新聞報·快活林》，造成巨大轟動。而報紙副刊的興起始自晚清，1872 年創辦的《申報》，公開徵求「騷人韻士」們的「短什長篇」，和「天下各名區竹枝詞及長歌紀事之類」的文字，刊載於逐日的上諭、論說和一般新聞之後，雖然還沒有關出專欄，但已有了大體固定的位置，粗具副刊的規模，成為後世所謂「報屁股」的濫觴。後來由於「描寫豔情，流連風景」的唱和之作太多，四、五年間「所積計不下三千首」，報屁股上那點地方無法容納，有些翻譯小說和「海外奇談」式的筆記作品，篇幅過長，也不適宜於在日報上發表，於是有《瀛寰瑣記》（月刊，1872 年 11 月 11 日至 1875 年 1 月）、《四冥瑣記》（1875 年 2 月至 1876 年 1 月）、《寰宇瑣記》（1876 年 2 月至 1877 年 1 月）等附屬的刊物出現。這類刊物，除詩詞外，還兼刊小說、散文和筆記論說之屬。「或可以助測星度地之方，或可以參濟世安民之務，或可以益致知格物之神，或可以開弄月吟風之趣，博搜廣采，冀成鉅觀」，是最早的一批附出於日報的綜合性副刊。此外，《字林滬報》、《同文滬報》、《順天時報》等報，也很注意刊載這類文藝作品。﹝註3﹞晚清這些副刊的出現為後來報紙副刊的繁榮做了鋪墊。五四新文化運動開始以後，報紙副刊也是新文學與鴛鴦蝴蝶派展開爭奪與鬥爭的陣地，雙方都有自己的特色副刊，如《時事新報·學燈》、《民國日報·覺悟》致力於宣傳新文化，而《申報·自由談》、《新聞報·快活林》則聚集了大量鴛鴦蝴蝶派作家。1932 年，《申報·自由談》由黎烈文主編，改載新文藝作品。成為新文學與鴛鴦蝴蝶派鬥爭的另一重要事件。1933 年，《申報》又另開《春秋》副刊，由周瘦鵑主編。

引書，第 299 頁。
﹝註3﹞ 方漢奇《中國近代報刊史》上，山西人民出版社，1981 年，第 56～57 頁。

其次是各類文藝小報，晚清那些「以遊戲筆墨，備人消閒」的小報，數量極眾。「幾乎每一種都是談風月，說勾欄」，「同時揭露了當時的社會黑暗，抨擊了買辦、官僚以及帝國主義，奠定了晚清譴責小說的發展的基礎。」〔註 4〕這些小報是後來鴛蝴小報的始祖。有學者認爲小報文人與鴛鴦蝴蝶派存在著密切的血緣關係，可以說是鴛鴦蝴蝶派的下一輩子。〔註 5〕無疑，眾多小報是鴛鴦蝴蝶派文人的重要發表陣地，如《晶報》、《最小》報上面就可見周瘦鵑、包天笑、張恨水等人的文字。尤其在二十年代初，與新文學的第一次論爭中，小報無疑成了鴛蝴文人表達自己意見的重要渠道。

最後是各種文藝雜誌，主要是小說雜誌。晚清小說界革命帶來小說雜誌的第一波創辦高潮，《新小說》、《小說林》、《繡像小說》等紛紛創刊，這些雜誌持以小說開啓民智的啓蒙立場，但同時又莊諧並重。民國初年，又有一次報刊創辦高潮，這些雜誌則更傾向於「諧」了，以滑稽、言情主打，社會批判性明顯減弱，後來將這些文藝性雜誌如《眉語》、《香艷雜誌》、《小說叢報》等都視爲鴛鴦蝴蝶派雜誌，但實則此際傳播空間尚未區分，即使是那些綜合性、專業性雜誌也同樣登載類似作品，如《東方雜誌》連載《碎琴樓》。五四新文化運動以後，傳播空間也在進行著分化與變遷，二十年代初的鴛鴦蝴蝶派雜誌逐漸走向時尚化與通俗化。

本編主要通過勾勒傳播空間的爭鬥與變遷，展示鴛鴦蝴蝶派的形象建構歷程。既有對書局等出版部門運作的勾畫，也有對具體報刊形態的呈現。首先，選取幾份代表性雜誌展示不同時期鴛鴦蝴蝶派雜誌的多元形態與定位調整，由晚清而來的《小說月報》，雖屢經調整版面，但始終在趣味與新知之間試圖取得一個平衡；1914 年左右的第二次雜誌期刊熱，創辦於成都的《娛閒錄》，在民初雜誌中較有代表性，既有「娛」和「閒」的特徵，又體現了傳播空間尚未區分之際的多重可能性。五四新文化運動以後的期刊則又呈現另一副面目，它們主要著重於日常生活領域的言說。對於先鋒的新文學，他們將之作爲時尚的文化符號加以利用，《半月》、《紫羅蘭》即是例證。其次，正宗鴛鴦蝴蝶派是再次區分的產物，他們的代表報刊歷來與民初哀情駢體小說聯繫在一起，而實則這些報刊與同時期的其他雜誌一樣也具有多重面目，如《民權報》與《小說叢報》。正宗鴛鴦蝴蝶派之所以給人單獨一群的印象，還離不

〔註 4〕 阿英《晚清文藝報刊述略》，古典文學出版社，1958 年，第 49～51 頁。

〔註 5〕 魏紹昌《我看鴛鴦蝴蝶派》，臺灣商務印書館，1992 年，第 24 頁。

開出版部的策劃，以及版權之爭而起的文化事件。最後，無論是鴛鴦蝴蝶派的多元、模糊，還是正宗鴛鴦蝴蝶派的再次被加以區分，貫穿於其中的就是傳播空間的分化。但我們也必須看到，在新文學發生初期，儘管新文學與鴛鴦蝴蝶派群體往往各自擁有自己的發表陣地，新文學刊物與鴛蝴報刊宗旨、形態迥異。而實際上，還有一些試圖跨越新舊的「蝙蝠派」報刊雜誌，如泰東書局的《新人》、《新的小說》，商務印書館的《小說世界》，這些雜誌或以新文學、新文化刊物自命，或標榜融合新舊，但最終卻被視為「偽新」與「非新」，這背後又反映了怎樣的文學、文化格局？

第一章　趣味、消閒與日常生活：鴛鴦蝴蝶派傳媒的定位與調整

　　鴛鴦蝴蝶派群體能夠得以聚合併形成經久不衰的聲勢，實際上離不開報刊雜誌等傳播媒體的推動介入。誠如研究者指出「在近現代中國，每一份文學期刊雜誌周圍都圍繞著一群文化人和作家，他們之間的觀點並不盡完全相同，但其基本傾向是大體一致的，這些文學期刊雜誌也就成為中國近現代文化流程中的一個個區域。」〔註1〕那些風起雲湧、五花八門的鴛鴦蝴蝶派雜誌無疑就是這樣重要的區域。它們的潮起潮落，其實關涉晚清到二十年代出版環境的變化，文學傳播空間、讀者群體的變遷與分化。

　　因此，本章選取幾份代表性的鴛鴦蝴蝶派雜誌：由晚清一直到五四的《小說月報》、創辦於民初的《娛閒錄》、問世於二十年代的《半月》《紫羅蘭》為觀察對象，從文類形式、文字的使用、插畫圖片、廣告安排等內容，探索以下問題：在晚清與五四之間，這些雜誌究竟處於怎樣的位置？民初雜誌為何會被視為鴛鴦蝴蝶派大本營？在五四新文學的批判之下，為什麼這些雜誌還能再次繁榮？在趣味與新知、本土與西方、傳統與現代之間，這些鴛蝴雜誌又是採取怎樣的言說與呈現方式？在對雜誌的具體考察與分析中，以上問題將逐步展開與釐清，藉以說明所謂鴛鴦蝴蝶派雜誌不僅僅是消閒和娛樂，其立場也絕非是所謂的「保守主義」和「遁世主義」。〔註2〕面對新文學，它們的形態與定位其實經歷了一個調整的過程。

〔註1〕　范伯群主編《中國近現代通俗文學史》下卷，江蘇教育出版社，2000年，第513頁。
〔註2〕　李歐梵《現代性的追求》，生活・讀書・新知三聯書店，2000年，第192頁。

第一節 「灌輸新理」與「趣味濃深」：由晚清而來的《小說月報》

創刊於 1910 年的《小說月報》，是中國近現代文學史上一份十分重要的雜誌。它持續的時間相當長久，從晚清而民初一直到五四新文化運動以後；它的的影響十分深遠，張恨水、鄭逸梅、張靜廬、周瘦鵑都曾是它的忠實讀者，並由此走上文學道路；它又孕育了一些著名的新文學作家，如魯迅、劉半農、葉聖陶。1921 年，《小說月報》的全面改革，又是新文學與鴛鴦蝴蝶派角逐、斗爭的一個標誌性事件。以此為界，改版後的《小說月報》是一份新文學雜誌，而之前的《小說月報》則被視為鴛鴦蝴蝶派的代表陣地。歷來認為晚清與五四期刊持啟蒙立場，而將鴛鴦雜誌視為消閒娛樂保守落後，那麼改版前的《小說月報》，在晚清與五四之間，它究竟處於一個怎樣的位置？又是怎樣一副面目呢？

一、《小說月報》與晚清小說雜誌

《小說月報》的創辦顯然是晚清小說興盛的一個結果，據統計，中國古代總共有小說 502 種，而 1901 年至 1911 年十年間即創作小說 529 種。〔註3〕據日本學者樽本照雄《新編清末民初小說目錄》統計，近代小說共有 7466 種之多。阿英曾談及晚清小說繁榮的原因：第一，當然是由於印刷事業的發達，沒有前此那樣刻書的困難；由於新聞事業的發達，在應用上需要多量的產生。第二，是當時智識階級受了西洋文化的影響，從社會的意義上，認識了小說的重要性。第三，就是清室屢挫於外敵，政治又極窳敗，大家知道不足與有為，遂寫作小說，以事抨擊，並提倡維新與革命。〔註4〕小說的繁榮與小說雜誌的創辦互為因果。尤其是自梁啟超提倡小說界革命以後，小說地位提高，帶來第一波小說雜誌創刊高潮。自 1902 年起，以「小說」為名的雜誌紛紛問世，如《新小說》（1902 年）、《月月小說》（1906）、《新新小說》（1904）、《繡像小說》（1903）、《小說時報》（1909）等等，《小說月報》即在潮流中應運而生。

因為有梁啟超小說界革命的提攜，有了「熏、浸、刺、提」這樣冠冕堂

〔註3〕 江蘇省社科院明清小說研究中心編《中國通俗小說總目提要》，中國文聯出版公司，1990 年。
〔註4〕 阿英《晚清小說史》，人民文學出版社，1980 年，第 1 頁。

皇的理由，因此對那些在晚清即旋生旋滅的期刊，研究界更多的是關注其開啟民智的一面，而一些延續到民初的小說報刊則不幸地被視爲老牌鴛鴦蝴蝶派陣地，《小說月報》即是如此。與它相類似的還有《小說時報》（1909～1917），但實則晚清的那些較具啟蒙色彩的小說雜誌無論在文類安排還是編輯取向上，都與鴛鴦蝴蝶派有著千絲萬縷的聯繫。即如《新小說》，雖然其宗旨在「借小說家之言，以發起國民政治思想」，〔註5〕但最終梁啟超的政治小說未能完成，《新小說》後期主要由吳趼人挑大梁，載有他的歷史小說《痛史》、社會小說《二十年目睹之怪現狀》、寫情小說《電術奇談》。而吳趼人的這些小說實際上已經醞釀了鴛鴦蝴蝶派的黑幕與言情潮流的掀起，正如阿英所指出的，在晚清，本來「兩性私生活描寫的小說，在此時期不爲社會所重，甚至出版商人，也不肯印行。」「直至吳趼人輒『寫情小說』，此類作品始復擡頭，爲後來鴛鴦蝴蝶派小說開了先路。」〔註6〕類似開鴛鴦蝴蝶派小說先路的作品在其他晚清小說雜誌中也有不少，如載於《月月小說》的《恨史》，敘杜秋瑛爲叔父所騙賣入勾欄，與唐生相戀卻難成眷屬，結果瑛死而唐生傷心。篇末「著餘割語」云：「孰知人體之所在，即愛情之所在，大都始而感觸，既而愛戀，終而悲歡歌哭。心胸輪軸，萬轉千旋，常深印於神經髓海之間，儼躍入地網天羅之內。工場莽莽，鑄若干才子佳人，歷史煌煌，書多數銷魂短氣。」〔註7〕這篇小說無論情調還是敘述，都已與民初哀情小說頗爲相似。同時，晚清的幾份主要小說雜誌同樣有趣味性傾向，如《繡像小說》的益智問答欄目，有問「西洋人親嘴，也有數目沒有？」答曰：「西洋人要新娶媳婦，他公婆兩常常親嘴，大約每天男人親女人的嘴，女人親男人的嘴，至少總得一百回，合成二百回。五年裏頭，一古腦兒要三十六萬五千回，每回要十秒鐘的工夫。五年裏頭，爲了親嘴，就白白費去了四十二日零六點的工夫。」〔註8〕而且，「趣味」本身就是一個內涵複雜的概念，不同的人有不同的趣味傾向，有人因滑稽詼諧而覺得有趣味，有人會因瞭解域外新知而生趣味，也有人對才子佳人的悲歡離合倍感興趣。

　　《小說月報》1910 年 7 月在上海創刊，月刊，商務印書館發行。至 1932

〔註5〕　《中國唯一之文學報新小說》，引自范伯群編《中國近現代通俗文學史》下卷，前引書，第 528 頁。
〔註6〕　阿英《晚清小說史》，前引書，第 5 頁。
〔註7〕　報癖著，阿閣評《恨史》，《月月小說》1906 第八號。
〔註8〕　《益智問答》，載《繡像小說》1903 年第一期。

年 12 月停刊，共出 22 卷。從創刊號到三卷四期，由王蘊章主編。王蘊章去南洋後，由惲鐵樵接編至九卷一期。王蘊章回來後仍由其編輯至十一卷。自1921 年的十二卷一號，改由沈雁冰編輯，即著名的《小說月報》改革，這也是現代文學史上的一個重要事件。因此，前 11 卷的《小說月報》歷來被視為鴛鴦蝴蝶派的老牌雜誌，後 11 卷則被看作是新文學刊物。第一期《編輯大意》對創辦宗旨有一個說明：

> ——本館舊有繡像小說之刊。歡迎一時。嗣響遽寂。用廣前例。輯成是報。匪曰丹稗黃說濫觴虞初，庶幾撝壞涓流，貢諸社會。
>
> ——本報以趄譯名作。綴述舊聞。灌輸新理。增進常識為宗旨。
>
> ——本報各種小說皆敦請名人分門擔任。材料豐富，趣味醲深，其體裁則長篇短篇文言白話著作翻譯無美不搜。其內容則偵探言情政治歷史科學社會各種皆備。末更附以譯叢雜纂筆記文苑新智識傳奇改良新劇諸門類。廣說部之範圍。助報餘之採擷。每期限於限於篇幅。雖不能一一登載，至少在八種以上。〔註9〕

從這則啟事可以看出，《小說月報》的創辦是為繼承《繡像小說》。《繡像小說》被譽為晚清四大小說雜誌之一，創刊於 1903 年 5 月，1906 年 4 月停刊，李伯元主編。其中長篇小說有李伯元的《文明小史》、《活地獄》，憂患餘生的《鄰女語》，蓬園的《負曝閒談》等；翻譯作品《夢遊二十一世紀》、政治小說《珊瑚美人》，其他主要文體有彈詞、傳奇、新戲（即話劇）、時調唱歌等，欄目還有益智問答、理科遊戲等。對於域外情形、科學知識頗為關注，如地底下有鐵路沒有、蝴蝶有多少種類、什麼地方人頂黑等等。《小說月報》有不少沿襲《繡像小說》之處，如「灌輸新理」與「趣味濃深」並重的辦刊宗旨即是如此。可以說，《小說月報》是一份上承晚清，下啟五四的雜誌。它同樣有啟蒙的一面，不僅不落後，反而相當開放，這從它開放多元的雜誌形態即可看出。

二、開放多元的雜誌形態

首先是雜誌插圖的安排，《小說月報》每期都有銅版插畫，內容相當豐富，名人照片、風景名勝、域外掠影、世界名畫、時事攝影等。這些插圖印刷精美，還有簡單的文字說明，應該算是兼具畫報功能。這種雜誌中安排圖畫的

〔註9〕《編輯大意》，載《小說月報》1910 年第一年第一期。（標點為著者所加）

做法，也是沿襲晚清小說雜誌的體例，如《新小說》、《月月小說》都刊登風景、人物、事件照片。《小說月報》的攝影有一部分是中國的名人，如元和體育家徐半梅氏化妝攝影（第二年第六期），辛亥革命成功之際，還刊有革命女軍首領沈素貞、紅十字會會長張竹君肖像，〔註10〕這些照片可以看出其對時局的關注。其中還有不少名妓、時裝美人的照片，有論者認爲刊名妓名伶照片爲鴛蝴雜誌的一個標誌。〔註11〕刊登名妓名伶照片確爲繼承晚清消閒小報的做法，有替名妓打廣告的目的。但其實在晚清民初，社會風氣尚未開放，一般良家婦女的照片難以予人。要打「美女牌」，刺激男性消費者的欲望，名妓照片是無奈的選擇。且在當時，名妓爲引領潮流的時尚人物，刊登她們的照片，顯示了雜誌趨趕潮流的傾向，正如後來《良友》等雜誌刊載明星、名媛的照片。《小說月報》的插圖中最有特色的還是那些與西方有關的圖像，有域外風景名勝，如一千九百十年比利時都城萬國博覽會會場風景之二正館門前之噴水池（第二年第三期）、法京巴黎郭外維薩里風景攝影、巴黎蠟人館攝影（第二年第五期）；也有介紹各國婦女的妝飾時尚，如法國婦女古履攝影（第二年第三期）、西美人之時世妝（第二年第九期圖畫）；還有對世界近期要事的介紹，如西班牙教堂賽會圖（第二年第六期圖畫）、英國大畫家倍秋氏繪威爾士公主招待室之名畫一千九百年陳列巴黎博覽會得第一等獎牌者（第二年第九期圖畫）；另外還有不少世界名人肖像，如法國大小說家及大詩家囂俄（雨果）、英國大詩家擺倫（拜倫）（第二年第九期圖畫）。尤其是當國內革命風起雲湧時，刊法國革命初起時情景（第二年第五期），顯示了編者的深心。從這些攝影也可窺視《小說月報》「新知」與「洋派」的一面，並不像多少人想像的那樣低俗。

其次，《小說月報》注重譯介域外新知，主要欄目有：新智識、譯叢、雜纂、瀛談等。這些欄目既有對科學常識、技術發展的介紹，也有對西方生活方式的注目，還有對世界近聞的津津樂道，顯示了從器物到知識再到生活層次追趕西方的願望。如第二年第二期譯叢欄，介紹「義大利新發明之攝影機」、

〔註10〕《小說月報》1911 年第二年第十期，前幾期皆署宣統年號，本期署辛亥年。
〔註11〕有研究者將《小說時報》定爲鴛鴦蝴蝶派的開山刊物，因爲一是該刊配發了大量時裝美人、名妓照片，這是以前沒有的；其二，《小說時報》以廣大市民爲閱讀對象，增加了小說的趣味性，以取代自 1902 年梁啓超創辦《新小說》以來形成的「小說新民論」的小說觀念。（馬永強《文化傳播與現代中國文學》，安徽大學出版社 2003 年，第 231 頁。）

「法國海底戰艦之進步」、「法人吸煙之統計」、「英皇之紀念郵票」，以及對「海底電線」的讚歎：「中國至倫敦之海底電報，近已通訊問，且能於七分時後，即得覆電，此線往返之路程，共二萬五千英里。」連載於第二年各期的采南《二十世紀理學界奇談》，更是包羅萬象，有機器造雨、晨氣之所以爽、蟲造風船、新電車、除鼠簡法、紙幣上之微生物（第二年第五期「雜纂」欄）；紙鳶引電、隧道內之自動電燈、幼兒之睡眠、X 光線之製革（第二年第八期「雜纂」）等。「瀛談」欄目主要是對海外各國近況、技術發展的關注，如介紹跨海鐵路「今世界以人爲戰勝天然者，其惟鐵道乎。既能縮短大陸之程途，又能化險阻爲平坦。」〔註 12〕除了對科技方面知識的引介，《小說月報》所呈現的西方，很大程度上是立足於一種生活方式的豔羨。如「晨餐甫竟，左雪茄，右咖啡，桌置晨報數種，殆無不人手一紙者。」〔註 13〕人人閱報，因此報紙發達。以及「蓋觀劇之事，英人視爲優美的遊戲。而場中觀客，亦均繫上流社會中人，衣裳楚楚，文雅有禮。」〔註 14〕這樣介紹歐美閱報、觀劇的背後，其實隱含了作者對於改造中國民眾生活方式、開啓其智識的意願。另外，對於歐美婦女的情況，《小說月報》也做了大量介紹，這也是晚清以來婦女解放問題的一個繼續。如對婦女投身事業的肯定，「歐美婦女經商者，頗不乏人，近日美國金礦中，乃亦有女工雜於男人間，共同工作。聞因此成富豪者，已有無數婦人。」〔註 15〕還有對世界最強之婦女的介紹，「美國鬥技場中之冠軍，恒推格蘭漢女士」；這種對婦女強壯的推崇，顯然還有「保國強種」的意思。〔註 16〕

關於文學方面的內容也爲數不少，如有狄更斯百年紀念品的羅列。〔註 17〕連載的孫毓修《歐美小說叢談》則介紹斯托活夫人、歐文、安徒生等歐美小說家。《小說月報》中的翻譯作品占相當大的比重，既有長篇林譯作品，如《雙雄較劍錄》、《薄倖郎》、《黑樓情孽》。也有歐文、莫泊桑、托爾斯泰、雨果等歐美名家的作品。莫泊桑的《項鏈》（《小說月報》中譯作《巴黎女子》）、《我的叔叔於勒》（譯作《勢利》）也被翻譯過來。挪威劇作家易卜生和他的名劇

〔註 12〕鐵樵譯《弗羅列大橫海鐵道記》，載《小說月報》1914 年第五卷第三號。
〔註 13〕《英美報紙之發達》，載《小說月報》1910 年第一年第一期
〔註 14〕《倫敦觀劇記》，載《小說月報》1910 年第一年第二期。
〔註 15〕《婦人開礦之新營業》，載《小說月報》1910 年第一年第三期。
〔註 16〕《譯叢》，載《小說月報》1911 年第二年第二期。
〔註 17〕《疊更司百週之紀念品》，載《小說月報》1911 年第二年第四期。

《玩偶之家》也被譯介，《小說月報》中譯作《嬌妻》（第六卷第六號）。在第十一卷占，自第三期起，又以八期的篇幅介紹他的《社會柱石》。周瘦鵑認為易卜生「每一劇中，都有一種主義，一個問題」。〔註 18〕這種理解已與新文學家頗為一致了。可以說，這些翻譯介紹，在某種程度上可以說是新文學譯介的先聲。

而且，除了熱衷於引介域外新知，《小說月報》對那些較早睜眼走向世界的人物也給予了高度關注與肯定。《小說月報》自第六卷第一號起連載容閎的《西學東漸記》，由鳳石譯述、鐵樵校訂，首先在插圖中登「本報西學東漸記著者，容純甫先生小影」，在《本報特別廣告》特別指出「第一批留學生監督容先生純甫中國西學開山祖也。先生畢業於美國耶格大學。生平抱絕大宗旨。謂中國自強。當從教育入手。一八五六年謁太平軍首領於南京。翌年。謁曾文正於安慶。遂創辦上海製造局。設立兵工學校。旋上說帖於政府。得派遣留學生百二十人。而先生為之監督。其後戊戌政變。先生與康南海梁新會同時去國。具詳先生自著之 My Life in China and America 一書。茲由徐鳳石君譯成國文。復由本社記者檢校數過。定名西學東漸記。措辭結構。悉與原書對照。不敢妄參幾見。此書關係中國五十年來歷史。而先生對於文正及洪楊之批評。尤為獨具隻眼。洵治國聞者不可不讀之書。」〔註 19〕《西學東漸記》是容閎 1909 年用英文所寫的回憶錄，徐鳳石與惲鐵樵合作，將之翻譯成中文。書名《西學東漸記》並不符合原文，但也正可看出譯者與編者的意圖。容閎以自己的留學親身經歷，展示了十九世紀中國在西方影響之下，逐漸發生的變化。總之，《小說月報》的這些介紹域外新知的欄目與內容，都顯示了其開放的一面，體現了其「灌輸新理」的宗旨。同樣，民初許多被視為鴛鴦蝴蝶派陣地的雜誌也都有其開放與啟蒙的一面，如《禮拜六》雜誌，其中也有不少有關西方的攝影與作品。

但是，我們也必須看到，《小說月報》對西方的引介往往受譯者、編者既定知識結構的限制，如介紹「當今倫敦之大文豪，首推威廉氏。渠蓋兼文章家、記傳家、雜誌家、批評家及尺牘家而為一者也。」〔註 20〕這樣的文體分類，顯然是當時中國雜誌的通行做法，而非西方文學的標準。同時，對「趣

〔註 18〕周瘦鵑譯《社會柱石》前的介紹，載《小說月報》1918 年第九卷第三期。
〔註 19〕《本報特別廣告》，載《小說月報》1915 年第六卷第一號。
〔註 20〕《譯叢》，載《小說月報》1911 年第二年第二期。

味濃深」的追求，也在一定程度上影響其內容的選擇。《小說月報》的自我定位是「雅馴而不艱深，淺顯而不俚俗」。〔註21〕因此，它對西學新知的引進往往就停留在一種簡單的介紹層次，不會到深入到學理的探究。之所以如此，也與《小說月報》對讀者閱讀狀態的想像有關，編者聲稱「可供公暇遣興之需，亦資課餘補助之用」。〔註22〕除了「課餘補助」，還要兼顧「公暇遣興」，因此，這樣的定位注定了《小說月報》不可能是一份有思想深度的雜誌，也決定了它的其他內容安排，如筆記、古文、言情小說等。

　　長期以來，《小說月報》被視為鴛鴦蝴蝶派的老牌雜誌，是因為其中確有為數不少的內容，代表了民初文壇的流行風向。這些內容其後被五四新文學家們大加撻伐，成為《小說月報》鴛蝴特徵的重要證據。如其中的筆記，就有名人遺事、說部介紹、軼聞趣事等，內容不外《馬士英有才藝》、《和珅小有才》、《記米價》等。「文苑」欄目有為數不少的遊記和詩詞，這些遊記多為桐城派的古文。「雜俎」欄則常有介紹名伶名妓之作，如第二年第九期「雜俎」欄載蠢仙的《梨園小史》，介紹幾位名角如路三寶、朱文英、譚鑫培、楊小朵等。其中讓《小說月報》打上鴛鴦蝴蝶派烙印的主要是刊載的言情小說，在民初言情小說泛濫之際，《小說月報》上也有不少這樣的作品。這些作品有的雖言及兩性愛情，但最終推崇禮戰勝情。如《春燈謎》敘閩中有才之寡婦，「詼諧敏慧，妙解吟詠，絲竹之類，無不精曉」。於上元製各種春燈謎，一客頗以文名，也前往觀看，一一猜中。第二天晚上，又去，眾客皆散。婦人言還有一些燈謎，引之到小閣中。謎底是文房四寶，巧作雙關，暗示情愫，如有云「一團芳體膩於酥，飽蘸輕研有意無。情到濃時拋不得，甘將皓質任君汙。」客雖覺「心蕩」，但終還是「懼涉非分，乃遽起。辭謝而出。」幾天後，客贈金玉指環各一枚並詩一首，詩云「卿亦知書我讀書，請將塵夢兩蠲除。分明解得春燈謎，不敢援筆作相如。」〔註23〕這位寡婦主動追求幸福，比起《玉梨魂》中的白梨影，顯得更為大膽熱烈，但作者最終還是讓她回歸禮教規範之中。還有不少作品屬於當時流行的哀情小說，寫有情人好夢難圓的悲哀，如署「哀情小說」的《佛無靈》，敘迷信誤姻緣的故事。篇末「記者曰：中國陋俗，婚姻大事，操之於父母之命，媒妁之言，論者非之。然若璧與麗者，

〔註21〕《本社特別廣告》，載《小說月報》1912年第三卷第七期。
〔註22〕《本社特別廣告》，載《小說月報》1912年第三卷第七期。
〔註23〕《春燈謎》，載《小說月報》1910年第一年第三期。

則從父母之命，媒妁之言，猶可也。奈無端有菩薩者，出而阻之。」「又曰，吾知讀斯文者，莫不爲麗麗悲，寄語讀者，更須爲作者悲也。作者以箇中人，言箇中事，字字是淚，字字是血。」〔註24〕因美滿姻緣成空，就有「字字是淚，字字是血」的哀痛，是民初哀情小說的慣有情緒。如署「怨情小說」的《霜鐘怨》，言才女謝小惠與李生因一紙詩詞而成良緣。但後來李生因病早逝，謝悲痛而削髮爲尼。〔註25〕民初哀情小說的「涕啼浪哭」，在《小說月報》中也不爲少見，這也是當時雜誌的總體特徵。

三、過渡、相容的定位與全面革新的醞釀

　　總體上，改版前的《小說月報》呈現了一種過渡與相容色彩。其中刊於第八卷第五號的《過渡時代》可謂是《小說月報》宗旨與形態的一種隱寓和概括，小說記述自己幼年的求學經歷，附學於萬家，師從學問淵博的太史公陸先生，同學中有勤學端正的萬遠，也有淘氣的陳、左二生，「我」則居中。萬遠無疑集中國傳統美德於一身，待人謙和，尊師愛學。並能感化劣生，使得他們也熱愛學習，尊重師長。即使假期也同在一起切磋學位。後因科舉廢除，「我」同萬遠都到教會學堂求學。白天在學堂讀外文，晚上依舊回來就陸先生研究書史。萬遠在學堂中也與一位老牧師十分相得，一個談耶穌的道理，一個講孔子的道德。後在萬遠的努力下，成立童子談道會，會約是：「一是敬師友，二是重公德，三是不謊言，四是尚節儉，五是勤學業，六是行恕道」。〔註26〕像萬遠這樣精於中國書史傳統學問，又以一種開放的心態接受西學，無論道德學問，都做到融中西於一身，是作者塑造的理想人物，也是《小說月報》的理想所在。也正是這樣的自我形象設想，決定了《小說月報》半革新時期的面目。

　　有不少論者談及改版前的《小說月報》，視其爲保守落後、娛樂消閒的代表，只對1920年的部分欄目表示肯定，並將這一年稱爲《小說月報》半革新時期。因爲這一年的《小說月報》設「小說新潮」欄，由沈雁冰主持，後來文研會的成員耿濟之、沈澤民、王統照、謝六逸的著作、譯作占了很大篇幅，他們一邊致力於世界文學潮流的引介，一邊已爲其後的全面革新作好了鋪墊。實則這一欄目的設置也不是憑空而來，它還是承繼此前的譯介域外知識的一些欄目，如

〔註24〕抱眞《佛無靈》，載《小說月報》1911年第二年第二期
〔註25〕南溟《霜鐘怨》，載《小說月報》1911年第二年第四期
〔註26〕劍虹《過渡時代》，載《小說月報》1917年第八卷第五號。

「雜纂」「新智識」等,只不過減去了文言筆記等內容。而且這一年的《小說月報》還是以那些鴛蝴作家的小說為主,如連載程瞻廬的《新舊家庭》,這是一個極為老套的情節框架,即繼母虐待前子女的故事。而且對新派人物大加諷刺挖苦,如其中的趙先生係留學生出身的新式教師,在講臺上滿口「德謨克拉西」「勞工神聖」「男女平權」,實則為一個銅板敲打車夫,在家異常懼內。

但處於文化傳播空間日益分化的 1920 年,《小說月報》這一相容策略顯然並不成功。新人物嫌其太舊,而老讀者又無法跟上它的「小說新潮」。據沈雁冰回憶,這一年的《小說月報》銷量步步下降,到第十號時,只印二千冊,連成本都不夠。〔註 27〕由此而醞釀《小說月報》的全面革新,張元濟的日記曾有這樣的記載,「昨與夢、仙談,擬將《東方雜誌》大減,一面抵制《青年》、《進步》及其他同等之雜誌,一面推廣印,藉以招徠廣告,今日見北京大學又辦有《新潮》一種。夢又言減價事,又應斟酌。」〔註 28〕可見,是在新文化擴張的壓力之下,有文化擔當意識的商務印書館決定將這份老牌小說雜誌改革為一份新文學雜誌。改版後的《小說月報》以一副全新的面目留在人們的印象之中,但我們也必須看到,此前的《小說月報》其實已為新文學的登場作了一定的鋪墊。1910～1920 年的《小說月報》可以說是一份上承晚清下啟五四的過渡型雜誌。

第二節 《娛閒錄》:娛樂、消閒與新知

民國初年,文學類雜誌的創辦又出現了一個高潮,究其原因,一是辦刊相對容易,據秋翁的回憶,「那時正值國家鼎革之際,社會一切都呈著蓬勃的新氣象。尤其是文化領域中,隨時隨地在萌生新思潮,即定期刊物,也像雨後春筍般出版。因為在那時候,舉辦一種刊物,非常容易,一、不須登記;二、紙張印刷價廉;三、郵遞利便,全國暢通;四、徵稿不難,酬報菲薄;真可以說是出版界之黃金時代。」〔註 29〕再則,政治環境的惡劣也是文學雜誌興起的一個重要原因,袁世凱對輿論界的高壓政策,使得不少報紙停刊。1912 年底,全國約有報紙 500 種,1913 年的「癸丑報災」之後就只剩下 139 種,一直到 1916 年 6 月袁世凱倒臺前,全國的報紙始終保持在 130～150 種

〔註 27〕茅盾《我走過的道路》,人民文學出版社,1981 年,第 179 頁。
〔註 28〕張元濟《張元濟日記》上,河北教育出版社,2001 年,第 670 頁。
〔註 29〕秋翁《三十年前之期刊》,《萬象》1944 年第四年第三期。

之間。〔註30〕報紙的停辦與報館關閉，使得那些報界文人紛紛轉向文學領域，而且本來早期新聞與小說的界線就不明確，報人往往兼小說家身份，因此其重心轉向小說創作也是自然而然的事情。尤其是小說經由晚清的提倡發展，正受到老百姓的極大歡迎，晚清民初一些小說的暢銷是有目共睹的，如曾樸的《孽海花》在不到兩年的時間裏就再版 15 次，銷量達 5 萬部之多。〔註31〕由此造就了民初文學期刊的繁榮，僅 1914 前後創刊的文學雜誌就有數十種。

　　但是，民初如此眾多的文學期刊，留給後人的印象就是黑幕高張，哀情成潮，充斥著濃厚的商業化氣息。後來這些雜誌往往都被冠以鴛鴦蝴蝶的名號。這一印象的形成首先來自梁啟超 1915 年的抱怨：「試以瀏覽書肆，其出版物，除教科書外，什九皆小說也。手報紙而讀之，除蕪雜猥屑之記事外，皆小說及遊戲文也。」〔註32〕魯迅對鴛鴦蝴蝶派的形象概括是「柳蔭花下，像一對蝴蝶，一雙鴛鴦一樣。」並指出「月刊雜誌《眉語》出現的時候，是這鴛鴦蝴蝶式文學的極盛時期。」〔註33〕《眉語》即創辦於 1914 年。按照梁啟超與魯迅的描述，似乎民初雜誌與出版物中皆是言情小說與遊戲之作。但果真如此嗎？民初出版物為什麼會留下如此形象？

　　在民初浩如煙海的文學雜誌中，本文擬以 1914 年創刊於成都的《娛閒錄》作為個案，通過考察其雜誌形態來回答以上問題。之所以選擇《娛閒錄》為代表，是因為以往對民初文學、文化的研究，過於關注上海，甚至在鴛鴦蝴蝶派與「洋場才子」之間劃上等號，而忽視其他區域的情況。而實際上，隨著晚清以來大眾傳媒的逐漸興起，文學、文化的傳播範圍與覆蓋面都在擴大，西蜀成都，地處盆地，自古以來因交通不便而相對閉塞，但《娛閒錄》的雜誌形態與民初上海的一些文學雜誌卻有著相當的類似，因此可見傳媒的影響力。《娛閒錄》以「娛閒」定位的辦刊宗旨也可窺視民初的文化氛圍，編者以讀《娛閒錄》為優於其他消遣之法，其實旨在提倡一種高雅、健康的娛樂方式。因此，《娛閒錄》的內容既有愁紅慘綠的哀情言情，也有笑罵一切的滑稽與詼諧，還有對世界局勢關注的插畫與譯介。從這些內容安排以及其中刊載

〔註30〕方漢奇《中國近代報刊史》（下），山西人民出版社，1981 年，第 720 頁。
〔註31〕阿英《晚清小說史》，前引書，第 22 頁。
〔註32〕梁啟超《告小說家》，陳平原、夏曉虹編《二十世紀中國小說理論資料（第一卷）1897～1916》，北京大學出版社 1997 年。
〔註33〕魯迅《上海文藝之一瞥——八月十二日在社會科學研究會講》，《魯迅全集》第四卷，人民文學出版社，2005 年，第 301 頁。

的廣告推測，《娛閒錄》的讀者其實並非那些腐朽保守的遺老遺少或小市民，而主要是具備一定新思想的社會中上層人士。同時，如同民初其他雜誌一樣，《娛閒錄》的作者也呈現多元結構，既有後來成為新文化、新文學中人的吳虞、李頡人，也有其後被譏為「文丐」的賣文者，還有自晚清以來抱開啓民智的老報人與文人，也不乏女性作家。總體上，《娛閒錄》與民初其他文學雜誌一樣，呈現出文化空間尙未區分之際的多樣性面目。

一、娛樂與消閒的宗旨

　　《娛閒錄》爲《四川公報》增刊，創刊於 1914 年 7 月 16 日，每月二冊。《娛閒錄》刊名「娛閒」，顯然帶有消遣娛樂之意，在其創刊號中，以《東閣生來簡》代發刊詞，稱「蓋有以知諸公之所謂娛者，其必有至不娛者在，所謂閒者而其心乃天下之至不閒者矣。」因爲「今之時，何時乎？天災人禍，相逼而來；愁歎之聲，比戶相應。」但是「莊雅者難爲功，詼諧恒易入」所以「諸公之爲是錄，度其中必有至不獲己之苦，有萬非證言莊論所能曲達者。蓋不但遊戲於斯文而苟以自悅己也。」〔註34〕在此之前，也有報刊以「娛閒」命名，如 1905 年在上海創辦的《娛閒日報》，聲稱「娛閒於美人顏色，名士文章」。首專著欄，多談花榜之類的「雅事」，也刊曲本。〔註35〕

　　《娛閒錄》明確以娛樂消閒爲宗旨，與同時期的其他雜誌多有一致之處，如《禮拜六》宣稱「買笑耗金錢，覓醉礙衛生，顧曲苦喧囂。不若讀小說之省減而安樂也。」將讀《禮拜六》與平康買笑、酒樓覓醉、戲園顧曲相比，認爲讀《禮拜六》是更好的消遣方式，「遊倦歸齋，挑燈展卷，或與良友抵掌評論，或伴愛妻並肩互讀……晴曦照窗，花香入坐，一編在手，萬慮都忘。」〔註36〕《禮拜六》的這一公然標榜消閒的宗旨頗爲後來的五四文學家們所詬病，但實際上將閱讀小說作爲一種娛樂方式，已經顯示了雜誌編者提倡的一種高尙的生活品味。正如《娛閒錄》中一篇文章這樣談及「消遣之法」：

>　　今天是娛閒錄出版的日子麼……好精緻呀……五彩的封面，美麗的圖畫，奇趣的文字……呀……可愛的娛閒錄。
>
>　　請問先生怎麼叫作娛閒呢……你不知道麼，我們每日閒暇的時候，

〔註34〕《東閣生來簡》，載《娛閒錄》1914 年第一期。
〔註35〕阿英《晚清文藝報刊述略》，前引書，第 85 頁。
〔註36〕《出版贅言》，載《禮拜六》1914 年第一期。

無事消遣，展開一讀，可以引人興味。不過是茶餘酒後，聊以自娛
的意思。

呀……消遣的方法盡多著呢，咱們約幾個至交密友，向那繁華界消
耗場裏去選色徵歌，挾優狎妓，或是酒食征逐，既醉且飽，作那口
腹的應酬……不然呢，就約二三知己，向那曲房洞室裏聚精會神的
又幾圈麻雀。那樣不是消遣的方法，又何必去讀那娛閒錄呢。

哈哈……是是……我記得有句古詩道「用何方法遣今生」，今天聽你
所說，原來有這許多消遣今生的方法，怪不得昏天黑地，醉生夢死
的這樣多呢。

不錯不錯……一般社會的心理，原來如此。但是我們愛讀娛閒錄的
人，消遣之法，本與他們不同。〔註37〕

小說中，選色徵歌、挾優狎妓、又麻雀都是醉生夢死的消遣人生，而讀《娛
閒錄》則與其他消遣方法的不同，雖然也衹是「自娛」，但顯然作者認爲讀《娛
閒錄》是一種更爲高雅的消遣活動，因此「以何方式遣今生」其實折射的是
不同人的趣味與品味。而且，從這也可看出與梁啓超、李大釗等人的指責不
一定合理，梁啓超、李大釗都認爲民初的出版物應該對社會的墮落負責，這
些作品引誘血氣未定的年青人走向奸盜淫逸，所謂「墮落於男女獸欲之鬼窟」
「驅青年於婦人醇酒之中者」。〔註38〕文學能否對社會風氣負責這裡姑且不
論。但《娛閒錄》《禮拜六》等民初雜誌恰恰認爲：以閱讀期刊作爲消遣方式，
就不會去買笑覓醉。應該說，這種說法有一定的道理，翻閱這一時期的諸多
期刊，我們可以看出，這些文學雜誌雖然有不少罵世憤世和哀情豔情的文字，
但其主要目的還是旨在以有「興味」的方式灌輸新知，關注社會、人生種種
不合理的現象，提倡一種健康、理想的生活方式，而並不是所謂「嫖學教科
書」，這從《娛閒錄》的內容安排上就可管窺一二。

二、多重言說空間的蘊含

《娛閒錄》的欄目主要有插畫、雜說、名勝志、益智集、異聞錄、筆記、
世界珍藏、小說、諧藪、劇談、名優、文苑等，其中小說又分短篇著作，包

〔註37〕壯悔《消遣之法》，載《娛閒錄》1915 年 3 月 16 日第十七冊。
〔註38〕守常《〈晨鐘〉之使命》，載《晨鐘報》創刊號，1916 年 8 月 15 日。

括豔情小說、社會小說、教育小說、俠情小說、時事小說、傳奇小說、歷史小說等，短篇譯著，長篇譯著等。

應該說，《娛閒錄》的整體傾向並不保守落後，它有輸入異域新知的開放一面，積極譯介西方文學、科學知識，關注世界大勢。如介紹世界名畫《幾俄昆多之微笑》（即《蒙娜麗莎的微笑》，第五冊插畫），還有爲數不少的翻譯小說，如連載的西史小說《崖窟王》法國岳珂著，毋我口譯，覺奴筆述；「印度神話」《刺瑪王》毋我、覺奴同譯；述異小說《爛柯小史》美國華盛頓愛耳溫著，由李思純譯，等等。尤爲難得的是，身處相對閉塞的內地，《娛閒錄》卻表現了對世界局勢的敏感，在第一次世界大戰期間，不僅刊登幾個交戰國元首英國皇帝、法國總統的照片，﹝註39﹞還專門搜集大戰各類攝影，預告云：「本錄自發行以來，早受各界歡迎，毋待贅述。茲自十八期起，每期增插最新歐洲大戰爭寫眞片數面。此片係友人新自倫敦寄來者，爲我國所僅見。」﹝註40﹞在其後各期均刊有各種戰爭圖片並配以文字說明：如「阿色恩（法地）戰時得人之炮彈爆裂空中之景」，有士兵在炮車上的「英人所得之德炮」，還有英德兩國的海軍艦艇等攝影。

《娛閒錄》還在積極提倡一種時尚現代的生活方式，這種生活方式往往以西方爲摹本。例如對一種新式的愛情婚姻關係的向往，在第五冊專門有「西洋夫婦的愛情」插畫，載男女深情相擁的照片；同期還刊有蕭子貞君與周敦端女士新婚攝影，男西服，女婚紗，並介紹「蕭君現任四川銀行川源銀行利用錢莊監理官學問宏達，女士爲周懋章先生女公子家學淵源與蕭君結婚誠屬佳偶」。同樣對於娛樂方式，《娛閒錄》也介紹一些健康、洋派的遊戲方法。如第十二冊爲元旦紀念號，第一篇即爲「時令講演」《新年的娛樂法》，「娛閒錄在尋常日子，惟恐諸君茶餘酒後，少了消遣之法。特意湊些新聞。以及遊戲文章各種小說。貢諸君閒時縱覽。也就是聖人博弈猶賢之意。況逢正月。男女老幼。例當休息。若沒一個適用的消遣法子。大家亂哄哄的。飲酒賭錢。既不衛生。又容易惹出是非。」介紹的遊戲法爲：一爲打球，插圖是一運動服男子拿球；二爲風琴唱歌，插圖爲一時尚女子坐在鋼琴前；三是盤球，即打檯球，插圖爲一西服男子與一洋裝女子打球。﹝註41﹞這樣的內容在民初雜

﹝註39﹞《娛閒錄》1914年第五冊。
﹝註40﹞《本錄特別廣告》，載《娛閒錄》1915年第十八冊。
﹝註41﹞美意《新年的娛樂法》，載《娛閒錄》1915年第十二冊，元旦紀念號。

誌中並不爲少見，如《眉語》對西洋男女交誼舞的介紹。這樣立足於日常生活現代化的提倡，也開闢了二十年代那些鴛蝴雜誌的言說空間。

對婦女問題的關注是《娛閒錄》的一項重要內容，其中有介紹西方女性楷模，如曾蘭的《鐵血宰相俾士麥夫人傳》；還有小說提倡婦女接受教育，主張女子上學堂，感歎「我們中國女界中沒有人才，皆由家庭專制，誤了多少坤秀」，小說中有姑嫂二人都上學堂受教育，由看報紙得知武昌已經獨立的情節，並以此爲女界進化的標誌。〔註42〕當然更多的還是悲歎社會落後與家庭專制之下，女子命運的不自由。如署「家庭小說」的《孽緣》，敘才貌出眾的女子魯惠，遇人不淑。婚後公婆虐待，丈夫無情，娶妾以後，更是寵妾滅妻。魯慧辛勤勞苦，家庭之內，形同牢獄，毫無生趣。作者感慨，如魯慧「生得這等聰慧，使他自幼便受文明國的教育，必能成就一極有學問的人，即使遇人不淑，憑著他的學問，也可以獨立謀生，又何至過這樣困苦的日子。可惜中國向來不講究女子教育，把這樣的人都廢棄埋沒。」〔註43〕處於民初這樣新舊交替的過渡時代，女子的志向與幸福究竟如何定位，《娛閒錄》中的一些作品也對此進行了思考，如標哀情小說的《遺憾》，寫守楨女士的不幸一生。守楨自幼志向非凡，常感歎「一個人，不幸生爲女子，閉處深閨，終其身只作些受人壓制的事情，再不能獨樹一幟。摒除舊事業，建樹些新事業。」其兄見其志向不凡，教之讀書，頗穎悟。後嫁入同里名儒之家，夫婿也是讀書人，甚爲相得。然而隨著翁姑去世，家業凋零，不幸的遭遇接踵而來：夫婿得神經之疾，娘家敗落，子侄又相繼夭折。守楨只好自己外出任教以養家，然而社會上女性能夠施展才華抱負的空間十分有限。而且又由於積勞而成疾，個人境況益發引起她的哀傷，一次於夢中夢見子侄成行，醒來更加傷感。〔註44〕守楨的遺憾除了時代未能賦予女子獨立建功立業的機會之外，更多還在於個人命運的不如意。她的幸福追求其實是有一種兼顧的傾向：既能如男子一樣成就事業，又能兒孫滿堂、家庭美滿。這也大致是《娛閒錄》等民初雜誌對理想女性的定位，即提倡一種「新式賢妻良母」，也就是依循晚清以來女權運動所設計的方案：在外能與男性一樣爲國族強盛而努力，在家則遵循孝婦賢妻良母的傳統美德。這一追求在某種程度上可謂五四女性解放的先

〔註42〕利群《女界進化小史》，載《娛閒錄》1914年第二期。
〔註43〕定生慧室《孽緣》，載《娛閒錄》1914年第九冊。
〔註44〕養晦女士《遺憾》，載《娛閒錄》1915年第十五冊。

聲,但五四女權運動走得更遠,認爲「解放婦女的要旨」是「讓婦女從良妻賢母裏解放出來」。〔註45〕因此,出走的娜拉成爲五四新女性的典型形象。而晚清民初所提倡的新式賢妻良母則在二十年代的鴛鴦蝴蝶派報刊雜誌中時見身影,當然,因時代的變遷其具體內容會有一些區別。

除了婦女問題,《娛閒錄》對其他各種社會問題:天災、匪禍、官僚腐敗等也十分關注。如諷世小說《輟耕閒話》,由鄉人的閒談引出,其時強盜土匪橫行,民不聊生,動輒被綁架和打劫。且官匪勾結,有天大老爺(地方長官)和強盜碰著了,強盜公然問大老爺說:「你的什麼隊長拿了我們的煙怎麼說呢?」大老爺看他們紅眉綠眼、大炮快槍的。只好應道:「我回去查查再說。」〔註46〕盜匪已囂張到如此,百姓生活可想而知。還有仿蓮花落對四川的狀況進行描述:「愛四川,痛四川,提起四川淚漫漫。民氣弱,自昔傳,都說川民最怕官。屠戶殺人眞兇悍,丹山錦水前後屍骨堆如山。有賊子,盛興端,既收路,不認款,偏把國事來當頑。」〔註47〕富庶的天府之國居然變成了人間地獄,作者的哀痛溢於言表。《娛閒錄》對當時社會問題的揭露並不僅限於四川,還有作者借旅行之際,體會到晉中百姓的苦況,因旱災饑荒又有官吏逼迫租稅。〔註48〕

民初言情、哀情小說十分流行,《娛閒錄》中也有不少這樣的作品。有寫情的落空留下遺恨重重,如《秦淮恨》寫辛亥革命軍中之岑樓生,在南京與一風塵女子菊仙一見傾心,隨以蜀中軍事急歸,而金陵再遭兵難,菊仙不知所終,遺下無盡之恨。〔註49〕還有言異國之戀的朦朧情愫,毋我的《碧桃》,寫留學日本的白生,與東京上野女郎碧桃,言談甚爲相契。但碧桃突然不告而別,原來是爲避禍而遠走他鄉,生爽然若失。〔註50〕還有寫爲國捐軀者妻子的苦況,哀情小說《夫人血淚記》寫一孀婦的貧窮無靠,而「彼孀之夫,蓋死於國事者,遺此寡妻幼子,窮寂以生。」〔註51〕這些言情哀情小說並不限於才子佳人的狹小格局,有了深重的時代背景。當然,其中也有一些言情

〔註45〕佩韋《解放的婦女與婦女的解放》,載《婦女雜誌》1919年5卷11號。

〔註46〕癡兒《輟耕閒話》,載《娛閒錄》1914年第六冊。

〔註47〕靜庵《最新改良蓮花落四首》,載《娛閒錄》1914年第四冊。

〔註48〕畏塵《哀饉記》,載《娛閒錄》1915年第十三冊。

〔註49〕我聞《秦淮恨》,載《娛閒錄》1914年第五冊。

〔註50〕毋我《碧桃》,載《娛閒錄》1914年第六冊。

〔註51〕覺奴《夫人血淚記》,載《娛閒錄》1914年第二期。

作品，不外乎花前月下，一見鍾情，最後因造化弄人而勞燕分飛，情節雷同，這也是民初小說的通行弊病。

　　《娛閒錄》中也有一些頗爲後人詬病的內容，如孝子事略、〔註 52〕義犬奇聞。〔註 53〕還有爲數不少的名伶名妓逸事，如第三期京都名妓小阿鳳照片，同期「名妓」欄中還有《小阿鳳事略》；第十期芝罘名妓余鴻卿小照，且介紹「本錄短篇小說欄覺奴所撰哀情小說《命也歟》，即演該妓事實。」第十五冊一妓女照片題爲「外人之所謂美人」「右照片係北方妓女，貌亦尋常，某某國人之來遊者，驚爲絕世國色，特攝此相歸，印入雜誌中，洵奇緣也。」顯然帶有獵奇獵豔加玩賞的態度在談論這些妓女。以及反對自由戀愛的作品，如第十一期署「警世小說」的《情之蠱》，寫自由戀愛對青年男女的毒害。小說中展霞與姚生戀愛，而家人不許。後嫁與祖生，而祖生佻巧奸惡，揮霍無度，展霞爲生計而不得不淪落風塵。作者總結「挽近青年男女，溺於自由戀愛之風說，一知半解，而津津樂道之，甚者且投其身爲試驗之具。思一咀其甘苦，置道德倫紀於不顧。而卒少年偏於感情用事，每致昧其鑒別，乖其抉擇，遇合非人，墮落於畢世者，蓋亦非鮮。」〔註 54〕另外還有不少游戲文字，雖旨在批判社會的不良現象，但一味笑罵，已將其嚴肅的批判意識沖淡了，如《戲擬博物館設置書》，建議文藝部陳列品爲沒字碑，此物當征集於政學界（諷刺政學界不學無術），八股文，打油詩，薦書，情書，蘭譜，此爲聯絡之第一要件（諷刺拜兄弟拉關係）等。〔註 55〕或借天上玉皇派諸神辦女學之事，諷刺當時辦學的混亂。〔註 56〕甚至還有相當一部分純屬淺薄無聊的戲擬文章，如諷刺懼內；〔註 57〕作《屁聲賦》；〔註 58〕擬《經學研究會宣言》，提出要研究四科：嫖經、賭經、橫經、奶奶經。〔註 59〕這些內容就不免有些惡俗了，而民初雜誌中這樣罵世諷世而流向油滑的文字頗爲壯觀。也正因爲如此，後來的新文學群體攻擊其趣味惡劣。

〔註 52〕盧《王孝子傳》，載《娛閒錄》1914 年第一期。
〔註 53〕毋我《毋我志異·義犬》，載《娛閒錄》1914 年第二期。
〔註 54〕壯悔《情之蠱》，載《娛閒錄》1914 年第十一期。
〔註 55〕粹《戲擬博物館設置書》，載《娛閒錄》1914 年第六冊。
〔註 56〕毋我《天上之女學校》，載《娛閒錄》1915 年第十七冊。
〔註 57〕覺奴《夫人之審判》，載《娛閒錄》1914 年第一期。
〔註 58〕骨《屁聲賦》，載《娛閒錄》1915 年第十七冊。
〔註 59〕金《經學研究會宣言》，載《娛閒錄》1914 年第四冊。

三、讀者與作者群體的構成

　　《娛閒錄》創刊後，其發行量有一個不斷擴大的過程，這從它封底的代派處地址即可看出。在第二期，代派處僅有成都、重慶、瀘縣、嘉定、敘府、康定、雅安等地；而到了第十期代派處已大大增加，除四川的成都、簡陽、資中、重慶等地，還有北京、上海、河南、廣東、陝西、雲南。從它所登載的廣告推測，其讀者群體應該不是「封建遺老遺少」，也不是販夫走卒等下層百姓。讀者當中大部分應屬於知識份子，因為有大量書籍廣告，這些廣告主要是實用知識類的，如《中華民國法律全書》、《現行新刑律》、《民國新稅、商法》、《印花稅法淺釋》；購買這些法律類書籍的除了那些想以此為生的人，如法政學校的學生、律師等人，其他應該是那些在城市中從事行政業務或有一定資產的人士。另外雜誌《婦女鑑》的廣告稱「現擬第四期起，擴充內容，加演說、童話、小說、理科常識、尺牘模範、園藝實用法各門。」旁邊還附有一時裝女子捧讀《婦女鑑》的插圖，由此可看出其讀者群體擁有相當教育程度。而且這些讀者還有一定的經濟能力，因為《娛閒錄》中還有一些商品廣告，如資生牛乳廣告，當時能消費得起這些商品的人應屬於社會中上階層。

　　《娛閒錄》的主要作者有毋我、壁經堂、岳廬子、吟癡、觚齋、墨公、度公、無瑕、壯悔等。「只手打倒孔家店」的吳虞，也為其重要撰者之一，筆名為愛智，後來成為新文學大家的李頡人在上面以「老懶」的筆名發表多篇作品。在民初傳播空間尚未區分之際，一些後來走向新文學的作家在這些雜誌上發表作品，也是十分普遍的現象。如魯迅就曾在《小說月報》上發表文言小說《懷舊》〔註60〕因為此時新舊之分尚未形成，將民初雜誌冠以鴛蝴的稱號，是新文學登場之後的事。其中也有一些商業化寫作傾向比較明顯的作者，如覺奴，《娛閒錄》上常見他的作品。他還同時為其他報刊寫作，在《娛閒錄》上刊有他的作品廣告：「《松崗小史》為小說家覺奴君所著，曾於國民公報一現鱗爪，已為社會所極贊許，稱為近世之傑作。蓋此書以精簡之白話，發抒救亡之政見，事志悲壯。實政治、軍事、實業、教育、社會、言情之小說。」〔註61〕1915年《松崗小史》由成都昌福公司出版，還有吳虞所作的序，稱讚這本書「抒其理想，本其經歷，自教育、軍事、法律、政治、社會現象、

〔註60〕周逴《懷舊》，載《小說月報》1913年第四卷第一號。
〔註61〕廣告，載《娛閒錄》1915年第二十一冊。

家庭習慣，靡不折衷箴貶，兼宗新舊」。〔註62〕

　　與關注婦女問題相呼應，《娛閒錄》比較重視女性作者的推介，其中有兩位主要女性作者：曾蘭與畏塵女士，曾蘭爲吳虞夫人。〔註63〕在第七冊本錄主撰者攝影中有對兩位女作者重點介紹，曾蘭著前清服飾，「華陽曾蘭字紉秋號香祖，曾闓君之第四姊，民國元年曾任女界報主筆。此像乃前清光緒丙午照，以底片寄愛智，重印於日本者，故衣飾皆八年前舊也。」畏塵女士爲西洋女子裝束「畏塵女士工文善畫，精繪事琴，學尤邃，熱心教育，志願閎深。現發起婦女鑽一種，於婦女德育智育裨益匪淺。」〔註64〕像這樣重點推介女性作家的做法，在民初雜誌中比較普遍，如《眉語》就是一份女性主筆的期刊，其主編是許嘯天夫人高劍華，其他主要女作者還有馬嗣梅、梁桂琴、許毓華、梁桂珠、柳佩瑜等。當然，這些署名某某女士的作品未必出自女作家之手，包天笑曾談及晚清民初的一些女性作品其實是「床頭捉刀人」所爲。但應該說，《娛閒錄》上這些署名女作家的作品大部分還是由她們親自執筆，因爲曾蘭、畏塵出身書香家庭，是文化素養較高的閨秀。《娛閒錄》女作者的重點推介一方面延續晚清以來女學、女權興盛的餘韻，另一方面也爲五四女性作家群體的崛起做了鋪墊。

　　總之，《娛閒錄》等雜誌創辦刊行於新舊尚未區分的民初，其複雜斑駁的形態預示了五四以後文化空間的多種可能，既蘊涵了二十年代鴛蝴報刊的言說內容，也爲五四新文學的登場做了一定的鋪墊與準備。但五四新文學群體恰恰是以全盤否定它們而正式亮相，這裡折射的是不同文學觀念的爭鬥，《娛閒錄》公然標榜以讀小說爲消遣方式，無論是域外新知的津津樂道，還是時尚生活方式的豔羨追逐，或是各種社會人生問題的注目，還是笑罵一切的文字遊戲，都是以一種「有興味」的方式來娛樂讀者，這顯然是一種文學消費的觀念。而在五四新文學群體那裡，文學更多地承載著改造國民性的重任。文學觀念的差異導致全面批判與撻伐，而在這種批判與指認中，新文學群體在形成自身聚合的同時，也將民初文人一齊掃進鴛鴦蝴蝶派這一籮筐之中，由此造就二者之間的區別。隨著區分的日益明晰，被歸入另類的鴛鴦蝴蝶派也在進行著調整，二十年代興盛的鴛蝴報刊即體現了這種變遷。

〔註62〕吳虞《〈松崗小史〉序》，陳平原、夏曉虹《二十世紀中國小說理論資料（第一卷）1897～1916年》，北京大學出版社1997年。

〔註63〕鄭逸梅《南社叢談：歷史與人物》，中華書局2006年，第185頁。

〔註64〕《娛閒錄》1914年第七冊。

第三節　日常生活的良友：《半月》、《紫羅蘭》

自 1916 年起，五四新文化／文學群體就對鴛鴦蝴蝶派展開了一系列的批判，這次批判主要針對言情小說與各類黑幕大觀，民初文壇基本被一概否定，馳騁於民初報界、小說界的文人幾乎都得到了一個鴛鴦蝴蝶派的稱號。1918、1919 年，批判繼續進行，新文化／新文學的重要期刊《新青年》銷路逐漸興旺，一些新文學、新文化刊物紛紛創辦。這對鴛鴦蝴蝶派的形象與市場均造成了一定的影響。但鴛鴦蝴蝶派也並沒有因此大受打擊，一蹶不振。1921 年《小說月報》全面改版，但在同年，鴛蝴老牌雜誌《禮拜六》復刊。二十年代初，鴛鴦蝴蝶派的雜誌依然迎來又一次創辦出版高潮。

面對新文學群體的指責，鴛鴦蝴蝶派作家少有正式回應，但說他們依然我行我素也不符合事實，他們也在進行著調整，這從二十年代的那些鴛蝴雜誌中即可看出。本文以周瘦鵑編輯的《半月》、《紫羅蘭》爲個案，通過考查二十年代鴛鴦蝴蝶派雜誌的形態，從而思考以下問題：這類雜誌如何確立自己的言說姿態？如何回應新文學群體的責難？爲什麼能在當時擁有眾多的讀者？之所以選擇《半月》與《紫羅蘭》，是因爲這兩份雜誌在二十年代的鴛蝴期刊中，無論編排還是內容都很有代表性，而且其中聚攏了一批鴛鴦蝴蝶派代表作家，如畢倚虹、袁寒雲、張碧梧等。編輯周瘦鵑更是被稱爲鴛鴦蝴蝶派五虎將之一。〔註65〕出版後受到讀者的熱烈追捧，發行量相當可觀。

一、定位：精美的文化商品

《半月》創刊於 1921 年 9 月，由半月社發行，歸中華圖書館總經售，第五冊起由大東書局發行，至 1925 年停刊。《半月》的封面主要是謝之光所繪的時裝仕女，用三色銅版印，據鄭逸梅回憶，當時三色銅版的封面，其他雜誌還從沒用過。〔註66〕《半月》每期有插圖二至四頁，有主撰者照片、風景名勝，還有大量電影明星照片與影片劇照，如第二卷第八號載「新發現之影戲明星耐梅

〔註65〕 魏紹昌在《我看鴛鴦蝴蝶派》一書中列出鴛鴦蝴蝶派的「五虎將」：徐枕亞、李涵秋、包天笑、周瘦鵑、張恨水，和「十八羅漢」：孫玉聲、張春帆、吳雙熱、李定夷、王西神、王鈍根、朱瘦菊、畢倚虹、嚴獨鶴、范煙橋、鄭逸梅、程小青、徐卓呆、向愷然、李壽民、王小逸、胡梯維、秦瘦鷗。
〔註66〕 鄭逸梅《民國舊派文藝期刊叢話》，魏紹昌《鴛鴦蝴蝶派研究資料》，前引書，第 330 頁。

女士」照片，第二卷第十四號介紹中國滑稽影片、影戲古井重波記之二明星：飾嬌娜者傅文豪、飾培福者但二春等。這種做法有點類似後來的電影畫報。《半月》終刊後，《紫羅蘭》繼之，《紫羅蘭》創刊於 1925 年 12 月，創刊號《編輯室燈下》稱「半月結束，紫羅蘭繼起，頗思別出機杼，與讀者相見。版式改為二十開，為其他雜誌所未有，排法亦力求新穎美觀，隨時插入圖案畫與仕女畫等。此係效法歐美雜誌，中國雜誌中未之見也。以卷首銅圖地位，改為紫羅蘭畫報，以作中堅。圖畫與文字並重，以期盡美，此亦從來雜誌中未有之偉舉。」〔註67〕《紫羅蘭》的封面也多為三色銅版仕女畫，每幅畫還題著兩句詩，如「此是昨朝相見地，悄無人在立多時」等，營造出一片典雅精緻的氛圍。尤其第三卷的封面設計更是別出心裁，封面鏤空，謝之光所繪的仕女圖就由鏤空處露出娟娟姿態。《紫羅蘭》先後共九十六期，至 1930 年 6 月結束。〔註68〕這兩份雜誌都以精美考究而聞名，並且由於它們的成功，引起其他期刊紛紛傚仿，這是靠吸引眼球來推銷雜誌的做法，顯然是一種將期刊包裝成文化商品的策略。中國近現代雜誌經過了晚清繡像時代的圖文並茂、民初攝影插畫欄目的興盛，至二十年代，無論是印刷攝影技術還是欄目編排都已相當成熟。不同於新文學雜誌以思想深度定位，鴛鴦蝴蝶派雜誌大多視自己為供讀者消費的文化商品，追求商品的美觀，以刺激讀者的購買欲望，因此更在意期刊的包裝設計，《半月》《紫羅蘭》即代表了這種傾向。

　　《半月》《紫羅蘭》的商品化傾向還體現在它們對營銷策略的重視，除了創辦前在各報刊大打廣告這樣通行做法之外，《半月》還特地舉辦隆重的周年紀念大會，1922 年 8 月 15 日在上海一品香飯店舉行了《半月》周年紀念典禮。在其第二卷第四號有插圖《半月雜誌周年紀念會紀念小影》「中坐者為兒童照片比賽第一名鄭愛娟君（嫣然）」，還載有許廑父《半月周年紀念大會記》，可以想像當時盛況。並在各報上登出紀念會的新聞稿，如申報《半月雜誌周年紀念會志》，新聞報《別有興趣之宴會》，新申報《紀半月雜誌之盤會》，民國日報《半月雜誌紀念會志盛》。〔註69〕這樣通過新聞媒體大力宣傳自己，可以看出《半月》這類鴛蝴雜誌對銷路的無比重視。因為引誘讀者的消費需要大

〔註67〕《編輯室燈下》，載《紫羅蘭》1925 年第一卷第一期。
〔註68〕本文論述不包括後期《紫羅蘭》，後期《紫羅蘭》創刊於 1943 年 4 月，出至 1945 年 3 月，張愛玲的成名作《沈香屑》即在該刊發表。
〔註69〕《海上諸大報對於本刊周年紀念之記載》，載《半月》1922 年第二卷第四號。

量的說服，而大量的說服需要的正是大眾傳媒。正如劉易斯指出的「正因為它是一種產業這個明顯的事實，大眾文化產業最關心的是銷路。產品必須打入市場。在正常活動過程中，銷路的要求優先於所有其他考慮。大眾文化產品的生產者私底下也許和其他人一樣十分關心美學價值與人類現實，但是，作為生產者的角色，他們必須首先考慮商業利潤。」〔註70〕而對商業利潤的考慮與追逐，也決定了《半月》《紫羅蘭》的整體定位。

總體上，從《半月》《紫羅蘭》的欄目安排與內容設計可以看出：晚清民初雜誌中「灌輸新知」一面在淡化，二十年代的鴛蝴雜誌更多以一種生活良伴的姿態呈現。《半月》將自己比作一座大花園，「半月園者，天下之極樂處也，去廣寒不知幾何里，入其中，豁然開朗，意趣暢然，頓忘世界之黑暗。」那些作者就是園中各種景致與物品，如鳥有周瘦鵑、朱鴛雛、嚴獨鶴，花有江紅蕉、嚴芙孫，木有徐半梅、張碧梧……〔註71〕花園是人休憩娛樂的所在，《半月》如此自擬，顯然是希望帶給讀者輕鬆與快樂。因此讀者的閱讀狀態就是：「吾愛半月甚，燈前相偎，花前相攜。」〔註72〕這樣的定位使得《半月》《紫羅蘭》不可能以深刻的思想與先鋒的藝術探索為追求，這從它們的內容即可看出。

二、內容：立足日常生活的言說

與民初雜誌相比較，《半月》《紫羅蘭》上刊載的翻譯作品減了不少，關於域外科學技術、政治文化介紹的文字篇幅也有所壓縮。但也並不是說就是保守閉塞地拒絕域外文學，其中還是有一些比較有質量的翻譯作品。如《半月》上有周瘦鵑翻譯的《我之憶語》，德國廢太子威廉著，張碧梧翻譯的《白室記》，還有徐滄廬的《東遊憶語》，記敘日本的音樂、戲劇等。《紫羅蘭》中主要是周瘦鵑的翻譯小說，有六十餘篇。涉及範圍也比較廣，除了英、法、美、俄諸國，還有義大利、西班牙、保加利亞、比利時等西方小國，甚至還有印度、日本等國作品。如日本森歐外氏小說《送君南浦》、新猶太作家平士基氏小說《黑貓》等。這些譯作與五四新文學群體的翻譯顯然有著一定的區別，新文學群體的引介西方，是在啟蒙背景下，側重對思想資源的利用，如

〔註70〕劉易斯‧科塞《理念人：一項社會學的考察》，郭方等譯，中央編譯出版社，2004年，第357頁。
〔註71〕范菊高《半月園志》，載《半月》1922年第二卷第一號。
〔註72〕張南冷《雜誌評話》，載《半月》1922年第二卷第二號「半月談話會」。

對科學與民主的提倡，以及對西方各種文學藝術流派的借鑒，以完成中國的文學革命。而《半月》《紫羅蘭》這類鴛蝴雜誌中的譯作，當然也有在敘事技巧等藝術手法的借鑒，但更多的是將域外作為一個令人好奇的「西洋景」來呈現於讀者，因此會選擇德國廢太子的回憶錄，這顯然是對中國讀者關於域外風情與名人隱私窺探的雙重滿足。而且，鴛蝴群體在選擇域外作家時，往往有自己的側重，如周瘦鵑對莫泊桑小說的翻譯，在《半月》、《紫羅蘭》中竟達十餘篇。當時的鴛蝴作家對莫泊桑都十分推崇，因為莫泊桑的小說「具有的某種強烈感染力和某些作品中的商業化傾向，恰好某種程度上投合他們的需求，很快成為他們鍾情的作家」。〔註73〕莫泊桑的作品多為表現世俗人生，描寫市民生活，結局往往比較突兀。比較符合這些鴛蝴作家的趣味，因此，在二十年代的鴛蝴報刊中，翻譯的莫泊桑作品十分豐富。

　　《半月》《紫羅蘭》立足於日常生活的言說，致力於提倡生活方式的現代化。因此，在其視野中，歐美是不僅令人好奇的「西洋景」，更是一種現代時尚生活的樣本。在《半月》《紫羅蘭》中有大量的廣告，從文化商品到日常用品，十分豐富，而這些物品往往提示讀者，它們來自或仿自西方。如《滑稽》雜誌的廣告云：「本社仿歐美 pock（潑克）Life（活潑）辦法。擬發行滑稽畫報一種。全書用彩色精印滑稽諷世等畫。取名《滑稽》。」下面這則皮鞋公司廣告更可見其追逐歐美時尚的努力：

> 歐美服裝要電：特約員・佩敏・玉行，（紐約電）此間秋季男鞋式樣已改。各廠競製新樣。並徵求社會意見。詳續告。（七・三）（紐約電）各廠決定用方頭新式靴鞋。頗新奇美觀。市上爭購缺貨。各廠加工趕製。圖樣郵寄。（八・一○）（巴黎電）舞場風行新式緞鞋。名貴婦女。十九採用。速仿製。在華銷售。樣另寄。（七・二）
>
> 上海南京路拋球場。中華皮鞋公司。精究式樣。歐美各國。均駐有特約員。隨時電告消息。上列三電。為秋季新到。圖樣早到。仿製已成。陳列公司櫥窗。各界士女。請來一試入時新裝。皮料低廉。各貨照本削價一成半。機會難得。佳貨無多。歡迎參觀。〔註74〕

從這些廣告中可以看出《半月》《紫羅蘭》對時尚消費的提倡與贊許，消費也是一種標識身份的行為。這些廣告都在暗示，購買使用這些產品，就會成為

〔註73〕錢林森《法國作家與中國》，福建教育出版社，1995年，第353頁。
〔註74〕廣告，載《半月》1922年第二卷第一期。

緊跟世界潮流的新人物。除了廣告,《半月》《紫羅蘭》中還有大量欄目、文字教導讀者如何穿衣打扮、如何安排家常瑣屑等,對生活進行全方位的指導。如介紹時下流行裝束:

> 今冬裝束大體仍爲旗袍,斗篷已漸銷寂,我曾見一女子,可十八許……御一玄色嗶嘰之旗袍,圍一橙色毛冷之巾,巾仿市上鵝毛圍巾,以恬淡而寓莊靜……

> 今年更有以旗袍製作新式者,即於袍之下幅綴五六寸闊之皮,或青種羊,或海騮,或銀鼠,或紫貂,領則仿斗篷,以黑海獺絨爲之,大如車輪,披肩際別有神韻。〔註75〕

這樣的內容在《半月》《紫羅蘭》等鴛蝴雜誌中十分常見,從時下新妝到女性如何保持體型,從閒暇娛樂到職場禮儀……這些雜誌給讀者展現的是一部都市生活大全。

然而,日常生活不僅體現於時裝、日用品,還包括愛情婚姻、職業發展、文化修養等內容,以及一切有關人生、社會的種種問題。《半月》、《紫羅蘭》的很多專刊號就是針對各種問題而設,諸如「離婚問題號」、「情人號」、「青年苦悶號」、「春季號」、「戀愛號」等等。如《半月》的「情人號」,專門討論有關愛情的種種問題:何爲愛情?愛情在人生中的重要性?如何表達?……有作者認爲愛情威力巨大:「愛情爲世間最無情之物,無論身家性命,名譽事業,骨肉友誼,無一不可爲之破棄而消滅。」〔註76〕愛情在人生中自然有著無比重要的位置,「人生幸福,無過於佳偶,舉世上之樂事,鮮有逾於畫眉。」但又提倡一種純潔不涉肉欲的愛情,「我國今日之婚姻,既主自由矣。青年男女,當努力涵養道德,爲發情止禮之預備。文學家當共起而扶持之,凡有關言情之作,不可肆意爲獸性之描寫,貽青年男女之害也。」〔註77〕在「另外一欄」中還刊出了《殉情者的絕命書》,其中稱「彼此愛情,雖然達於極點。自問我們究未作非禮苟且之事(可表天日)」〔註78〕這樣的愛情倫理實與民初哀情小說相一致:愛情至上,但又要保持情的純潔,這樣的道德立場似乎又顯得有些保守了。

〔註75〕江紅蕉《雲想衣裳記》,載《紫羅蘭》1926年第一卷第五期。
〔註76〕冷血《愛情之小研究》,載《半月》1922年第二卷第六期。
〔註77〕俞牖雲《文學與戀愛》,載《半月》1922年第二卷第六期。
〔註78〕《殉情者的絕命書》,載《半月》1922年第二卷第六期。

這些專刊號所討論的問題有很多其實也正是新文學群體所思考探究的內容。應該說，鴛鴦蝴蝶派與新文學之間並非如一些人所想的那樣井水不犯河水，其實他們有著很多共同關心的話題，祇是敘述方式、言說立場以及思想深度有所不同。這從他們二者都創作「問題小說」就可以看出。「問題小說」的興盛歷來被看作是五四啓蒙思潮的產物。周作人認為「問題小說是近代平民文學的出產物」，以小說為閒書的中國傳統中是不可能產生出「問題小說」的。〔註 79〕1919、1920 年左右是新文學群體創作「問題小說」的鼎盛時期，主要作家有冰心、葉紹鈞、王統照等。正如有研究者指出：問題小說是現代小說起步時的一個序曲，它是啓蒙思潮的產兒，又是啓蒙思潮與閱世未深的青年學生的意識相締婚的產兒，問題急切而答案空渺，問題重大而形象弱小。〔註 80〕這些問題涉及範圍極廣：家族禮教、婚戀家庭、女性命運、勞工、知識份子等等，它表現了五四一代青年對人生與社會急切探求的熱情。但實則「問題小說」最初由《小說月報》於 1916 年引進，發起者為惲鐵樵與張舍我。〔註 81〕

到了二十年代，《半月》就以「問題小說」為自家招牌與甚至是「首創」，編者稱「『問題小說』是商請張舍我先生做的，每篇內含有一個不能解決的問題，供讀者研究。」〔註 82〕《半月》第一卷第一期就有一篇張舍我做的「問題小說」《父子歟，夫婦歟》：一個父親到上海荒唐了兩年，與一個雛妓生了一個孩子，後離開上海與雛妓分開，帶回那個孩子。幾年後，他兒子到上海求學，愛上一個師範學校的教員，就請父親來看這位未來的兒媳。見面之後，才發現就是父親當年相好的雛妓。作者篇末提出「父子歟？夫婦歟？到底如何解決，作者沒有判斷力，還請讀者諸君一同思考，一同解決。」這樣的問題其實並不具有普遍性，祇是由巧合而成。要讀者來思考解決，其實不過要引起讀者參與的熱情，也是一種吸引讀者的方法，與那些「趣味問答」欄目並無二致。《半月》上其他「問題小說」也大致如此。總體上，這些鴛蝴作家的「問題小說」雖然也觸及一些人生社會問題，然而其主要目的還在於調動

〔註 79〕仲密《中國小說裏的男女問題》，載《每周評論》1919 年第 7 號。
〔註 80〕楊義《中國現代小說史》上卷，前引書，第 126 頁。
〔註 81〕關於「問題小說」的引進與譯著情況，范伯群的《中國現代通俗文學史（插圖本）》有詳細論述，范伯群《中國現代通俗文學史（插圖本）》，北京大學出版社 2007 年，第 214～218 頁。
〔註 82〕《半月》1922 年第二卷第一期。

讀者興趣，缺乏一種探索人生、社會的執著，以及思考探索的熱情，與五四新文學的「問題小說」還是有著明顯不同。

在所有的問題之中，愛情婚姻無疑是與人生最切近的內容，民初鴛鴦蝴蝶派就是以愛情婚姻題材而著稱。魯迅曾說「直待《新青年》盛行起來，這才受了打擊。這時有伊孛生的劇本的紹介和胡適之先生的《終身大事》的別一形式的出現，雖然並不是故意的，然而鴛鴦蝴蝶派作為命根的那婚姻問題，卻因此而諾拉（Nora）似的跑掉了。」〔註 83〕然而，事實上，即使是五四以後，愛情婚姻問題也同樣為鴛鴦蝴蝶派所關注。在《半月》《紫羅蘭》中，不僅專設「情人號」「戀愛號」來探討這些問題，且愛情婚姻題材的小說不勝枚舉。這些小說有的敘述不自由的戀愛造成的人生悲劇，范煙橋《不自由的戀愛》寫「伊」是一個大戶人家小姐，在丫頭的引誘下，與俊僕戀愛私奔。一步步走向墮落，最終淪為乞丐，倒斃街頭。作者感慨是由於時代環境的原因，「伊遲生了二十年，換了一個時代化的家庭，伊或者成了一朵社會之花呢。」〔註 84〕還有小說試圖為舊式包辦婚姻開出改良藥方，如沈禹鍾的《環境之愛》，何省之是一個新派人物，書桌上「堆著許多新文化書籍和雜誌」，羨慕朋友許大炎的婚姻，許夫人也是受過教育的新女性，兩人婚姻在他看來，是「何等合於新思潮，他們倆情投意合，彼此學問也很相配」。而何省之的夫人則是一個沒有文化的舊派女子，因此何省之對自己的婚姻感到不滿。何夫人感覺到了丈夫的不滿，於是發憤求學，終於使得丈夫對她刮目相看。〔註 85〕也有小說想為職業、家庭問題提出解決方案，如求幸福齋主人的《音樂組合》，孟雪春鋼琴彈得相當不錯，梁伯勤在音樂方面也頗有天分，會拉小提琴。兩人因音樂相愛，但梁卻失業了。孟被影戲館請去彈鋼琴，收入可觀。一次偶然的機會，因拉提琴的人恰好缺席，梁替代一次卻取得不錯的效果。於是影戲館決定也聘請梁伯勤，二人形成了一個「音樂組合」，既解決了職業問題，又有幸福的家庭。作者篇末自誇這篇小說「倒把社會上和人生觀上的職業問題、夫婦問題、家庭問題，統同加以解決。」〔註 86〕小說中將二人的姓氏定為「梁」「孟」顯得別有意味，因為梁鴻孟光的舉案齊眉被視為中國傳統的理

〔註 83〕魯迅《上海文藝之一瞥——八月十二日在社會科學研究會講》，《魯迅全集》第四卷，人民文學出版社，2005 年，第 302 頁。

〔註 84〕煙橋《不自由的戀愛》，載《半月》1922 年第二卷第一號

〔註 85〕沈禹鍾《環境之愛》，載《半月》1922 年第二卷第二號

〔註 86〕求幸福齋主人《音樂組合》，載《半月》1922 年第二卷第六號。

想婚姻範本。這裡顯然是古典式的琴瑟和鳴圖景，加上現代女子獨立的美好組合。從這些小說也大致可以看出，鴛鴦蝴蝶派對愛情婚姻問題的思考，與新文學的探索還是有很大區別。新文學作家寫舊式婚姻的痛苦，更多是揭露封建禮教對個人幸福的破壞，意在反封建。而在這些鴛蝴小說中，理想的婚姻家庭恰恰要遵循傳統的倫理秩序，只不過女子要接受教育，可以經濟獨立，是一種新式賢妻良母。總體上，在這些鴛鴦蝴蝶派雜誌中，對愛情婚姻、職業、貞操、倫理、道德等問題的思考與解決，都是在一種改良的框架內進行。

三、糾葛：對新文學的跟蹤與詆毀

　　《半月》《紫羅蘭》這些雜誌關注探討的這些問題，也是時代的熱點問題，而這些問題之所以成為熱點，很大程度上是緣於五四啓蒙思潮的沖刷，這也正可看出新文化／新文學對鴛鴦蝴蝶派的影響。應該說，鴛鴦蝴蝶派絕非保守落後的代名詞，尤其是到了二十年代，在逐漸以都市大眾文化定位的過程中，他們並不拒絕一切新潮流、新思想。甚至在他們調製的「文化大餐」中，新文學也可以成為其中的一道點綴。如在《半月》《紫羅蘭》中就有這樣的內容，在《紫羅蘭》第三卷中連續三期刊登郭沫若《鳳凰涅槃》的曲譜與歌詞，第四卷登載徐志摩的《青春曲》。《紫羅蘭》中還有文章對文學研究會成員金滿成備加推崇，認為金滿成「有一枝靈活而生動的筆，能把所演述的事物，描寫得活躍紙上，而深刻處，入木三分，對於人生、社會，尤其是男女間的戀愛，都能作沉痛的發揮。」〔註87〕刊登新文學作品，關注新文學作家，其實是當時鴛鴦蝴蝶派雜誌的通行做法。這些鴛蝴雜誌編輯其實並不一定真正支持理解新文學，他們之所以這樣做，其實不過是將新文學作為一個時尚符號，這從其中一些諷刺新文化與新派人物的文字中就可看出。

　　在《半月》《紫羅蘭》這類雜誌中，還是有不少對新文化、新文學進行誤解與詆毀的作品。如對一個接受新思潮的女性大肆醜化：王女士在四五年前也是思想頑固、裝束陳舊。自從近年來截短了頭髮，大研究了新文化以後，便大大覺悟，開口閉口，終是解放改造。又喜歡裸著雪白的玉體給男朋友們拍照。還說要改造中國，先要改造文學，增進智識，《金瓶梅》是部白話文學的名作，《性史》是性智識的大觀。〔註88〕類似指責新文化思潮導致年青人道

〔註87〕林儷琴《讀了金滿成的文章以後》，《紫羅蘭》1929 年第四卷第十一號。
〔註88〕陳警幻《王女士的新思潮》，載《紫羅蘭》1927 年第二卷第十號。

德淪喪的作品還有很多。

從對新文學既跟蹤又詆毀中，可以看出《半月》《紫羅蘭》這類鴛蝴雜誌其實並沒有一個統一的立場，因此，其內容就顯得有些五花八門。而這種五花八門其實正是它們作爲通俗文化產品的重要特徵，正如學者所言「第一，通俗文化是形形色色的，因爲它可以被社會中各種不同的群體作多種多樣的利用和解釋。第二，通俗文化本身應被看成是一系列多種多樣的、變化的風格、文本、意象和表現」〔註89〕顯然，《半月》《紫羅蘭》這類雜誌採用一系列多樣、變化的風格、文本、意象，也與它們對讀者群體的定位與迎合有關。

四、讀者：青年學生、城市中產階層市民爲主

總體上，《半月》《紫羅蘭》這類雜誌立足於生活領域，從衣食住行到道德情感，以一種瑣碎、直觀的形式爲讀者提供一份現代都市生存手冊。對於那些蕓蕓眾生的「庸眾」讀者而言，通過這樣的途徑，他們擁抱了另一個層面的現代化，正如法國學者勒龐所說的「群體的意見和信念尤其會因爲傳染，但絕不會因爲推理而得到普及。」〔註90〕對於普通人而言，現代絕對不是推理的產物，而是通過大量的細節與瑣碎，將一種現代日常生活觀念在人群中「傳染」。因此，新文學群體雖然以一種急切的姿態要啓蒙他們，卻很難得到他們的應和。而《半月》《紫羅蘭》這樣的鴛鴦蝴蝶派雜誌卻大受歡迎，這兩份雜誌都經常需要再版三版，例如筆者在四川大學圖書館所查閱的《半月》就是該刊的再版。大東書局就靠著這些雜誌，在上海出版界顯出幾分後來居上之勢。可見這類雜誌在當時還是擁有不少讀者。

應該說，《半月》《紫羅蘭》的讀者構成其實相當複雜，有政界、商界人物，也有舊派紳士，還有青年學生。首先，從內容看，《半月》《紫羅蘭》上有一些無論情調還是敘述都相對「陳舊」的文字，如王西神的文言小說《菊影樓話墮》，記敘與一妓女梁蘭的交往點滴，兩人交情甚好，但「余」因去海外，歸來後，蘭已「命薄桃花，彩雲飛去」。余因不忍讓往事湮沒，因此記之。〔註91〕這樣的士妓豔情追訴似乎還停留在才子佳人的餘韻之中。類似的內容

〔註89〕〔英〕多米尼克·斯特里納蒂《通俗文化理論導論》，閻嘉譯，商務印書館，2001年，第48頁。

〔註90〕〔法〕古斯塔夫·勒龐《烏合之眾：大眾心理研究》，馮克利譯，中央編譯出版社，2005年，第105頁。

〔註91〕王西神《菊影樓話墮》，載《半月》1922年第二卷第六號。

還有如考證女人小腳、夏季夫妻分床的豔詞等等，不一而足，這些內容顯然是針對那些還有幾分傳統情調的舊派紳士讀者。還有一些內容敘述學校生活，編者也提及暑假中看小說爲最好的消遣之法，從這些可以看出《半月》《紫羅蘭》還擁有不少學生讀者。《紫羅蘭》有「婦女與妝飾」欄目，專門討論女子裝束，因此可知其讀者中有不少都市時尚女性。其次，從廣告推測，《半月》《紫羅蘭》上面的廣告五花八門，有儲蓄、商場、香煙、唱片、時裝、牛奶、電影公司新片……從二十年代的上海市民生活狀況來看，這些廣告顯然是針對那些城市中產階層，如教師、律師、辦公室職員等等。因此，《半月》《紫羅蘭》的讀者以青年學生、城市中產階層的市民爲主，而且，據調查，「差不多一種《禮拜六》在校內就有二百餘本。」〔註92〕復刊後的《禮拜六》與《半月》、《紫羅蘭》多有相似之處。以二十年代一般學校的辦學規模，這樣的比例其實是相當高的。

　　但在五四新文學的批判之下，這些鴛蝴雜誌的讀者都被不加區分的一律被視爲「封建小市民」。〔註93〕這無疑是將這些讀者群體加以簡單化了。新文學群體之所以這樣定位鴛蝴讀者，其實也是一種鬥爭策略，因爲「消費者的社會等級對應於社會所認可的藝術等級，也對應於各種藝術內部的文類、學派、時期的等級。它所預設的便是各種趣味（tastes）發揮著『階級』（class）的諸種標誌的。」〔註94〕新文學群體通過將這些鴛蝴讀者冠以落後腐朽的名聲，在讀者中劃分出等級，從而達到分化與重組的目的。

〔註92〕陳廣沅《交通大學上海學校學生生活》，《學生雜誌》1922 年第九卷第七號。

〔註93〕茅盾《封建的小市民文藝》稱之爲「小市民層中的成年人」，錢杏邨《上海事變與鴛鴦蝴蝶派文藝》則認爲鴛蝴作品爲「封建餘孽以及部分的小市民層次所歡迎」。

〔註94〕〔法〕皮埃爾・布迪厄《區隔：趣味判斷的社會批判》引言，朱國華譯，范靜嘩校，陶東風、金元浦、高丙中主編《文化研究》第 4 輯，中央編譯出版社，2003 年。

第二章　哀情成潮：正宗鴛鴦蝴蝶派的傳播網路

　　所謂正宗鴛鴦蝴蝶派，是再次區分之下的產物。而之所以會形成這樣的單獨一群的印象，離不開傳播網路的聚合。那些辨析指認往往一再提及民權出版部、《民權報》《民權素》以及《小說叢報》，他們都認爲這個傳播網路是鴛鴦蝴蝶派形成與興盛的基地。而《民權報》《民權素》與《小說叢報》這三份報刊更被視爲正宗鴛鴦蝴蝶派的「發祥地」與「大本營」，充斥於這些報刊雜誌就只有騈體哀情小說嗎？聚攏在這些報刊雜誌的作家爲什麼會被視爲另一群？本文通過考察具體報刊雜誌形態與民權出版部的經營運作情況，來回答以上問題，從而思考正宗鴛鴦蝴蝶派以及其哀情形像是如何建構起來的。

第一節　「發祥地」的多重面目：《民權素》、《民權報》

　　所謂正宗鴛鴦蝴蝶派，似乎已與《民權素》《民權報》毫無疑問的聯繫在一起了。但實際上，《民權素》作爲民初重要文學雜誌，內容包羅萬象，既有悲悲切切的哀情小說，也有笑罵一切的諷世滑稽之作，還有詩詞歌賦、名人名作、戲劇批評等等。作者構成十分複雜，既有社會名流、政治人物、封建遺老，也有專門譯介西方的西學派，還聚合了一批被後人稱爲鴛鴦蝴蝶派的小說家……而《民權報》爲民初重要政黨報紙之一，以言論激烈著稱，其副刊欄目繁多。但是，如此豐富駁雜的報紙雜誌，爲什麼只留下正宗「鴛鴦蝴蝶派發祥地」的形象呢？

一、《民權報》《民權素》的概況

《民權報》1912 年 3 月創辦於上海，為政黨報紙，是當時上海報界「橫三民」之一（其他兩報為《中華民報》、《民國新聞》），以言論激烈著稱，在反袁鬥爭中發揮著重要的宣傳鼓吹作用。自由黨黨員周浩（少衡）為經理，由戴天仇主筆政，何海鳴、李定夷、蔣箸超、徐枕亞、吳雙熱等任編輯。作為自由黨的喉舌，《民權報》對袁世凱的陰謀詭計痛加斥責。因為報館設在租界，袁世凱沒有權力封它，於是通令郵局禁止寄遞。以致只侷限在租界發行，銷量下降，廣告收入大受影響。勉強維持了兩年，於 1914 年宣告停刊。〔註 1〕

《民權報》的副刊不標名稱，有袖裏乾坤、今文古文、燃犀草、過渡鏡、眾生相、滑稽譜、自由鐘、瀛海奇聞、天花亂墜等欄。1912 年，徐枕亞的《玉梨魂》和吳雙熱的《孽冤鏡》相間在其副刊上連載。同時，《民權報》還有《民權畫報》附送，有吳雙熱的《蘭娘哀史》、劉鐵冷的《征人恨》等刊載於其上，這些作品在當時均引起轟動。後來，這些作品均由民權出版部出版單行本，被稱為鴛鴦蝴蝶派代表之作。應該說，這些作者在創作這些作品時，並沒有什麼派別概念。他們之所以創作這些駢體哀情小說，更多是因為文字相契，彼此逞才炫技。所謂鴛鴦蝴蝶派是後人贈與他們的名號。

《民權報》停辦後，民權出版部又出版了《民權素》，編輯者為劉鐵冷、蔣箸超，主要作者有徐枕亞、吳雙熱、李定夷等。之所以創辦《民權素》，一是《民權報》副刊的小品文字頗受歡迎，讀者希望編輯成集；再則是同人可以藉此紀念《民權報》，正如蔣箸超所言：

> 余主民權小品者，凡十有九月，海內文士環以行集請，其時出版部既局於調遣，即余亦自陋不文，未敢率爾創議也。革命而後，朝益忌野，民權運命，截焉中斬，同人等冀有所表記，於是循文士之請，擇其尤者，陸續都為書，此《民權素》之所由出也。余因之有感焉，民權之可傳者，僅小品乎哉！皇皇三葉紙，上而國計，下而民生，不乏苦心孤詣慘淡經營之作，惜乎血舌箝於市，讜言冀於野，遂令可歌可泣之文字，湮沒而不彰，轉不若雕蟲小技，尤得重與天下人相見，究而言之，彼錦心繡口者，可以遣晨夕，抵風月；於國事有何裨焉！當傳者不敢傳，於不必傳者而竟傳之，世道人心，寧有底

〔註 1〕 鄭逸梅《〈民權報〉和民權出版部》，《書報話舊》，中華書局，2005 年，第 253 頁。

止歟，嗟乎！曲終人不見，江上數峯青，余纂是書，心茲傷已，爲
誌數語，以告來者。〔註2〕

顯然，《民權素》的創辦還有希望讀者能追憶起《民權報》那種激烈的反專制精
神的目的。所謂「馬死有骨，豹死有皮，民權死有素焉！民權其或終於不死
乎？」。〔註3〕從內容方面看，《民權素》確實在一定程度上繼承了《民權報》
的革命精神，並不衹是一些「遣晨夕，抵風月」的文字，如第一集就刊載柏文
蔚的《追悼四烈士文》，紀念爲革命而犧牲的趙伯先、熊成基、倪映典、吳樾。
1913 年宋教仁被袁世凱派人刺殺，他的去世讓革命人士萬分悲憤，《民權素》
上有大量追懷宋教仁的文字，如岑樓的《送宋遯初南歸序》（《民權素》第二集），
君復的《哭宋漁父》（《民權素》第三集），卓春《重遊愉園哭宋漁父》（《民權素》
第十四集）。這些紀念宋教仁的文字無疑是以一種相對隱晦的方式揭露袁世凱的
專權與殘暴。《民權素》上悼念烈士、追懷革命的文字還有不少，如胡漢民《弔
黃花崗英雄》等，這些文字都顯示了《民權素》的革命與反抗專制的一面。

《民權素》的出版廣告稱之爲「文學的、美術的、滑稽的、空前之雜誌」，
其內容也確實十分豐富，所設欄目就有：名著、藝林、遊記、詩話、說海、談
叢、諧藪、瀛聞、劇趣、碎玉等，幾乎囊括了民初的各種文學體裁，多爲文言
作品。「名著」欄選錄名人作品，作者有楊錫章、劉師培、林紓、王壬秋、錢基
博、楊南村、陳匪石等文化名人，也有譚嗣同、康有爲、唐才常、孫中山、柏
文蔚、陳幹、姚雨平等政治人物。每集數量不多，四五篇左右。「藝林」欄收錄
詩詞，每集大概二三十篇。「遊記」每集有三四篇，有時文章較長，需連載數集。
既有對國內景點行程的記敘，也有域外記遊；「詩話」欄目多爲名人關於詩詞創
作的筆記；「談叢」多是隨筆；「諧藪」是嬉笑怒罵的滑稽文字，往往諷刺時事，
如《水族革命記》諷刺中國辛亥革命後的亂象。〔註4〕「瀛聞」介紹域外奇聞
軼事；「劇趣」是有關戲劇的評論，有對舊劇改革提出建議，也有對具體演出的
介紹點評，如鄭正秋對新舞臺所演《黑奴籲天錄》的記敘。〔註5〕「碎玉」則
是詼諧有趣的小文章甚至一句話。「說海」欄目刊載大量小說，所占比例較大。
正如有研究者指出的，《民權報》與《民權素》體現了民初作家用文言創作文學，

〔註2〕 蔣箸超《民權素序一》，載《民權素》1914 年第一集。
〔註3〕 徐枕亞《民權素序二》，載《民權素》1914 年第一集。
〔註4〕 徐枕亞《水族革命記》，載《民權素》1914 年第一集。
〔註5〕 正秋《麗麗所劇評》，載《民權素》1914 年第一集。

在吸收西方文學的某些影響下，用舊有的文學形式恢復中國古代原有的文學傳統，試圖以之適應新時代，適應當時市場需要，重新整合文學的努力。〔註6〕

二、《民權素》中的小說

　　為《民權素》贏得「鴛鴦蝴蝶派」名號的主要是緣於其中的小說。但是，《民權素》中的小說也並非僅僅限於才子佳人的悲歡離合，還有大量反映時局，哀痛百姓塗炭的作品，如劉鐵冷的《嫠婦血》寫張勳部下凌辱百姓，致使一位老年嫠婦羞憤自盡，作者感慨：「此嫠婦者，病而老，老而貧，猶不得免其辱。吾不知鐵甕城中，若此嫠婦者幾何人。」〔註7〕類似的還有《塚中婦》，寫母子二人因為遭遇兵災，只好避於荒塚叢中，周圍的環境是「冷風拂面，滿目陰森」，令遇之者幾疑其為鬼。〔註8〕還有不少作品因對現實政治不滿，極力表現出一種反抗精神，如周瘦鵑的譯作《萬里飛鴻記》，就是借一名露西亞士兵追求自由的經歷來激勵國人，小說中「余」是一名露西亞男子，被強徵入伍。但「余」不滿於露政府的專制殘暴，戰爭爆發時，「余乃決意不願與戰，與其為露效力，而流我至寶貴之碧血，無寧為他國作嫁，倒戈以殲盡同胞。蓋余雅不欲世界上有此呻吟於專制政府下之國民也。」於是選擇逃往自由之境，一路上歷盡艱險，但「余」雖九死而不悔，最後終於到達自由之地。〔註9〕另外還有一些「義俠小說」，提倡為正義而百折不撓、慷慨就死的俠義精神，如敘述文祥刺馬故事的《刺馬記》。〔註10〕諸如此類的小說還有很多，總之，《民權素》中的小說題材內容其實相當廣泛，且有著深厚的現實關懷精神，反映了民初文人在政治高壓下的無奈，正如他們自己所感慨的「一介書生救國難，改良社會託稗官。治安賈誼賢良董，都作畫圖壁上看。」〔註11〕

　　當然，《民權素》中也確實有大量言情之作，這些小說又分別標籤為：苦情短篇、哀情短篇、實事小說、寫情小說、奇情小說、喜情小說等，且多用文言寫成，內容多為悲悲切切的愛情故事，如署「哀情短篇」的《湘靈墓》，敘湘靈與表兄係青梅竹馬、兩小無猜，相戀至深，但受雙方父母阻隔。最終

〔註6〕　袁進《民初的過渡雜誌〈民權素〉》，載《當代作家評論》2002 年第 6 期。
〔註7〕　鐵冷《嫠婦血》，載《民權素》1914 年第二集。
〔註8〕　劍鳴《塚中婦》，載《民權素》1914 年第三集。
〔註9〕　瘦鵑《萬里飛鴻記》，載《民權素》1914 年第一集。
〔註10〕　悟癡《刺馬記》，載《民權素》1914 年第三集。
〔註11〕　著超《說海題詞》，載《民權素》1915 年第五集。

湘靈自縊，表兄亦一慟而絕。〔註12〕這種有情人難成眷屬，最終以身殉情是民初哀情小說的常見模式，在《民權素》及同時期其他雜誌中都十分常見。

也有言情小說力圖擺脫這種哀情結局，如蔣箸超所著《白骨散》，更多在探索婚姻自由與傳統禮教之間和解、折中的可能，小說中江南書生笈雲，自幼與王姓女子指腹為婚，父母為早得子嗣，希望其早日完婚。但笈雲萬分不願，為入仕投奔京官，與京官之女頡昭相戀。義和團起，頡昭父母死於兵亂，笈雲與頡昭顛沛流離，最終回到江南家中。笈雲決定與王家解除婚約，王家小姐也通情達理予以同意。而頡昭為了避免傷害王小姐，主動促成王小姐與笈雲的婚事，最終二美同嫁一夫，又回到了明清才子佳人小說的大團圓俗套之中。由此也可見作者道德立場的矛盾，既希望愛情自由，又不願與傳統禮教衝突。

綜觀《民權素》中的小說，在思想方面，基本上處於這樣矛盾且帶幾分保守的狀況，甚至有不少小說就意在歌頌節婦烈女。如徐枕亞的《梅柳爭春》，敘屈小柳的貞烈事迹，柳自幼與梅玉良訂婚。梅染疾沉重，梅家希望速完婚沖喜。柳慨然應允，但梅終無救，柳欲自盡殉夫而被髮覺。夫兄以己子過繼與柳，以撫孤為由，使之斷絕死念。突遇捻軍匪災，柳為匪兵抓獲。匪兵欲非禮於她，柳刺之至死，然後自刺。後為一媼所救，媼將其賣入青樓。柳誓死不從，受盡凌虐而終不屈服，鴇兒無奈，只得將其贈與一無賴，面對無賴的糾纏，柳最終以死捍衛了自己的貞潔，作者對這樣的事迹大加讚賞。類似的作品還有李定夷的《鵑娘血》等，都對女子貞烈加以提倡。與這種道德立場相一致，《民權素》中還有不少作品表達出對自由戀愛的否定態度，如《梳頭婦》，梳頭婦本為一富商之女，自由讀書識字，十五六歲開始跟著繼母學女紅。由於常常跟著繼母看戲，加上喜歡閱讀小說，對戲劇小說中才子佳人的浪漫愛情十分向往。而此時一名英俊多情的書生也愛慕她多時，特地租下東鄰房屋與之相望。兩人傲仿才子佳人的愛情程式，由手絹寫詩傳情到私定終身。不久科舉廢除，新學興起。女拿出私蓄資助書生東瀛留學。隨後寫滿相思的信函被繼母發覺，繼母對之百般責罵，女不堪虐待而離家出走。女孤苦地生活了三年，每日盼望與書生團聚，最終卻等來一封絕情信，書生另有新歡而拋棄了她，而家人也認為她私奔有辱門楣，將她拒之門外。最後女只好嫁給男僕，自己也成了一名梳頭婦。回憶往事，不勝悔恨，認為

〔註12〕蔭吾《湘靈墓》，載《民權素》1914年第三集。

自己是「自作孽不可活」，當初的低賤行為毀了自己的人生，希望其他女子引以為戒。〔註 13〕類似的勸誡作品在《民權素》與同時期其他雜誌中都不為少數。體現了新式愛情婚姻道德尚未建立之際，這些作者希望在傳統禮教的範疇內解決問題，對「父母之命，媒妁之言」的婚姻加以改良，希望父母慈愛寬容，能切實為子女幸福著想。這樣改良式的婚姻觀、道德觀也是民初這些作家的主流價值取向，二十年代以後，那些廣義鴛蝴作家多數還持這樣立場，這也是他們與五四新文學群體的區別之一。

總體上，《民權素》與民初其他文學雜誌如《禮拜六》、《眉語》等相比，作品題材、形式方面並無太大差異，其作者群體也十分複雜，並不僅限於徐枕亞等有限幾人，而獨以正宗鴛鴦蝴蝶派的發祥地面目流傳，應該說與民權出版部的運營有相當大的關係。

第二節　民權出版部：作為文化事件的版權之爭

民權出版部在民初出版界無疑佔有重要的一席之地，由於它的經營運作，使得散見於《民權報》上的幾部哀情小說廣為流傳，從而掀起一股哀情潮。而它與原作者之間沸沸揚揚的版權之爭，更由於報紙等大眾傳媒的參與，成為一個著名文化事件。

一、民權出版部的成立與運營

關於民權出版部的成立，按鄭逸梅的說法是「《民權報》停刊之後，該報內部人員心猶不甘，由馬志千、陳鴛春等組織民權出版部」。〔註 14〕但《民權報》經理周浩的說法是「鄙人前辦《民權報》時，於編輯、發行兩部外曾有出版部之設。」〔註 15〕另據有研究者考證，民權出版部在《民權報》停刊之前，就已經將副刊連載的小說《玉梨魂》、《孽冤鏡》單獨出版。〔註 16〕所以，民權出版部應該成立於《民權報》停刊之前。

民權出版部出版了不少小說單行本，其中有一些是《民權報》上連載的

〔註 13〕 花奴《梳頭婦》，載《民權素》1916 年第十七集。
〔註 14〕 鄭逸梅《〈民權報〉和民權出版部》，《書報話舊》，中華書局，2005 年，第 254 頁。
〔註 15〕 《周浩啟事》，載《申報》1915 年 10 月 26 日。
〔註 16〕 袁進《中國文學的近代變革》，廣西師範大學出版社，2006 年，第 47 頁。

小說，將報紙上連載的長篇小說加以整理，出版單行本，無疑擴大了小說的傳播範圍。當初《玉梨魂》與《孽冤鏡》在《民權報》上連載的時候，雖然也引起一些關注與反響，但報紙有零散的特點，讀者不易收藏，有時會因種種原因造成脫漏。而且報紙有實效性，當時未能一睹為快的讀者想再翻閱已經比較困難了。因此，《玉梨魂》連載之後，就有讀者要求徐枕亞結集出版。民權出版部將這幾部小說以單行本出版，顯然增強了這幾部作品的影響力。

　　為了打開這些出版物的銷路，民權出版部還注重廣告這種促銷方式。在《民權素》上就刊有不少這些小說的廣告。雜誌的風行使得這些廣告影響擴大，增加單行本的銷量，而單行本的暢銷又極大地增強了這些作者與作品的知名度，從而在單行本與雜誌之間形成了良好的互動關係。這些廣告詞有的對作品的熱銷情況加以渲染，以刺激讀者購買的欲望，如《玉梨魂》的廣告為：「枕亞傑作玉梨魂」「枕亞君為小說界巨子，近頃著作，洛陽為之紙貴，而玉梨魂一書尤其最初之傑作，匠心運去，彩筆揮來。有縝密以栗之功，無汎濫難收之弊。計自懸價而後風靡海內，雖續版已至五次而購買者尤絡繹於途。」〔註17〕有的廣告著重對小說的內容、功效予以說明，如《孽冤鏡》的廣告，「雙熱著孽冤鏡」「孽冤鏡，懺情之巨作也，著之者為吳君雙熱，其結構之精密與行文之灑落，識者頗能道之，慨自世風日靡，情戰日劇。恒河沙數之青年，細嚼紅樓西廂滋味者，恒沉溺而莫由自拔，得是書以警覺之，如乘普渡之慈航，可作當頭之棒喝，其有功於世道人心，豈淺尠哉。」〔註18〕這部小說竟有如此功效，相信一些讀者會因之誘導而購買閱讀。

　　應該說，廣告不僅僅在於推銷產品，同時也在培養一種文化趣味，民權出版部的書籍廣告也是如此，它們常常對書籍作品做出評價。如對吳雙熱《蘭娘哀史》的介紹「雙熱君之言情，尤哀豔動人也。是書為雙熱君最初著作，以入情入理之筆，寫可歌可泣之文。看似尋常，實在奇特，如容易卻費艱辛。」〔註19〕其他諸如「情節離奇，可歌可泣，英雄兒女」等廣告詞亦屬常見。其實就是意在告訴讀者，符合這樣的標準才是好作品，這些廣告無疑對讀者的閱讀趣味做了一定引導，對於民初言情小說的風行一時起到了推波助瀾的作用。

〔註17〕廣告，載《民權素》1915年第五集。
〔註18〕廣告，載《民權素》1915年第九集。
〔註19〕廣告，載《民權素》1915年第九集。

二、《玉梨魂》的版權之爭

民權出版部與《民權報》、《民權素》之所以聲名遠揚，不僅是由於其書籍暢銷與廣告宣傳，更離不開民初那場沸沸揚揚的版權之爭。徐枕亞的《玉梨魂》問世後，一紙風行，但作者卻獲利甚微。1915 年 10 月 24、25 日，《申報》上登出徐枕亞頗具情緒性的廣告：

> 鄙人所撰玉梨魂一書，前經民權出版部陳鴛春馬志千兩人代爲出版，言明出版後餘利與著作人均分，今已發行兩年，獲利不貲，鄙人一再向伊結算，詎料彼等居心險惡，意在吞沒，將鄙人置之不理，鄙人宅心仁厚，殊不屑再與此輩市儈共同營業，除前項贏餘向彼等追索外，所有該書版權現願出讓他人，此係鄙人自售版權，與該部無涉，儻有糾葛，由鄙人一人清理。〔註20〕

徐枕亞打算收回版權，但民權出版部的陳馬二人卻說徐枕亞已將版權賣與他們，在徐枕亞的廣告旁邊就是《陳鴛春馬志千啓事》：

> 民權出版部玉梨魂一書，發刊之始即與原著徐君枕亞商酌，擬三人合夥，徐君以商業繁瑣，盈虧難測，願將版權讓渡，索贈本書百冊，商妥始行發稿，去歲六月，徐君來函謂贈書辦法弟已承認，無可翻悔，然弟之承認，只承認初版。此書獲利已厚，稍分餘潤，似非樾份之求，須知弟如經濟活動，早將此書版權清讓於兄，今之呶呶者，實出於無奈，請足下速將酬報辦法示知，弟無不遵從，此後該書版權永遠屬之足下云云（原函尚在）。比以重違來命，與當日成議不符，勉饋洋百元，得徐君收條及覆書，且謂心迹已明，弟意無不慊，不得已而出此，甚非始願所及云云（原函尚在）。洎本月中徐君又來交涉，云欲收回版權，甚至登報出賣，直與商業習慣事實情形兩不符合，其意何屬，百思不得，爰將經過情形聲明。〔註21〕

陳馬二人的理由是徐枕亞曾接受他們一百本贈書與一百大洋，算是出賣版權的報酬。但徐枕亞顯然知道《玉梨魂》所賺不菲，而他所得到的這一點酬謝實在與收益不符，且並無言明轉讓版權，雙方互不相讓。但詎料一波未平，一波又起，《民權報》經理周浩又隨即發表啓事稱，《玉梨魂》版權既不應該歸陳馬二人也不屬於徐枕亞，應由他負責，他的理由如下：

〔註20〕 《召賣玉梨魂版權》，載《申報》1915 年 10 月 24 日、25 日。
〔註21〕 《陳鴛春馬志千啓事》，《申報》1915 年 10 月 24 日、25 日。

鄙人前辦《民權報》時，於編輯、發行兩部外曾有出版部之設。因
體恤發行部中人勞苦，准有陳鴛春、馬志千二君暫將《民權報》內
部種種雜文刊售。藉以獲利，以資沾潤，而版權仍爲民權報所有，
至民國三年，民權報停刊，陳馬二君復向鄙人要求繼續用民權出版
部名義刊售各書，當時鄙人曾有一書致陳馬二君，於種種雜文雖仍
准其出版而版權後須收回，於營業之盈虧亦不負責，鄙人現將種種
雜文託由泰華書局刊印，鄙人自爲發行。外間有不知此事眞相者，
頗多疑議。須知鄙人於民權報之支持，虧累甚巨，計前後所負之債，
約兩萬元之譜。即如去年夏秋以至，今年春間，民權報之停刊已久，
鄙人饔餐不繼，尚籌還民權報舊債一千餘金，直至現時，追呼不絕，
窮於應付。平心論之，鄙人非因民權報之相累，爲狀必不至此，乃
利則他人享之，害則由我獨受，事之不平，寧有過於此者？故決計
將民權出版部所出之書，凡有民權報摘出者，一律印行。稍稍彌補
從前虧累。如有人不服，欲享此種出版之權者，鄙人即須將民權報
所遺之債，交其代償。而鄙人於窮苦中墊付之資，亦須先行還出。
蓋民權報之停刊，未經破産而債務至多。鄙人之責任，原未可卸，
則管理出版之權，自應爲鄙人所有。〔註22〕

周浩認爲自己當初賠錢辦《民權報》，現在報上登載的一些作品出版獲利了，
而且出版機構就是自己的下屬部門，自己卻分文無所獲，還在爲報紙債務煩
惱，不免有些不平，因此認爲管理出版之權，應該爲自己所有。如此說來，《玉
梨魂》就應該由他擁有版權，這樣的決定，徐枕亞肯定無法接受，他在自己
任編輯主任的《小說叢報》上聲明：「鄙人前服務《民權報》時，係編輯新聞，
初不擔任小說，《玉梨魂》登載該報，純屬義務，未嘗賣與該報，亦未賣與該
報有關繫之人，完全版權，應歸著作人所有，毫無疑義。」〔註23〕徐枕亞認
爲，當初自己在《民權報》任編輯時，並沒有撰寫小說這一項工作要求。創
作《玉梨魂》純屬個人行爲，因此版權與《民權報》更加無涉。三方各執一
詞，最後徐枕亞通過法律手段才收回版權，但也無法阻止別人繼續翻印，「一
方面交涉甫了，一方面翻印又來」。〔註24〕

〔註22〕　《周浩啓事》，載《申報》1915 年 10 月 26 日。
〔註23〕　《徐枕亞啓事》，載《小說叢報》1915 年第十六期。
〔註24〕　《徐枕亞啓事》，載《小說叢報》1915 年第十六期。

這場版權之爭體現了中國近現代文學商品化過程中的一些矛盾與糾葛，徐枕亞本不爲經濟利益寫作，但其作品卻帶來了巨大的商業利潤，一個傳統文人如何面對這一切，無疑是他們要面對的一個新的命題，在徐枕亞身上還體現了一種過渡與衝突的色彩。同時，因版權之爭，使得徐枕亞對《民權素》並不熱心，自第四集至終刊，只有他一篇短文。但在客觀上應該擴大了《玉梨魂》、《民權報》與民權出版部的名氣，他們三方各自借報紙媒介發表自己的意見，主要目的是替自己爭取利益。而在這樣的啓事較爲密集地見於報刊上，無疑使之成爲了一個文化事件。一些沒有閱讀過該作的《申報》讀者，會因之對這部小說產生閱讀欲望。而一些《玉梨魂》讀者，則會對其背後的紛爭饒有興趣。在後來鄭逸梅、范煙橋等人的回憶與追敘中，都曾提到這場版權之爭，可見其在當時的影響之大。《玉梨魂》在民初幾乎家喻戶曉，以及《民權素》《民權報》被冠以鴛鴦蝴蝶派發祥地的美名，應該說與這場版權之爭有一定關係。張靜廬曾提及《玉梨魂》的版權之爭，就說「兩方（論者注：其實應是三方）都登著廣告互相攻訐起來，於是，這一部駢四儷六的哀情小說，就隨著他們的互訌而大銷特銷了。」〔註25〕

《玉梨魂》的暢銷與版權之爭，又促使了徐枕亞加入《小說叢報》並創作《雪鴻淚史》，被稱爲鴛鴦蝴蝶派「大本營」的《小說叢報》同人的聚散離合，以及《雪鴻淚史》與《玉梨魂》之間的互動，無疑又可看出徐枕亞這一代文人面對文學商品化的矛盾心態。

第三節　「大本營」的聚散：《小說叢報》

《小說叢報》無疑是一份民初重要的文學雜誌，長期以來，它已與徐枕亞、正宗鴛鴦蝴蝶派結下了不解之緣。那麼，《小說叢報》究竟是怎樣一副面目？爲什麼被譽爲鴛鴦蝴蝶派「大本營」？又是哪些因素促成了這個主撰群體的聚散離合？

一、雜誌形態與作品概貌

一份雜誌能在紛繁蕪雜的雜誌中能夠勝出，給人留下印象，主要靠其核心人物與招牌作品，《小說叢報》即是如此，它之所以成爲鴛鴦蝴蝶派的「大

〔註25〕張靜廬《在出版界二十年》，前引書，第25頁。

本營」，離不開徐枕亞與《雪鴻淚史》。以致後來提及《小說叢報》就想到哀情小說《雪鴻淚史》，而它原本豐富的形態就被遮蔽了。

《小說叢報》創刊於 1914 年五月，每月一冊，加上過年增刊，至 1919年 8 月停刊，共出四十四期。自 1914 年 4 月出至 1916 年 7 月為二十二期，二十三期起稱為第三年第一期。欄目有：插畫、短篇小說、長篇小說、文苑、殘編、譯叢、諧林、筆記、彈詞、新劇等。刊載作品的體裁、內容十分豐富，有小說、詩詞、詩話、筆記、彈詞以及話劇劇本等。應該說，《小說叢報》有其關注西方、傳播域外新知的一面，這些主要體現於插畫、譯叢等欄目，插畫置於每期卷首，有「大探險家斯考脫小影」〔註 26〕表現了對西方探險精神的肯定；「泰西愛情名畫」為一男一女相擁相抱和共同閱讀的照片，〔註 27〕可以看出時人向往的一種以西方為摹本的愛情婚姻理想。其他還有「福爾摩斯託病捕凶」劇照，〔註 28〕西洋女子與兒童圖畫，西方名伶、名人照片等。譯叢欄目為介紹西方的名人逸事、政治制度、時政要聞等，有系列《共和野史》，借其他國家的政治制度反思中國的共和之路，譯者言「吾國自共和告成以來，光陰荏苒，忽忽垂三載矣。國脈未振，民氣不揚，域內呈擾攘之象，強鄰有攣割之志。以擬南美各邦之紛爭無已，與墨西哥葡萄牙之內訌日盛，實有過之而無不及。」因此翻譯這部《共和野史》，「以貢關懷時局者研究，並當諸君茶餘酒後之消遣品。」〔註 29〕另外還有《歐戰風雨錄》，介紹第一次世界大戰情況。從這些內容可以看出《小說叢報》同樣比較熱心介紹西方的政治文化與風土人情。因此，《小說叢報》與同時期的其他文藝雜誌如《禮拜六》、《娛閒錄》等相比，其雜誌形態與思想傾向大致類似，同樣有開放現代的一面。

在《小說叢報》所有欄目中，小說所占篇幅最多，按題材內容分別加上「醒世小說」、「家庭小說」「滑稽小說」「哀情小說」「偵探小說」等標籤。《小說叢報》中的小說涉及範圍極廣，有翻譯的偵探小說如《福爾摩斯探案》、《假幣案》；有滑稽小說《小說迷》，刻畫了一個讀小說入迷，行為乖張的中國式堂吉訶德形象。〔註 30〕而其中尤以言情、哀情小說為多，這些小說中往往彌漫著陰慘的氛圍，常見的意像是血淚與墓塚，故事背景常常是亂離、兵災，

〔註26〕插畫，載《小說叢報》1914 年第一期。
〔註27〕插畫，載《小說叢報》1914 年第二期。
〔註28〕插畫，載《小說叢報》1914 年第二期。
〔註29〕易時譯《共和野史》，載《小說叢報》1914 年第一期。
〔註30〕獨鶴《小說迷》，載《小說叢報》1914 年第二期。

結局不是殉情就「一慟而亡」。如《雙鴛恨》，紫霄年幼即喪雙親，由父親的朋友江明帶到家中撫養。與江的女兒青靄一起讀書、成長，兩小無猜。江妻也有意促成他們的婚事，但不久江妻亡故。江明續娶王氏潑悍異常，紫霄無法繼續學業，只好去他鄉投靠親友，卻不料親友已年老離職。落魄回到江家後，江明資助其去日本留學。留日期間，紫霄加入同盟會，江明不瞭解情況而盛怒，與青靄的婚事也受影響。繼母王氏的侄子史才因愛慕青靄，向當局高密紫霄為革命黨，致使紫霄逮捕入獄，青靄設法四處活動營救。因史才挑撥其間，紫霄對青靄生出誤會，好姻緣一再誤過。最終青靄玉碎珠沉、香埋地下，紫霄也一慟而絕。〔註31〕類似的哀情小說還有很多，僅署以「哀情小說」的就有《潘郎怨》、《血鴛鴦》、《青燈影》、《碧血簪》、《鴛鴦塚》等等。這些小說大都敘相戀的男女因嚴親阻隔或小人撥亂或亂世離喪而導致好姻緣成泡影，最終留下無窮幽恨。類似的情緒為其中小說的主要基調，即使是香豔的士妓愛情故事，也抹上了一層悲哀的色彩，如標署「煙花小史之一」的《憶香別傳》，寫士子蘭舫與秦淮名妓憶香的悲歡離合，前半部分與唐傳奇《李娃傳》十分相似，兩人一見鍾情，蘭舫沉迷於美色，春闈落第也不以為意。後來床頭金盡，為鴇母所棄。鴇母與憶香設下計謀，悄悄遷居，使蘭舫流落街頭，靠賣卜為生。舅舅與母親終於尋到他，因其又打算外出，舅舅氣急之下，擊之暈死。後為乞丐所救，遂與群丐為伍。後巧遇憶香，見其淪落至此，憶香深為悔恨，決定拯救他。但時代終究未給予蘭舫以滎陽生那樣飛黃騰達的際遇，後來遭遇兵亂，憶香殉情。蘭舫於亂後訪於江寧，則紅粉佳人已長埋地下，且白骨不知歸於何處。蘭舫也潦倒而終。〔註32〕

　　《小說叢報》中的這些哀情小說其實代表了民初社會整體的一種情緒，表現了一代人彷徨無依的處境。由於晚清以來西方現代婚戀觀的影響，他們肯定男女愛情的價值，誠如他們所言：「嗟嗟，愛情者，人之第二生命也。生命猶可奪，是以情至濃時，寧以生命殉愛情，不以愛情殉生命。」〔註33〕但愛情如此重要，實現相愛相守的道路卻異常艱難，一方面，傳統禮教勢力依舊強大，嚴親阻隔成為許多哀情小說的重要情節；另一方面，隨著1905年科舉制度的廢除，讀書人仕進之途斷絕，前途渺茫，如明清才子佳人小說的大

〔註31〕東納《雙鴛恨》，載《小說叢報》1914年第二期。
〔註32〕鐵冷《憶香別傳》，載《小說叢報》1914年第二期。
〔註33〕劍魂原稿，冷蝶《瞧著龐兒第一遭》，載《小說叢報》1915年第十期。

團圓結局已然不可能。雖然投身革命，爲國捐軀是他們實現人生價值的新途徑。然而，民國成立後依舊亂象紛紛，以致他們不得不以一種極度的失望來感慨：「夫各國革命大抵流血，然往往獲政治上改革之益。而吾國獨不然，曇花一現泡影成」。〔註34〕在《小說叢報》第二期中，署「怨情小說」的《一顆梅》無疑代表了這種彷徨、矛盾的心態，小說以第一人稱敘述，寫「余」在家國之間進退兩難，當初棄家爲國，卻不料「迄今江山未改，風景全非。余欲博用其愛情，已無可用之地矣。」昔日辭家就國，而國已不可問。今欲捨國而爲家，而家庭間亦矛盾四起。家與國皆「風雲變幻，荊棘縱橫」。〔註35〕這也正是一代人的不幸與痛苦，在家與國、愛情與革命之間，他們無從選擇、無可依託。這樣的時代情緒表現於文字，就是民初小說中充斥著過多的眼淚，不僅《小說叢報》，民初其他文學雜誌中的哀情小說也大致如此，但《小說叢報》無疑是民初哀情小說潮中較有代表性的雜誌陣地。

二、從《玉梨魂》到《雪鴻淚史》

在《小說叢報》的哀情小說中，尤以《雪鴻淚史》最爲吸引讀者，《雪鴻淚史》託言爲《玉梨魂》主人公何夢霞日記，篇首云：

《玉梨魂》出世後，余乃得識一人，其人非他，即書中主人翁夢霞之兄劍青也。劍青寶其亡弟遺墨，願以重金易《雪鴻淚艸》一冊。余慨然與之，曰：「此君家物也，余烏得而有之。」劍青喜，更出《雪鴻淚史》一巨冊示余，余受而讀之，乃夢霞親筆日記。其中事迹，與《玉梨魂》多所牴牾。其最謬之點，何崔兩姓，並非舊戚。梨娘之死，爲庚戌年六月二十五日，非己酉除夕也。石癡之書，略爲不詳，余乃加以裝點，遂失眞相。……余既讀畢，乃請於劍青，爲鈔副本付刊，以正余書之誤。劍青曰：「恐非死者之志。」余曰：「君毋太迂，令弟殉情殉國，其人其事，固在可傳之列。即梨娘筠倩之柔腸俠骨，於近日女界中，亦何可多得。余書已唐突西施，有此眞迹，不以示人，將何以贖我過。且恐轉非死者之志也。」慫恿再三，劍青始允余代爲詮次。原稿自己酉正月起，至庚戌六月止，記月不記日。今爲之細分章節，每節綴以評語，以清眉目。凡與《玉梨魂》

〔註34〕沈東訥《民權素序三》，載《民權素》1914年第一集。
〔註35〕覺《一顆梅》，載《小說叢報》1914年第二期。

　　不同之點，無不指出。此後《玉梨魂》，可以盡燬。而余於言情小說，
　　亦未免有崔灝上頭之感，江郎才盡，從此擱筆矣。〔註36〕

但實則爲徐枕亞故弄玄虛，《玉梨魂》《雪鴻淚史》都是他一人筆墨。從第三
年第二期的廣告也可看出，《雪鴻淚史》實爲徐枕亞的著作：「此書筆墨高超，
意旨純正，爲自來言情小說中所未有，亦爲枕亞君生平第一嘔心著作。凡閱
過《玉梨魂》及喜閱哀豔詩詞者，均不可不讀全書。」〔註37〕徐枕亞此處之
所以假託何夢霞日記，是因爲《玉梨魂》的暢銷與版權之爭，以及想爲《小
說叢報》打開銷路。《雪鴻淚史》在《小說叢報》中連載，至十八期刊完，共
十四章。連載未完之際，即有廣告要出單行本，《小說叢報》1915年過年增刊
的廣告稱：「本報逐期登載之長篇小說《雪鴻淚史》一種，全書共十餘萬言。
今登出者尚未及半，遠近愛閱諸君，多以未得速窺全豹爲恨，紛紛函要本社
將此書抽印單本以惠閱者。本社爲眾望所歸，礙難推卻，特商請枕亞君提前
將此書編竣，俾十一十二兩期內將上卷登完。一面即將全稿詳加校勘，趕印
出書。恐勞盼望，特此預告。」〔註38〕《雪鴻淚史》是《小說叢報》重點推
出的產品，增加了這份雜誌的吸引力，而《小說叢報》的連載與廣告顯然又
對《雪鴻淚史》的傳播起了十分重要的作用。

　　由於《玉梨魂》版權之爭，徐枕亞芥蒂猶存，無法阻止別人翻印，於是
《雪鴻淚史》的初版與再版銷售時皆以《玉梨魂》爲附贈品，也是爲《雪鴻
淚史》促銷的手段。不料《雪鴻淚史》銷路十分可觀，到了第三版，徐枕亞
就決定不再附贈《玉梨魂》了，廣告稱：《雪鴻淚史》「二十萬言，用五號字
精印，二厚冊，得百六十頁。封面請杜宇君摹繪梨娘小影，幽豔獨絕。定價
大洋八角，再版五千，不滿一月全數告罄。自三版起，恕不附贈《玉梨魂》。
閱者諒之，枕霞閣啓。」〔註39〕幽豔獨絕的美女畫與號稱是作者的「嘔心之
作」相得益彰，成爲一道讓讀者賞心悅目的文化商品。從這些廣告詞與促銷
方式也可看出，《雪鴻淚史》已全然是一種爲經濟利益而寫作了。因此也會造
成粗糙的毛病。《雪鴻淚史》出版單行本不久，就有人檢舉，其中部分詩詞，
是攫取他人的。〔註40〕如果說當初爲《民權報》副刊寫《玉梨魂》，徐枕亞更

〔註36〕何夢霞日記，古吳徐枕亞評校《雪鴻淚史》，載《小說叢報》1914年第一期。
〔註37〕廣告，載《小說叢報》1916年第三年第二期。
〔註38〕廣告，載《小說叢報》1915年過年增刊。
〔註39〕廣告，載《小說叢報》1916年第三年第二期。
〔註40〕鄭逸梅《民國舊派文藝期刊叢話》，魏紹昌《鴛鴦蝴蝶派研究資料》，前引書，

多是一種吟風嘯月式的自我抒情，而爲《小說叢報》寫作《雪鴻淚史》，則已是相當程度上的商業化寫作了。這種轉變也是《小說叢報》主撰群體的一個整體趨勢，也因此造成了他們的聚散離合與內部紛爭。

三、「文字生涯」與「利名淵藪」

《小說叢報》的主撰人員除徐枕亞外，還有李定夷、劉鐵冷等人，基本上爲《民權報》副刊的原班人馬。據劉鐵冷回憶，《民權報》停刊後，社中人風流雲散。徐枕亞入中華書局任編輯，編《高等學生尺牘》，而《中華小說界》主編人沈瓶菴爲之竄易甚多，且不許枕亞列名，僅命在《小說界》別寫一二小說，枕亞意頗郁郁，且彼疏懶成性，不慣書局約束。這時劉鐵冷與儀鄦、沈束納、張留眠等，「集股數百元，即力請枕亞脫離中華，仍奉月薪三十元，供其宿膳，余遂與奔走印刷事宜，得倪君易時之介紹，由文明書局代印，詎知文明無紙版，後來再版重排，受虧甚巨，而《小說叢報》誕生矣。」「編輯處設在七浦路，即新衙門之前，賃一廂樓，西曬頗甚，枕亞與兄天嘯及何其愚日日沉湎於酒，余則坐守稿件，自任校對，發行則託國華書局，局主沈仲華，湖州人，與醒獨爲同鄉。」〔註41〕1915年《小說叢報》的過年增刊曾登載「本報編輯部同人攝影」，合影分兩排，後排右起爲：灝森、醒獨、束納、天嘯、定夷；前排右起：鐵冷、儀鄦、枕亞，另有獨照「本報經理兼編譯員」：水心。〔註42〕這些作者當初爲《民權報》副刊撰稿，幾部哀情小說如《玉梨魂》《孽冤鏡》一時轟動，已經較有名氣了。此時他們再次聚攏在《小說叢報》，文字風格基本延續《民權報》副刊。因此，《小說叢報》的銷量相當可觀：「第一期一月後即重印，第二期銷數更增。」「出至第四第五期，書剛裝訂送發行所，即一轟而盡」。〔註43〕

《小說叢報》的暢銷使得國華書局看到了背後的經濟利益，於是邀李定夷任主編，別創《小說新報》。李定夷在《小說叢報》社中，正好因處處受徐枕亞壓制而抑鬱，於是退股而別樹一幟。〔註44〕李定夷的退出祇是矛盾的一

第 297 頁。
〔註41〕鄭逸梅《民國舊派文藝期刊叢話》，魏紹昌《鴛鴦蝴蝶派研究資料》，前引書，第 293～294 頁。
〔註42〕《本報編輯部同人攝影》，載《小說叢報》1915 年過年增刊。
〔註43〕鄭逸梅《民國舊派文藝期刊叢話》，魏紹昌《鴛鴦蝴蝶派研究資料》，前引書，第 293～294 頁。
〔註44〕鄭逸梅《民國舊派文藝期刊叢話》，魏紹昌《鴛鴦蝴蝶派研究資料》，前引書，

角。隨後編輯主任的列名同樣透露了內部紛爭的複雜,從創刊號至二十二期
編輯主任爲徐枕亞,第三年起,徐枕亞、吳雙熱並列,第四年第一期起,又
只列徐枕亞。七期起又只列吳雙熱,並於本期刊登了一則啓事:

> 本報自第三年起,按期出版,編制井然,頗荷社會歡迎。本年不幸
> 重罹浩劫,致一二長篇,隨人戛然而止,無任抱歉。惟有自四年七
> 期起,增加長篇,力求精進,敬報閱者之盛意,尚乞總觀前後,共
> 鑒本社之眞誠。〔註45〕

此時徐枕亞的《秋之魂》還沒有刊載完畢,也就不了了之。這樣的列名從表
面看,似乎是徐枕亞與吳雙熱之間有點齟齬。但吳雙熱係徐枕亞兄弟的同學
加摯友,且後來徐枕亞創辦的《小說季報》中仍有不少吳雙熱的小說。應該
說,不是徐、吳二人之間的矛盾,而是徐枕亞與社中其他幾位主要創辦者的
分歧。據秋翁回憶,是和劉鐵冷、沈東納的不和。〔註46〕隨後,徐枕亞退出
《小說叢報》,別創清華書局,在其自任編輯、發行人的《小說季報》中,徐
枕亞不改書生意氣用事的本色,對《小說叢報》社中諸人痛加撻伐:

> 鄙人不敏,以無聊文字,與諸君相見者,六七年於茲矣。曩輯某報,
> 頗荷社會贊許,初亦欲聚精會神,貫澈最初目的,爲社會教育之一
> 助。竭我駑鈍,宏啓士林。而共事者意見紛歧,以文字生涯,爲利
> 名淵藪。忌克之深,轉爲傾軋。知非同志,能不灰心,一再因循,
> 徒留得敷衍之成績。〔註47〕

徐枕亞此處的措辭一如他在《申報》上關於《玉梨魂》版權的啓事,自己站
在一個傳統文人的道德立場上,以一副君子恥談利的姿態,而指責別人利欲
熏心。似乎他與他們之間是因爲追求不同而致分歧。而實則,這種內部紛爭
之所以形成,恰恰是因爲利益的爭奪。否則,徐枕亞後來又何必親自辦書局
賣小說,應該說,《小說叢報》的經營運作給予了徐枕亞重要的啓發,在他創
辦的《小說季報》中,也基本延續《小說叢報》的做法:邀請名家創作,連
載、廣告與單行本互動,圍繞雜誌形成一個較有影響的創作群體。也正因爲
如此,形成了一個被人另外加以區分的所謂正宗鴛鴦蝴蝶派。

第293～294頁。
〔註45〕《啓事》,載《小說叢報》1917年第四年第七期。
〔註46〕秋翁《三十年前之期刊》,載《萬象》1944年第四年第三期。
〔註47〕徐枕亞《發刊弁言》,載《小說季報》1918年第一集。

第三章　趨新與融合新舊：「蝙蝠派」的傳播空間

　　在新文學發生初期，新文學與鴛鴦蝴蝶派群體的區分，常常也是報刊雜誌的區分，雙方往往都擁有自己的發表陣地。然而，事實上，在二者之間，還有一些「蝙蝠派」報刊雜誌，之所以稱它們爲「蝙蝠派」雜誌，是因爲在新文學群體眼中，它們與那些典型的鴛鴦蝴蝶派雜誌並無區別。而它們自身或以新文學、新文化自我標榜，或以融合新舊自居，並且也確實具備一定的新質。這些「蝙蝠派」雜誌，主要有兩種情況，一是自稱新文學／新文化，並體現出一定新質的雜誌，但卻被認定爲「應時的刊物」，如泰東書局的《新的小說》、《新人》；一種是以融合新舊面目出現的雜誌，主編持趨新並重舊的編輯立場。但最終還是被認爲是鴛鴦蝴蝶派雜誌，如商務印書館的《小說世界》。長期以來，站在新文學立場的文學史敘述，對於這類雜誌不是忽略就是否定。那麼，這些報刊雜誌究竟是怎樣的一副形態？爲什麼會出現這類雜誌？它們的出現又體現了怎樣的文學格局？

第一節　《新的小說》、《新人》：泰東書局「應時的刊物」

　　泰東書局歷來被看作是創造社的搖籃，[註1] 與創造社的合作成爲其轉向新文學的標誌。但實際上，在此之前，泰東書局就有一系列的趨新行動，其

〔註 1〕 張靜廬《在出版界二十年》，前引書，第 66 頁。

中就包括《新的小說》與《新人》雜誌的創辦。然而，這兩份雜誌卻一向只被當作是「應時的刊物」，是泰東書局趨新不得法的成果。那麼，這兩份雜誌果真如此不堪嗎？泰東書局為什麼要辦這兩份雜誌呢？

一、泰東書局的轉向

泰東書局創辦於 1914 年，其股東多與政學系有關係。據張靜廬回憶，在民國三年（1914 年）創辦這書店時，出版計劃注重在政治方面的。後來討袁之役勝利，股東都到北平做官去了，無形中將這家店鋪交給經理趙南公一手包辦。他也出了好幾種鴛鴦蝴蝶派小說，如《芙蓉淚》等，還靠楊塵因的《新華春夢》賺了一筆錢。〔註 2〕但趙南公又是一位有著明顯趨新傾向的出版商，1919 年底，趙南公是「五四」群眾運動中誕生的全國各界聯合會的上海代表，與張靜廬一起被捕關押，兩人得以相識，張靜廬感覺他是一位「充滿著亢爽豪俠的燕趙之士」。〔註 3〕趙南公其時正在窮困掙扎之中，為書店經營的不得法而煩惱。雖然《新華春夢》流行一時，他也很明白時代思潮的變遷必定帶來出版市場的變化。於是，趙南公決定放棄過去的一切，重建理想的新泰東，張靜廬就成了他理想中的助理者，由此開始了泰東書局的轉向。〔註 4〕

1920 年，《新的小說》與《新人》先後創刊。作為一個出版商，追求利益永遠是他考慮的重點所在，趙南公也不例外。他打「新」字牌，除了為書局找到理想的定位，也是為了吸引讀者的眼球。這從他廣告先行的營銷策略即可看出。書局為出版物大打廣告是當時通行的做法，而泰東書局的獨特之處在於，它的這些廣告都盡力表明其出版物所具備的新質，如它這一時期出版的小說，都力圖與鴛鴦蝴蝶派劃清界線。如劉悟仇的《還我自由》就宣稱「這一本小說是專說最高尚的愛情，不涉男女之私，一洗舊坊間出版物所謂『鴛鴦蝴蝶派』的紅綠習氣；實在可以說是小說界的——創作這本書是劉悟仇先生著的，以純潔青年寫純潔愛情，自然能出人頭地。」〔註 5〕《新的小說》與《新人》此時作為泰東書局的拳頭產品，創刊之始就一直熱衷於以廣告推銷自己。這兩份雜誌幾乎每期都在《時事新報》上登載廣告，且多數刊於被譽

〔註 2〕 張靜廬《在出版界二十年》，前引書，第 62 頁。
〔註 3〕 張靜廬《在出版界二十年》，前引書，第 60 頁。
〔註 4〕 張靜廬《在出版界二十年》，前引書，第 62 頁。
〔註 5〕 廣告，載《新人》1920 年第一卷第五號。

為新文學「四大副刊」之一的《學燈》下端。廣告措辭相當誇張，如《新的小說》的第四期廣告為「這一期的小說，都是聚精會神做的，和前幾期不一樣的。其中如張靜廬的《我與她——夫妻》，寫沒有情感夫妻的情景，記一個夜上的事實來證明。惟妙惟肖不可增減一字，真極寫情的能事了。王靖，是善於翻譯小說的，大凡讀過第一二三期的本刊的人，沒有一個人不知道。固然用不著我們在廣告上替他捧場；但是這一期所譯的俄國寫實派名家杜介納夫的獵人筆記裏一篇最精彩的《活屍》，實在是全可稱全世界人類的寫真了。」〔註6〕《新人》雜誌的文化運動號是其精心策劃的內容，出版前就在 1920 年的《時事新報》上登廣告「新人雜誌徵求各地文化運動調查或批評」「徵求各地文化運動的狀態，如月刊旬刊周刊日刊和傳播機關登詳細調查或附批判。」以歡迎讀者積極參與的姿態引起廣泛關注。出版後更大肆宣稱自己是「雜誌界空前的大批評、打倒學閥的克虜伯炮」。但實際上，這兩份雜誌顯然與廣告的吹噓有一定距離。

二、《新的小說》：「『半欄腳式』的新刊物」

《新的小說》創刊於 1920 年 3 月，編輯所署「小說新潮社」，第一卷由張靜廬主編，自第二卷起由王靖編輯。刊登於創刊號的《本社啟事》稱：「本社的組織，是張靜廬、劉悟仇、諸白萍、程笑佛、齊鐵恨、王梅魂幾位同志所結晶的」，這些人大部分是泰東圖書局的工作人員。其中張靜廬可謂趙南公手下的一員幹將，當時他除了為《新的小說》撰稿，還創作了《戀愛之謎》、《亡妻影事》、《中國小說史大綱》，也是言情小說集《紅葉集》的主撰之一。王梅魂就是王靖，出身天津的一家學堂，郭沫若在《創造十年》對之冷嘲熱諷，完全是一個無德無能的小人形象。但實則王靖的譯著皆有可肯定之處，如他對泰戈爾作品的譯介。《新的小說》另一主要撰稿人是王無為，他在《新的小說》上發表了不少作品，僅 1921 年「新年號」這一期，就刊有他的 2 篇小說、2 首詩和 1 篇通訊——《改詩的問題》。《新的小說》這份雜誌定位於「新文學」，對於那些上海的鴛鴦蝴蝶派作家有意保持距離，但又沒有依託學校這樣的新式教育機構，形成一個新的創作群體。因此《新的小說》的作者，始終只有幾個人。《本社啟事》還特意說明：「本刊稿件的排次是照著交稿的先

〔註6〕 廣告，載《時事新報》1920 年 6 月 10 日，著重號為注者所加。

後爲標準,並不分著什麼好歹和先後。」〔註7〕可見稿源十分有限。以後,《新的小說》逐漸網羅了一批新的作者,並表示「本志各門,均可投稿,無論譯著,均所歡迎。海內新文學家如賜以佳篇,當從豐酬報」〔註8〕

《新的小說》內容上譯著皆重,翻譯小說有泰戈爾、托爾斯泰等人的作品,第一卷第五、六期爲托爾斯泰號,專門介紹托爾斯泰的傳略、作品、宗教。主要欄目有「(一)小說,(二)劇本,(三)小說研究,(四)批評,(五)雜感錄,(六)通訊」〔註9〕

該刊自第二卷起由王靖接編後,進行了一定革新,並且增加門類:

> 本志自出版後匆匆過了一年。這一年中,嚴格說起來,對於新文學並沒有多大的貢獻;因此本志同人很覺得慚愧不安。吾國自受西洋文學的思潮震盪後,思想界已有「日新月異」的趨勢,本志能力雖薄,也願逐步改革,應世界文學潮流以新國人耳目;或者於新文藝前途能夠盡些天職。擬自第2卷第1號起,內容從新更改,另訂門類如下:
>
> (一)文藝討論;(二)小說研究;(三)翻譯名著;(四)選刊創作;(五)小說家傳;(六)翻譯名詩;(七)世界名劇;(八)歐美小說史;(九)編輯餘談;(十)通訊;(十一)書報批評。〔註10〕

《新的小說》中的作品題材多爲新文學群體同樣關注的內容,如寫學徒之苦,大雪天早晨,嚴寒逼人,老闆、老闆娘照樣催他起床。〔註11〕其他諸如同情黃包車夫,〔註12〕揭露虐婢的慘狀。〔註13〕還有寫底層女子悲慘的一生,出生後家貧母病,靠鄰居和富家救濟,勉強活下來。六七歲起做童養媳,受盡打罵。成年後外出幫傭,主人主母十分嚴苛。〔註14〕與葉聖陶的《一生》頗有相似處。還有提出社會問題,引起關注,如曹靖華的《最後十分鐘》,敘有志求學的貧苦學生的艱難處境。篇末附記「望閱者不要把我這一篇小說當作一種消遣品來看。更望關心社會問題的人。對於現在這種經濟壓迫底下,有志求學而不能求學的青年,應當怎樣設法去救濟他?對於現在那種貴族式的教育,應該怎樣去破除

〔註7〕 《本社啓事》,載《新的小說》1920年第一卷第一期。

〔註8〕 《本志特別啓事(二)》,載《新的小說》1921年第二卷第五期。

〔註9〕 《新的小說》1920年第一卷第五期。

〔註10〕《新的小說》1921年第二卷第一期「新年號」。

〔註11〕張靜廬《學徒的早晨》,載《新的小說》1921年第二卷第三期。

〔註12〕一覺《一個黃包車夫》,載《新的小說》1921年第二卷第三期。

〔註13〕儲白萍《虐婢》,《新的小說》1921年第二卷第三期。

〔註14〕陳建雷《伊的一生》,載《新的小說》1921年第二卷第三期。

他,應該怎樣方可以做到人人都有受教育的機會?」〔註 15〕

應該說,這些小說總體藝術成就並不高,多停留在「記帳式」的描述,缺乏思想深度。比較典型的是儲白萍的作品,如他的《今與昔》,寫張少爺家資富厚,從小嬌慣壞,擁妓飛車,撞死一個小姑娘,也只當兒戲。幾年後,父母亡故,財產被揮霍一空。淪落為黃包車車夫,又被汽車撞傷。〔註 16〕像這樣平鋪直敘,刻意製造巧合的小說在《新的小說》中比比皆是。

《新的小說》出版之際,鴛鴦蝴蝶派的言情小說依然十分興盛。《新的小說》中言情小說也同樣占很大比例,這些小說一般較少才子佳人式的愛情,寫夫婦之間倒占了不少,多為呼籲建立在愛情基礎上的新式婚姻,如張靜廬的《我與她——夫妻》就寫無愛婚姻的苦楚。在《新的小說》出版的同時,泰東書局還出版了一部「言情小說的專集」《紅葉集》,宣稱「建設『愛』的倫理,創造『情』的世界,非言情最佳之作不入此集,非寫情最善之墨不汙此紙。撰述人之言曰:『言情須於無人處言之,須於愛神前言之。』其言情之高尚純潔,於此可見。」〔註 17〕《紅葉集》的作者就是《新的小說》的主撰張靜廬、王靖、王無為。《新的小說》中的言情小說其實與《紅葉集》多有類似,但對「情」的世界的創造實在有限,有些其實還無法突破民初言情小說的套路。〔註 18〕

除了小說,《新的小說》還刊載了不少詩歌,其中一些形式上半舊不新,屬於改良體的舊詩,如「碧綠堤前草,幾時成枯槁?往日何青青,今隨秋色老。撫此逝韶華,人生何足寶!」〔註 19〕還有一些新詩,以同年代的一般標準去衡量,可以說很夠水準,如:「我不知今日何日,/今年何年。/我不知我在什麼地方;/是立在山巔?/還是立在水邊?/只知道有萬重黑暗,在我面前。」〔註 20〕正如有學者指出,這些詩句儻若發表在合適的刊物上,若干年後很有可能被收入某些選本,從而走人文學史家的視野。〔註 21〕

《新的小說》中的作品都為白話,淺顯通俗,取材又基本上是新文學關

〔註 15〕曹靖華《最後十分鐘》,載《新的小說》1921 年第二卷第三期。
〔註 16〕儲白萍《今與昔》,載《新的小說》1921 年第二卷第三期。
〔註 17〕《新人》1920 年第一卷第五號。
〔註 18〕具體參見本文上編第三章。
〔註 19〕王無為《堤前草》,載《新的小說》1921 年第二卷第三期。
〔註 20〕王無為《一線微光》,載《新的小說》1921 年第二卷第四期「新年號」。
〔註 21〕劉納《創造社與泰東書局》,廣西教育出版社,1999 年,第 69 頁。

注的題材內容。因此頗能吸引一些讀者。「《新的小說》出版後，倒有四五千份的銷路。淺薄儘管淺薄，幼稚儘管幼稚，在當時，上海還正是『禮拜六派』小說盛行時代，一本不倫不類的上海人打話『半欄腳』式的新刊物，能有這樣的銷數，確實不能說它壞。」〔註22〕但對於這份雜誌，新文學界的評價並不高，郭沫若的意見可謂是代表：「白話文流行時一種應時的刊物。」〔註23〕在他們看來，《新的小說》依舊是一份鴛鴦蝴蝶派的雜誌，不過稍為改頭換面而已，與之類似的是《新人》雜誌。

三、《新人》：文化運動的機關刊物

《新人》創刊於 1920 年 4 月，主編王無為，署「新人社」編輯出版。隨著刊物的定期出版發行。「新人社社員錄」下的姓名已近 50 人，其中有王無為、張靜廬、吳芳吉，還有泰東書局經理趙南公。同時還由泰東書局出版新人叢書，有《生命的實現》、《迷途的鳥》、《托爾斯泰小說》第一、二集等。《新人》雜誌是以文化運動機關刊物而自我定位的，發表於創刊號的代發刊辭《新人約》這樣說明：「現在我們所要求還沒有實現的新社會，正在那裡募集新人；我們幾個同志，因為準備去應募，嫌人數太少，不夠組織新社會；所以發行這《新人》月刊做徵求同伴的機關。」〔註24〕因此，《新人》雜誌的內容與體例都緊跟同時期的新文化刊物：曾經宣傳「新村主義」，也曾出版過「上海淫業問題號」、「衣食住問題號」、「文化運動批評號」、「泰谷爾號」等；使用新式標點，自第一卷第八號起採用橫排版。

《新人》的特色內容是它的「文化運動批評號」（上、中、下），橫向上對各地的文化運動進行調查批評，如介紹浙江、福建、安徽等地的學生運動與新文化刊物出版、傳播情況。在縱向方面，對文化運動的過去、現狀皆做出批評與回顧，並展望未來，如孫錫麒的《文化運動的過去與未來》，認為文化運動的效果主要有：國民責任心的增強，國際地位的增進，聯合組織的發達，青年學生自治力的發達，青年學生服務社會觀念的提高，女子的自覺，勞工的自覺，軍人自覺的動機，出版品的發達。而缺點則有：非必要的一致趨同，不對症的藥物，沒有健全的書店，不能普遍到社會各方面去，蔑視群

〔註22〕張靜廬《在出版界二十年》，前引書，第 62 頁。
〔註23〕《郭沫若全集》文學編第十二卷，人民文學出版社 1992 年，第 96 頁。
〔註24〕同人《新人約》，載《新人》1920 年第一卷第一號。

眾。〔註 25〕

《新人》的「文化運動批評號」以罵倒一切的姿態橫掃幾乎所有的新文化雜誌與人物，言辭有些近於刻薄，如批判一些人扛著文化運動的招牌，而言行不合，是「春宮的文化運動」。〔註 26〕對於新文化代表雜誌報刊，基本一概否定，如說《新青年》「只一味的用攻擊的手段。他們不是用真理來壓倒人家，都是用手段壓到人家；」《新潮》「也同《新青年》一樣，作文章專門罵人。他們倒真正不愧『有其師必有其弟子』了！並且他們專門頌揚西洋的文學怎樣的好，西洋的科學，怎樣的好，說的活龍活現，恨不得叫人立刻變做外國人的樣子！把中國舊有的，一概說的一文不值。」〔註 27〕而上海的報界，雖然對文化運動多有宣傳，但「大半是為著爭政治上的勢力，謀報紙的銷路發展。」還點名批評了幾種代表性的報紙，《時事新報》是「流氓紳士的喉舌」；《民國日報》則「帶幾分為賣國賊辯護的色彩」。〔註 28〕還有對新文化人物的指責，《新人》一再攻擊陳獨秀與北京大學的師生。還常作驚人之語，如抨擊「北大的人走出一個，社會上就多一個龐然自大的怪物」，陳獨秀是「學閥」，不是人。這些新文化運動中人，被一律冠以「學閥」的惡名：「所謂學閥，以自命為最高學府的北京大學的教職員，和帶黨派色的有名記者為本位，其餘北京大學裏頭一小部分為學未成的學生，就做他們的羽翼。」認為他們提倡文化運動，「有的時候，完全沽名，有的時候，完全牟利。」而且，在王無為等人看來，這些「學閥」正是文化運動的障礙物，因為他們「壟斷學術，包辦文化運動」。〔註 29〕

《新人》雜誌之所以采取這樣橫掃一切的態度，實則是因為他們想獲得一個新文化運動人物的身份，所以他們一再強調「新文化運動，決不是幾個新文化先進者的專利品，」希望「人人都應該為運動中的一份子，不是少數人自私自利的東西。」〔註 30〕一群無名小卒，想在新文化運動中佔據一席之地，引起別人的關注，採取這樣一種罵倒一切的策略，無疑是不錯的選擇。而且以一種

〔註 25〕孫錫麒《文化運動的過去與未來》，載《新人》1920 年第一卷第四號。

〔註 26〕吳芳吉《再論『詩的自然文學』並解釋『春宮的文化運動』》，載《新人》1920 年第一卷第五號。

〔註 27〕朱樸《六種雜誌的批評》，載《新人》1920 年第一卷第五號。

〔註 28〕《各地文化運動調查——批評（中）》王無為《上海雜誌界的文化運動》，載《新人》1920 年第一卷第五號。

〔註 29〕王無為《文化運動之障礙物——學閥》，載《新人》1920 年第一卷第四號。

〔註 30〕成平《文化運動的意義與今後大規模的文化運動》，載《新人》1920 年第一卷第五號。

批判的姿態，可以表明自己站得更高。但是，他們對於新文化運動的目的與走向，實際上並沒有提出多少有價值的見解，多數不過是拾那些被他們罵作「學閥」的牙慧而已，如提出「我們的新文化運動，是認爲增進全世界文化的運動；就縱的方面說起來，是融合固有的文化和現在的文化；就橫的方面說起來，是融合東方的文化和西方的文化。我們不問新舊中外，只問能適合於現在的人類，和能增進現在人類的文化不能，是合古今中外而爲一的運動。」主張大規模的文化運動，而這大規模的組織主要有：報館、書局、大學校。〔註31〕這些建議與設想，在其他新文化雜誌中，其實已是老生常談。

《新人》的作者群體相當複雜，傾向各異，也不乏有眞正致力於建設新文化的人物。但只拿新文化當時髦，應該是《新人》群體中很大一部分人的做法。也正因爲如此，《新的小說》與《新人》這兩份雜誌，雖以新文學、新文化相標榜，但在一些讀者與論者眼中，它們衹是「僞」新雜誌。《時事新報·學燈》的「讀者論壇」欄目，曾登載一個讀者的來信，批評「冒充新思潮騙人」的出版物，指出其背景是五四運動以來，新名詞蓬勃興盛，「一般做『才子佳人』的小說家，一時站立不住，於是抱定一個『識時務者爲俊傑』的主義，一變從前的面目，也起來大談特談，其實他何曾有徹底的覺悟，不過藉此混飯吃罷了。」認爲談文化運動需「受過科學洗禮，有高深的學問，徹底的眼光」，而這些人皆不具備。〔註32〕《新的小說》與《新人》在一些讀者心目中，大抵屬於此類吧。

由此也可看出，「文化形式的意義和它在文化領域中的場所或位置並不是文化形式本身就含有的……文化符號的含義部分取決於其所屬的社會領域、它藉以表達自己和被用於回應的實踐。」〔註33〕《新的小說》與《新人》雖然大量使用新文學、新文化符號，形式上力求逐新。但是，以一家小書局，集合一群沒有多少文化資本的無名小卒，炮製出兩份質量並不高的產品，自然只能被視爲「僞新」與「非新」了。在後來的文學史敘述中，泰東書局對新文化的貢獻，只關注它與創造社的合作，而忽略了它在此前的一系列活動。《新的小說》與《新人》這樣比較幼稚的刊物，其實代表的正是他們趨新的

〔註31〕成平《文化運動的意義與今後大規模的文化運動》，載《新人》1920 年第一卷第五號。
〔註32〕瑤書《箴出版界》，載《時事新報·學燈》1920 年 4 月 4 日。
〔註33〕〔英〕斯圖亞特·霍爾《解構「大眾」筆記》，戴從容譯，陸揚、王毅選編《大眾文化研究》，上海三聯書店 2001 年。

一種努力，而且它們的創刊出版其實也為創造社雜誌的問世做了一定的鋪墊。

《新的小說》與《新人》以「趨新」而被認為是「非新」，與它們相類似的是商務印書館的《小說世界》，具有「冶新舊於一爐」的相容色彩，同樣被新文學群體抹去了其「新」的一面，而都被視為非新文學／新文化的雜誌。

第二節 「冶新舊於一爐」：《小說世界》的雜誌形態

創刊於新文學初期的《小說世界》，是商務印書館出版發行的一份重要的文學雜誌，然而長期以來，學術界對它的敘述和評價，基本上還是延續五四新文學界對它的批判與定位，僅僅將其視為革新後的《小說月報》的對立面。在《小說月報》與《小說世界》之間形成了一系列這樣的對比：《小說月報》的全面改革是新文學取得勝利的象徵，《小說世界》的創刊則為鴛鴦蝴蝶派捲土重來的標誌；《小說月報》創作群體是知識精英作家，面向的是知識份子階層讀者，《小說世界》則是鴛鴦蝴蝶派作家迎合小市民讀者的舞臺。它的問世是因為商務印書館在《小說月報》革新後，不願失去市民讀者群，還給鴛鴦蝴蝶派的一個陣地。〔註34〕因此，《小說世界》問世與《禮拜六》復刊，一同作為「中國現代小說系統分蘗為壁壘分明的兩個子系統」的標誌。〔註35〕雖然近年來《小說世界》的價值得到一定程度的肯定，如從接受的角度出發，讚賞它對讀者反應的尊重，「千方百計，想方設法地去迎合、切合讀者的各種需求。」面對眾多讀者的批評、建議及議論，總是虛懷若谷，誠懇熱情。〔註36〕或站在文學審美價值的立場上，認為其中的一些作品質量相當不錯，如何海鳴的《先烈祠前》堪稱通俗短篇第一流，是市民通俗作家於消遣中寓著「很好的意思」。〔註37〕但目前這些描述，總體還是立足於鴛鴦蝴蝶派與新文學的對立與區分，簡單地將《小說世界》歸入鴛鴦蝴蝶派旗下，從而將它本來斑駁而鮮活的面目弄得單一而僵硬。

事實上，《小說世界》這份雜誌既有對「先鋒」的新文學資源的借用與模倣，也有對舊文學與通俗小說的兼顧。在新文學與鴛鴦蝴蝶派之間，它是有意地採

〔註34〕 朱壽同《社團運作與中國新文學的文派制衡格局》，《中國現代社團文學史》，人民文學出版社 2004 年。

〔註35〕 徐德明《中國現代小說雅俗流變與整合》，社會科學文獻出版社，2000 年，第 157 頁。

〔註36〕 馬以鑫《中國現代文學接受史》，華東師範大學出版社，1998 年，第 70 頁。

〔註37〕 范伯群《中國現代通俗文學史（插圖本）》，北京大學出版社 2007 年，第 265～267 頁。

取一種亦新亦舊的「蝙蝠」策略，因而形成了它含混曖昧的獨特形態特徵。從
這份雜誌的讀者來看，其構成實際上也相當複雜，僅僅用「小市民」這一模糊
的範疇加以概括顯然不夠。讀者對這份雜誌的閱讀狀態與期許也同樣顯得多種
多樣，各有差別，並不僅僅停留於單純的「消遣」。因此，在讀者評價與新文
學界批判之間形成了一種耐人尋味的差異。新文學群體對《小說世界》的批判與
否定，緣於新文學群體對文學資源的爭奪和對自身邊界的維護，反映了新文學
界通過排斥「他者」來確立自身的複雜權力運作機制。後來的文學史敘述由於
未能釐清它們之間存在著互滲等複雜關聯而只矚目於二者之間的對立關係，造
成了對《小說世界》本來豐富性存在的湮沒與簡單化。本書在翻閱第一手原始
資料的基礎上，通過對《小說世界》的出版背景、編輯創作群體、文本樣態、
讀者構成與反應等進行考查與分析，重新呈現《小說世界》混雜而曖昧的面相，
從而反思新文學初期文壇複雜糾葛的鬥爭格局。那麼，首先讓我們走向它所創
刊的歷史深處，看看當初是怎樣的一番複雜情形。

一、創刊背景、編輯與創作群體

　　《小說世界》的創刊應該說是商務印書館醞釀已久的一項行動，據茅盾《我
走過的道路》回憶，1921 年，他改革《小說月報》時，商務印書館買下的林譯
小說與鴛鴦蝴蝶派小說已夠一年之用，但他一概棄之不用。《小說月報》改革後，
較之 1920 年半革新時，銷量上陞，往往也有七千至一萬的銷量，但較之鴛鴦蝴
蝶派雜誌動輒兩萬的印數則不免小巫見大巫。因為《小說月報》改組後，有不
少讀者抱怨看不懂，編輯部收到的批評信件也比較多。很顯然，商務印書館因
此失去了一大批讀者。而同時，世界書局靠出版鴛鴦蝴蝶派雜誌和小說，從小
書坊而一躍與商務印書館、中華書局成鼎足之勢。於是商務印書館決定出版《小
說世界》，奪取市民讀者市場份額，安撫那些鴛鴦蝴蝶派作家，並且還不會浪費
已購稿件。〔註38〕在茅盾的追述中，《小說世界》的出版是商務印書館保守派中
意的編譯所所長王雲五一手策劃的，其問世純粹是因利益驅動。

　　然而，《小說世界》果真一開始就定位為鴛鴦蝴蝶派的雜誌嗎？答案應該
是否定的。時隔半個多世紀以後，茅盾在回憶錄中對這份雜誌的創刊仍不免
心懷芥蒂，但他還是較為客觀地提到了《小說世界》出版前的兩件事：一是

〔註38〕茅盾《我走過的道路》，人民文學出版社，1981 年，第 185～193 頁。

王雲五向他索稿，說是辦個通俗性的小說雜誌，其目的是為了吸引《禮拜六》之類刊物的讀者，以便釜底抽薪掃除這類雜誌；另外也是給《小說月報》做「梯子」，使一般看不懂的讀者漸漸能看懂。茅盾對此也深表贊成，在王雲五的屢次催促下，給了一篇王統照的《夜談》和他自己的兩篇譯稿。二是鄭振鐸因外界傳言商務要出版一種性質類似《禮拜六》的雜誌，向王雲五質疑，王雲五卻矢口否認。茅盾在《小說世界》出版後，看到王統照和他自己的作品與李涵秋、林琴南、趙苕狂等人發表在一處，他十分憤怒，並據此認為王雲五卑劣無恥。〔註39〕

　　平心而論，如果王雲五真的是要辦一份如《禮拜六》、《紅雜誌》那樣的鴛鴦蝴蝶派刊物，又何必大費周折向茅盾約稿？而且作為編譯所所長，他也完全沒必要向鄭振鐸否認。應該說，王雲五的確想辦一份既能吸引鴛鴦蝴蝶派讀者又能融合新文學的刊物。他的「釜底抽薪」與「梯子」說，其實暗含著這樣的邏輯：如果將過去《禮拜六》等鴛蝴雜誌的讀者轉向《小說世界》，因讀《小說世界》而獲得提高，進而也就能成為《小說月報》的讀者。因此這份雜誌既要滿足《禮拜六》讀者的閱讀習慣，又要兼顧新文學。正是這樣的矛盾決定了《小說世界》在鴛鴦蝴蝶派與新文學之間採取兩面討好的「蝙蝠」策略，所謂「冶新舊於一爐」〔註40〕正是《小說世界》的賣點所在。

　　實際上，從編輯人選的考慮上更可看出王雲五的「蝙蝠」策略，憑商務印書館的招牌與實力，主編聘請當時已有影響的鴛鴦蝴蝶派作家應該不是難事，例如周瘦鵑、包天笑等。這份雜誌的廣告宣稱其內容讓讀者「望眼欲穿」，而主編卻是當時籍籍無名的葉勁風。〔註41〕主編葉勁風這樣的身份自然使得《小說世界》抹上了含混的色調。另外《小說世界》的靈魂人物胡寄塵（懷琛），更是一個在新文學與鴛鴦蝴蝶派之間身份曖昧的上海灘文人。胡寄塵在《小說世界》上發表作品二百餘篇，稿件類型極為豐富，有小說、詩歌、民間文學、學術論文等。後來葉勁風因故脫離，就由他擔任主編。胡寄塵本是南社成員，活躍於滬上文壇與講臺，《禮拜六》上常見他的作品，同時又積極參與新文學。在《小說世界》上還登載有他的新詩，還探討「散文詩」問題。

〔註39〕茅盾《我走過的道路》，前引書，第 192～193 頁。
〔註40〕鄭逸梅《民國舊派文藝期刊叢話》，魏紹昌《鴛鴦蝴蝶派研究資料》，前引書，第 346 頁。
〔註41〕葉勁風生平情況參見上編第三章。

胡寄塵的這種「新」「舊」兼具的身份特徵正與《小說世界》的定位相吻合。誠如范煙橋所評價的:「新文化潮流初起時,攻擊現時代之作品甚烈,惟寄塵持調和之論,其主編《小說世界》即本此旨。」〔註42〕

《小說世界》的創作群體也顯示出新舊、雅俗相容的特徵,既有當時已有文名的資深鴛鴦蝴蝶派與舊文學家,也有尚未成名的新體小說作者。除了葉勁風與胡寄塵兩位主編加主撰,《小說世界》重點推介的作者往往都強調新舊兼通,既有新式教育背景,精通外文,同時又不忘誇讚其舊學根底。在推介自己的創作群體時,《小說世界》可謂煞費苦心。在形式上,《小說世界》延續民初雜誌的做法,以插畫形式推介自己的創作群體,登載照片,並配以文字介紹。如介紹蔣用宏時,就提及「清文學家蔣心餘(士銓)太史,乃其高祖也。」當然也推重他的新式教育背景「今夏畢業於萍鄉中學,現在上海群治大學肄業」。〔註43〕而對於其重要的女作者之一的吳無我女士,則首先介紹她畢業於北京女子師範,盛讚她「於新舊文學均素嗜,且頗有心得,我國文藝界中之最有希望者也。」〔註44〕另外還有對楊小仲的介紹則突出他向一種新的藝術形式——影戲(即電影)界發展,「性喜文學,現兼任本館影戲部事,編有《好兄弟》劇本,現正從事攝演,先生親自導演一二至要之幕」。〔註45〕

《小說世界》其他主要撰稿人還有一批被公認為是鴛鴦蝴蝶派的作家:如徐卓呆,在《小說世界》上連載長篇《萬能術》,譯話劇《茶花女》,以及其他白話短篇小說。徐卓呆主要以滑稽幽默見長,東方卓別林的聲譽也由此奠定;程小青,主要在偵探小說的譯著方面,有《貓眼崇》、《酒後》等;范煙橋則以文史掌故著稱,有《評話家柳敬亭》、《女說書之源流》等;另外還有李涵秋、張碧梧、王西神、包天笑等都有作品刊載。此外,反對新文學的林紓也有與人合譯的《情天補恨錄》、《妖髡纓首記》連載。

可以說,編輯與創作群體決定了《小說世界》在新舊之間混雜曖昧的特色,並主要體現在雜誌的體例與作品上,所以,通對前後共二百餘期的《小說世界》進行整體細緻考查,我們可以更深入地瞭解其「亦新亦舊」的雜誌形態。

〔註42〕范煙橋《中國小說史》,前引書,第 298 頁。
〔註43〕插畫蔣用宏君,載《小說世界》1924 年第八卷第二期。
〔註44〕插畫吳無我女士,載《小說世界》1924 年第六卷第八期。
〔註45〕插畫楊小仲先生,載《小說世界》1924 年第六卷第二期。

二、混雜的雜誌面目

　　《小說世界》於 1923 年 1 月創刊，1～12 卷葉勁風主編，16 開本，後葉
勁風因故脫離。從 13 卷開始由胡寄塵主編，大 32 開本；1～16 卷爲周刊，每
季 1 卷，其中 17、18 兩卷爲季刊，至 1929 年 12 月出滿 18 卷後終刊，共出
264 期，隨刊附贈童話或民眾文學小冊子。封面多爲國外名畫，其中第六卷第
六期爲國恥特刊號，黑白封面爲一塊寫著「恥五月九日」的巨石壓在一個羸
弱者身上。插畫與民初雜誌一般採用名妓照片不同，以異域風光圖片與風景
畫爲主，印刷相當精美。自第三卷第四期起，還在卷首特闢「銀幕上的藝術」
一欄，登載關於電影的文字與插圖。廣告除了銀行、化妝品、各種秘製藥丸
之外，主要爲商務印書館的其他雜誌與出版物，如《小說月報》、《東方雜誌》、
《婦女雜誌》、新文化辭書、兒童文學叢書等。

　　與當時的多數期刊不同，它並沒有發刊詞。它的編輯方針直到第三卷第一
期才明確聲明：「我們對於國內藝術的前途，抱一個積極奮進的主義，我們所注
意的是精神，不管他是新體裁、舊體裁，新標點、舊標點。我們只要承認他們
有藝術的價值，至少有可研究的價值的作品，我們就刊登出來，我們以爲藝術
的新舊完全不在乎形式上。」〔註46〕似乎表明他們站在藝術價值至上的立場上，
擱置當時論爭熱鬧的新舊形式問題，同時他們還以一副與時俱進的姿態聲稱：
「總之，我們的希望，是巴不得這份出版物，能夠將我國文字的新精神，都吸
收了攏來。世界都新了，世界的文字都新了，我們也願意跟著進步啊，我們爲
什麼要做一個落伍者呢！」〔註47〕從這些聲明中可以感受編者的「趨新」心理。
同時，它也提倡舊文學的重要，認爲「今日做小說的人非多讀幾部中國舊小說
不行。」〔註48〕正是這樣趨新並重舊的編輯方針，使得整個雜誌的面目就顯得
不新不舊，但又是亦新亦舊，帶上了一種混雜的特徵。

　　《小說世界》雜誌面目的混雜性，首先表現在它折衷和兼容並包的思想
傾向上，甚至有些作品之間還相互矛盾。在內容上，既緊跟著新文化運動，
談勞工神聖、思考婦女解放問題、提倡戀愛婚姻自由，同時又大力提倡孝道，
要求婦女講究貞節，有時還視自由戀愛爲「淫奔」等等。這樣不新不舊的作
品比比皆是，例如蔣用宏的新體小說《清潔的靈魂》，主旨在於寫兵災給百姓

〔註46〕《編輯瑣話》，載《小說世界》1923 年第三卷第一期。
〔註47〕《編者與讀者》，載《小說世界》1924 年第五卷第一期。
〔註48〕胡寄塵《小說談話》，載《小說世界》1923 年第一卷第八期。

帶來的痛苦，本是一個嚴肅的社會問題。著筆卻在寫兵變後，一對受侮辱的母女自殺，並對這種行爲加以肯定，讓人感覺其仍不脫表彰三貞九烈那一套。〔註49〕沁蘭的《極端》寫新式女子與舊式皆有不足，因此釀成悲劇，篇末作者有云：「我是一個半新的女子，也曾受過舊道德的薰化，也是崇仰新道德的一個人，我以爲各有各的是處，矯枉過正，便非所宜。」〔註50〕這樣「半新」的改良立場也正是《小說世界》的總體思想傾向。

其次，在雜誌體例的安排上，《小說世界》也是新舊並存，既有新式標點也有舊式圈點，既有白話也有文言，甚至還有新詩；翻譯作品既有林譯《妖髡環首記》、《情天補恨錄》，也有莫泊桑、托爾斯泰的小說；學術論文既有憶秋生翻譯《歐洲最近文藝思潮》介紹如「特加坦」（頹廢）、象徵主義、唯美主義等西方文藝思潮，也有胡寄塵的《歸有光的小說文學》認爲歸有光文集中有很多作品都是短篇小說；創作既有李涵秋的筆記小說、徐卓呆的滑稽小品，也有新體小說，在第一期上還發表了王統照和沈雁冰的作品。其中最能反映雜誌特色的是葉勁風、楊小仲、慧心等人的新體小說，這些作品，涉及題材相當廣泛，很多也是新文學所關注的問題：婚姻戀愛、婦女解放、兵災匪禍、國家主權等等，語言風格、敘事技巧也都倣仿五四精英小說。在藝術方面，也不乏一些可以與當時《小說月報》上的創作相媲美的小說，並非都是些遊戲之作。例如楊小仲的《婚夕》以第一人稱，寫聽憑父母之命、媒妁之言的青年，在新婚之夜的心理活動，描寫相當細膩。〔註51〕尤其是葉勁風的幾篇小說《午夜角聲》、《北京的石頭》、《我們的國旗》、《懦人》，在思想內容與藝術技法上，都頗有可取之處。

但是，我們也必須承認，《小說世界》之「新」與五四新文學還是有著明顯不同。新文學批評鴛鴦蝴蝶派是「遊戲的消遣的金錢主義的文學觀念」，在《小說世界》中也有類似的反思性作品，苕狂的《同學少年》即是一例。小說敘述的是以作小說而出名的子文，只求多產不講藝術，他的理想祇是多寫小說多掙錢，可以娶得相好的妓女，然後終老溫柔鄉。不理會朋友要他「在藝術上面，用下一番工夫」的規勸。因此，在小說潮流澎湃的時代，收入頗豐。等小說潮流一變，則賣文無著，生活陷入了困頓。〔註52〕較之新文學提

〔註49〕蔣用宏《清潔的靈魂》，載《小說世界》1924年第八卷第二期。
〔註50〕沁蘭《極端》，載《小說世界》1924年第五卷第九期。
〔註51〕楊小仲《婚夕》，載《小說世界》1923年第一卷第九期。
〔註52〕苕狂《同學少年》，載《小說世界》1923年第一卷第六期。

倡啓蒙民眾、將文學當成一項事業的文學觀，這篇小說還是顯示出了與新文學的差別：它主要還是從賣文謀生的角度來強調藝術，實際還是將小說當商品，只不過要作家多講究質量。這樣的差異其實正是《小說世界》與其他五四新文學期刊的區別所在：它主要還是一份以商品化、市場化爲主要追求的刊物。因此，借鑒、學習新文學對於它祇是一種手段，這就導致了其中有許多對新文學作品的簡單生硬的模倣，甚至還有一些戲仿惡謔之作。例如松溪的《斜陽人語》，寫一個婦人的窮愁感慨，給人幫傭，工資不加，物價卻飛漲，日益感到生活的艱難。本是一名沒什麼知識的婦女，作者卻讓她發出這樣的感慨「資本家啊，你是窮人的魔鬼，貧人的仇敵！金錢啊，你是資本家的奴隸！劊子手中的刀啊！」〔註 53〕如此的安排顯得作者有脫離實際，盲目給人物貼上時髦的新思想標簽之嫌。因此可以說，在某種程度上，《小說世界》的所謂「新」祇是一種追逐時尙。之所以這樣做，是因爲此時新文學已形成一定勢力，發表這些所謂新體小說，可以成爲一種追逐潮流的文化時尙。

三、讀者的構成與反應

　　《小說世界》出版後銷量即十分可觀，連編者都驚呼：「本刊的銷數之多，出於意料之外……第一期到第八期，已經四版了，還是不夠分派。」〔註 54〕那麼這些讀者主要是哪些人呢？第二卷第十二期提及已接到五千餘封信件，來稿以各處師範學校爲最多。據胡寄塵調查，大概上海中學、師範的學生，差不多每人定有一份小說世界。〔註 55〕這樣的說法當然會有幾分誇張，但仍可以看出《小說世界》在當時中等程度的學生中確有些影響。《小說世界》的特色欄目是「編者與讀者」，其中有登載讀者來信的「交換」欄，來信雖然經編者挑選，但應該是可信的。因爲有些相當尖刻的意見也可見諸其中，如「沒有什麼精緻的作品，而且還脫不了小說界勢力的惡習……登他們少數人的作品。」〔註 56〕從這些來信中也大致可以看出讀者的構成。來信中有很多是對新體小說予以評價與建議，自 1920 年教育部頒令國民學校一律改用國語後，新式白話文教學逐漸推廣，那麼這批中學、師範學生讀者無疑更關注新體小

〔註 53〕松溪《斜陽人語》，載《小說世界》1923 年第三卷第九期。
〔註 54〕《編輯瑣話》，載《小說世界》1923 年第二卷第六期。
〔註 55〕《編輯瑣話》，載《小說世界》1923 年第二卷第十二期。
〔註 56〕揚州楊世海《交換》，載《小說世界》1923 年第四卷第八期。

說，由此也可以看出《小說世界》的讀者群體主要是接受新式教育的學生。另外也有讀者表達對王西神作品的喜愛：「本刊所登文言小說，以西神之作爲最精妙。蓋先生之文清麗綿芊，瀟灑絕俗，非尋常作家所可望其肩背者也。」〔註57〕王西神是清朝舉人，革新前的《小說月報》主編，作品以辭章取勝，屬於民初流行的辭藻華麗的那一類。還有讀者稱讚林紓的譯作《情天補恨錄》、《妖髡繯首記》是「暢達而又簡潔的文字。」並盼望「青年的讀者能夠平心靜氣地讀一遍！」〔註58〕從這些可以看出，《小說世界》還有一些晚清民初林譯小說、鴛鴦蝴蝶派的老讀者。因此，《小說世界》讀者群體的構成其實相當複雜，並不能簡單地以「小市民」來一總概括。

這些讀者閱讀《小說世界》的狀態與目的也顯得多種多樣。如有讀者這樣形象地描述自己如何閱讀《小說世界》：「我每天起來的時候，太陽還沒有上陞，我就帶著一本《小說世界》，去遊玩去，走到了河邊大樹底下，用手巾鋪在地上，我坐在那裡看小說。那野外的樹木，河中的船帆，正像這小說上所說的風景一般。不但吸些新鮮的空氣，有益於衛生，並且添智識，開眼界，得很多的學問咧。」〔註59〕像這樣「添智識，開眼界」的讀者反應在來信中比比皆是：如「每讀過一次，總使我得了無限的感觸，增了許多的見聞。像這樣的作品，才算有價值啊！」〔註60〕或就具體作品的意義發議論：「第九期中陸律西先生《自鳴鐘》一篇末了一段意思很好。……願我們少年諸君切不要把好光陰白拋棄了。」〔註61〕有讀者就明確表示，自從看《小說世界》後，「平白地增了許多見識，琳琅滿目美不勝收」。〔註62〕因此，《小說世界》「眞可算是我的『良師密友』」。〔註63〕從這些讀者來信中可以看出，他們閱讀《小說世界》並不是僅僅爲了消遣，也有獲取新知的因素。

與文言小說以及偵探、滑稽等通俗小說相比，讀者對《小說世界》中的新體小說評價似乎更多一些，對它們基本持肯定態度，如有讀者就提到讀新體小說還是從《小說世界》而開始的：「鄙人舊小說少有未入目者。惟素不愛

〔註57〕奉節王介泉《交換》，載《小說世界》1924年第五卷第四期。
〔註58〕悔初《交換》，載《小說世界》1923年第三卷第六期。
〔註59〕米斐然《交換》，載《小說世界》1923年第三卷第一期。
〔註60〕廣州梁肇幹《交換》，載《小說世界》1923年第三卷第三期。
〔註61〕泰縣蕭星五《交換》，載《小說世界》1923年第三卷第三期。
〔註62〕寄滬主人鮑《交換》，載《小說世界》1923年第三卷第七期。
〔註63〕贛鐃任維元《交換》，載《小說世界》1923年第四卷第一期。

讀新體小說。自小說世界出版後，則稍擇一二篇新小說讀之，初意則出於好新奇之心理，及將勁風、寄塵、海鳴、小仲、達觀等之作品，讀過後，則覺有一種深沉之印象，不可漠滅。甚矣新體小說感人之深也。」〔註 64〕還有讀者乾脆完全就將它當成新文學教科書：「我自從看《小說世界》以來，得了許多新知識，新文藝。所以我說他是一本頂好的參考書。」〔註 65〕可以說，在一些讀者眼裏，《小說世界》中新體小說與五四精英小說是完全可以相媲美的。由此可見，在新文學發生初期，對於什麼是新文學，在一些讀者心目中還是模糊的，並沒有那麼嚴格的「新」、「舊」意識。所謂「新」與「舊」、「雅」與「俗」的區分其實是逐漸建構起來的，而這種建構過程主要是由新文學群體來完成，對《小說世界》的批判與否定，正是進行區分的重要手段。

四、新文學界的否定與批判

　　《小說世界》出版後，引起了新文學群體一次火力相當集中的批判，他們著重於新文學與鴛鴦蝴蝶派的對立，將《小說世界》當作一份鴛鴦蝴蝶派雜誌，從各個角度對其進行了徹底的否定。

　　首先，新文學界站在文學啟蒙立場，認為《小說世界》的創刊純粹是一種志在牟利的行為，而並非將文學當作一項「為人生」的嚴肅事業。就像錢玄同所言：「商務印書館近數年來很能夠出幾部講人話的書報；前年（1921）《小說月報》改組，好些人曾經大大的恭維過它。……不料它是受不住恭維的：一個《小說月報》改得像樣了，它就不舒服了，非另找此輩來辦一個《小說世界》不可！嗚呼！天下竟有不敢一心向善，非同時兼做一些惡事不可的人們！我們對於他們，除了憐憫以外，尚有何話可說！」〔註 66〕與改組《小說月報》的「向善」形成對比，《小說世界》問世之所以為「惡事」，是因為商人與「文氓」為了賺錢，「製造販賣『排泄物』給人吃」。〔註 67〕

　　其次，新文學界從國民性批判的立場，對《小說世界》創作群體與讀者加以批判。因「《小說世界》作稿的，如天笑、涵秋、求幸福齋主、胡寄塵，就是在《快活》、《星期》、《半月》、《禮拜六》等鴛鴦蝴蝶派雜誌上作稿的。」

〔註 64〕何學初《交換》，載《小說世界》1923 年第二卷第十二期。
〔註 65〕馬學楸《交換》，載《小說世界》1923 年第三卷第一期。
〔註 66〕疑古《「出人意表之外」的事》，載《晨報副刊》1923 年 1 月 10 日。
〔註 67〕荊生《意表之中的事》，載《晨報副刊》1923 年 1 月 23 日。

〔註68〕這些人就是趣味惡劣的「斯文流氓」。〔註69〕因此，王統照與沈雁冰的作品與他們發在一處自然就是「出人意表之外」的事。〔註70〕作爲當事人的王統照還特意撰文，說明稿件的來龍去脈，表明自己並不知情，還爲自己的作品與李涵秋等發表在同一處而倍感憤怒。〔註71〕這些都顯示了新文學家一定要與鴛鴦蝴蝶派劃清界線的努力。《小說世界》的讀者也被新文學界認爲都是些「昏亂的看官」，愛拿《小說世界》這類東西消遣。〔註72〕正因爲那些「不幸的人們」偏喜歡「吃這種要不得的東西」。〔註73〕因此，新文學界鄭重提醒：「新的青年的文學家的第一件事是創作或介紹」。〔註74〕以此來改造這些讀者，從而讓《小說世界》這類雜誌失去市場。

而且，儘管《小說世界》頗費心機地在新體小說上做了安排，但當時新文學群體並不認爲它有「新」的因素，同樣是舊派的掙扎：「凡當中國自身爛著的時候，儻有什麼新的進來，舊的便照例有一種異樣的掙扎。」儘管這掙扎以中國慣有的「中庸」面目出現，但其性質「委實已由他自身來證明」。〔註75〕對於其中葉勁風等人的新體小說，新文學群體也認爲其態度不嚴肅，也祇是「遊戲的」罷了，根本不是眞正的新文學。〔註76〕所以，《小說世界》這份雜誌就與當時上海的戲劇一樣，祇是打著與新文化運動相同的「爲民眾」的旗號，其實祇是爲了經濟利益而迎合社會心理，是「狸貓換太子」的正宗。〔註77〕在他們看來，《小說世界》即使有著與五四新文學類似的「新」，也是皮相之新，無法掩蓋它思想的陳腐與藝術的低劣。因此，對於《小說世界》的「趨新」、「半新」，新文學界給出了十分一致的「非新」即仍是「舊文學」的定性。從這些批判可以看出，對於《小說世界》這樣新舊混雜的「蝙蝠派」雜誌，新文學群體之所以相當關注，在於他們一定要在新文學與鴛鴦蝴蝶派之間做一個嚴格的區分，

〔註68〕華秉丞《關於〈小說世界〉的話》，載《文學旬刊》第 62 號，1923 年 1 月 21 日。

〔註69〕東枝《小說世界》，載《晨報副刊》1923 年 1 月 11 日。

〔註70〕疑古《「出人意表之外」的事》，載《晨報副刊》1923 年 1 月 10 日。

〔註71〕王統照《答疑古君》，載《晨報副刊》1923 年 1 月 13 日。

〔註72〕疑古《「出人意表之外」的事》，載《晨報副刊》1923 年 1 月 10 日。

〔註73〕荊生《意表之中的事》，載《晨報副刊》1923 年 1 月 23 日。

〔註74〕唐俟《關於〈小說世界〉》，載《晨報副刊》1923 年 1 月 15 日。

〔註75〕唐俟《關於〈小說世界〉》，載《晨報副刊》1923 年 1 月 15 日。

〔註76〕華秉丞《關於〈小說世界〉的話》，載《文學旬刊》第 62 號，1923 年 1 月 21 日。

〔註77〕荊生《上海的戲劇》，載《晨報副刊》1923 年 3 月 15 日。

正如他們所強調的「新文藝與舊文藝的特性幾乎完全不同」。〔註78〕

　　為什麼新文學界要以這樣近乎獨斷的否定態度看待《小說世界》呢？這其實關乎文學資源的爭奪與它們之間複雜的權力角逐。在新文化運動初期，處於弱勢的新文學即通過一系列對鴛鴦蝴蝶派的指認與批判來確立自身在文化場中的地位。在他們所擬定的標準裏，凡是新、為人生、為大眾的文藝就是高雅的、正確的「新文學」，而不符合這些標準的文藝即為低俗的「舊文學」。這種價值評判背後實際上已隱含一種權力等級關係，文學秩序中的等級結構由此而確立。而《小說世界》採取新舊雜糅的「蝙蝠」策略，其實就是試圖通過模糊新、舊文學的界線從而打破這種等級結構，進而試圖質疑、乃至顛覆新文學所確立的文藝標準。在二十年代，這種行為對於影響還相對有限的新文學極有可能造成致命性打擊，所以新文學界自然對這種傾向極盡討伐之能事，近乎出離憤怒了。同樣，在新文學地位已確立穩固後，對於鴛鴦蝴蝶派的態度自然就會出現一定程度的寬容，所以，三十年代的《良友》和抗戰時期的《萬象》能以雅俗相容而著稱，不僅僅是因為雅俗走向融合，更多在於它們之間的權力結構已經發生了根本性變化。《小說世界》曖昧混雜的形態顯示了新文學發生初期文壇錯綜複雜的鬥爭格局，其本身「冶新舊於一爐」的「蝙蝠」策略，與新文學群體對其激烈的批判形成了一種耐人尋味的反差。

　　總之，正是通過對《新的小說》、《新人》《小說世界》「非新」性質的確認，新文學群體事實上對他們心目中理想的新文學樣態進行了一次更為具體的闡發。由此也反映出當時文學場中一種排斥機制的生成，當新文學界已然成了一個不斷擴大的空間，吸納著越來越多的讀者、作家與出版商參與其中，為了爭奪資源與確立自身的「合法性」，一個排斥性的、不斷產生區分的機制就顯得尤為必要，對種種以「趨新」或「半新」面孔出現的「非新」文學加以否定與拒絕，以維護新文學自身的邊界與權威。但是，隨著新文學主流話語敘述的建立，這種排斥機制逐漸被自然化，最後甚至成了一種無需審視的常識。這不僅遮蔽了這類「蝙蝠派」雜誌原本豐富的細節與事實，而且還將排斥機制所建構出的新文學與鴛蝴之間的界線也固定化與本質化了。

　　傳播空間的區分與爭鬥，對於鴛鴦蝴蝶派群體聚合、形象建構顯然有著重要貢獻。但作為一個複雜變動的範疇，鴛鴦蝴蝶派的群體想像與自我認同還離不開它的自我建構與確認。

〔註78〕東枝《小說世界》，載《晨報副刊》1923 年 1 月 11 日。

下　編

鴛鴦蝴蝶派的自我確認

　　鴛鴦蝴蝶派群體的劃分與傳播空間的變遷,顯然是其派別形成、形象建構的基礎。但是,如此龐雜參差的群體為何能以一個「派」命名?作為這個「派」中千差萬別的作家,又是如何進行自己的身份追尋與設置的?面對新文學這個強大的「他者」,他們是如何應對與周旋的?這些其實關涉鴛鴦蝴蝶派的群體建構與自我確認。因此,本編主要考查鴛鴦蝴蝶派的群體意識的形成,身份認同的進行,以及與新文學的複雜糾葛等方面,來回答以上問題。大體上,鴛鴦蝴蝶派之能成「派」,形成其群體意識,皆因私誼、會社與傳播這三個彼此重疊的網絡在其間發揮著舉足輕重的作用,;而其中人生形態各異的作家以舊派才子自我定位,顯然又與生存方式轉變、文化裂變中的精神取向,以及面對新文學界的策略性定位有關;同時,鴛鴦蝴蝶派無論是群體意識的形成,還是身份認同的過程,其實都離不開新文學這個「他者」。鴛鴦蝴蝶派與新文學的糾葛與周旋中,既有接受區分的自我調整,也有對等級制與權威性顛覆的戲仿,還有高呼新舊原本一家的同一性策略,由此在二者之間形成了複雜的對立、互動、交叉的關係。

第一章　如何成「派」：鴛鴦蝴蝶派群體意識的形成

　　鴛鴦蝴蝶派無疑是中國近現代文學史是最龐雜的一個群體，如此參差的群體為什麼能以一個「派」而命名？人生形態各異的他們是如何接受了一個共同的身份指認呢？又是如何形成了他們的群體意識呢？有論者認為清末身處上海的知識份子至少存在以下四種交往網絡：即私誼網絡、會社網絡、集會網絡和傳播網絡，這四種網絡為各個層次的知識份子留居上海、展開日常生活、尋求身份認同、應對政治變遷、傳播自我形象等都具有舉足輕重的作用。〔註1〕對於鴛鴦蝴蝶派而言，集會網絡發揮的作用相對有限，而私誼網絡、會社網絡和傳播網絡顯然在他們的群體意識形成中起著相當重要的作用，而這三個人際網絡又有彼此重疊之處，如會社網絡往往以地緣、學緣的私誼網絡為基礎，傳播網絡與會社網絡、私誼網絡也多有關聯。正是這三種網絡，不僅決定了那些鴛蝴文人在都市中的生存與發展，影響了他們生活形態的過渡和轉型，而且使得他們以一個群體的形象而展示於世人。如果說，鴛鴦蝴蝶派概括的是「非新文學」又頗具傳統才子情趣的一個文人群體，那麼，在這個群體之中，又包含有諸多小的群落，晚清民初的一些上海文人即是其中的代表群落，因此本文主要選取上海，旁及蘇州等地的文人群體作為論述對象，試圖以一斑而窺全豹。

〔註1〕 許紀霖等著《近代中國知識份子的公共交往（1895～1949）》，上海人民出版社，2008 年，第 31～32 頁。

第一節　進入一個「圈子」：鴛鴦蝴蝶派與私誼網絡

　　1912 年，江陰人劉半農與弟劉天華來到上海，在李君磐的開明劇社擔任編劇。李君磐和徐半梅（卓呆）是老朋友。在李君磐的介紹下，劉半農得以認識徐半梅。劉半農在演戲之餘，還翻譯創作一些小說。為了給自己的文字找到發表的地方，他想到了徐半梅。當時，徐半梅除了在戲劇界享有盛名外，還在小說界頗有地位，《小說月報》等雜誌上常見他的作品，還擔任《時事新報》主筆。據徐半梅回憶：「劉半農寄了兩篇譯的小說稿給我，託我在什麼地方發表。我把一篇登在《時事新報》，一篇給他介紹到中華書局的《小說界》雜誌去。」〔註2〕由此開始了劉半農在上海的賣文生涯。在 1913 年至 1917 年期間，劉半農以「半儂」的署名在《中華小說界》、《時事新報》、《小說月報》等雜誌報刊上發表了大量小說，有哀情、滑稽、社會、偵探、警世、醒世、實業、言情、實事、宮廷、國事、歷史、哲理、政治、刺世等類別。並且又經人引介進入中華書局擔任編輯，將家眷也帶到上海。

一、私誼網絡的形成與拓展

　　在晚清民初，像劉半農這樣初到上海的文人，想依靠賣文來賺取生活費用，由報界文壇前輩推薦介紹自己文字的不為少數。而推介與被推介往往依託的是一個私誼網絡，在晚清民初的上海，這個私誼網絡的形成還有著諸多傳統因素，常常以地緣、血緣、學緣為基礎，有研究者注意到，活躍於上海的鴛鴦蝴蝶派作家，多為江浙文人，尤以兩州（蘇州、揚州）兩常（常熟、常州）為多。除了陰柔的江南地域文化因素，更多還是因為地緣、學緣、血緣而形成的私誼網絡的緣故。在那些知名的鴛鴦蝴蝶派作家中，有同鄉之誼的可謂不勝枚舉，如蘇州的就有包天笑、周瘦鵑、范煙橋、趙眠雲等。常熟的徐枕亞與徐天嘯為同胞弟兄，徐枕亞與吳雙熱又為虞南師範的同學。同樣，劉半農之所以能加入劇團，得到徐半梅的推薦發表小說，恐怕與地緣因素也有一定關係，劉半農和李君磐、徐半梅都為江蘇人。這些初來上海的文人，圍繞著地緣、學緣形成一個「圈子」，但這個圈子並不僅僅是對地緣、學緣關係的複製與固守，它會隨著他們居住上海的工作與日常活動而不斷擴大，如

〔註2〕 徐半梅《頑童劉半農》，鮑晶編《劉半農研究資料》，天津人民出版社，1985
　　　年，第55頁。

進入報館、書局擔任編輯，又可以結識一些同事、朋友、文字知己，圍繞《民權報》的徐枕亞、李定夷、劉鐵冷等人即為一例。另外，在日常生活中參加各種宴席、聚會，經由朋友的引介也同樣可以拓展這個私誼網絡，同樣從劉半農的身上可以看到這個網絡是如何拓展與變遷的，據平襟亞回憶：

> 記得在 1920 年（五四運動後一年）某日，松江楊了公作東，請友好在上海漢口路小有天酒店敘餐。座中有姚鵷雛、朱鴛雛、成舍我、吳虞公、許瘦蝶、聞野鶴及筆者等，而以南湖居士廉泉為特客。因為有人叫局，徵及北里名妓當時號稱四大金剛之一的林黛玉，她愛吃洋麵粉製的花卷，故楊了公發興，以「洋麵粉」、「林黛玉」為題（分詠格）作詩鐘。當場朱鴛雛才思最捷，出口成句云「蝴蝶粉香來海國，鴛鴦夢冷怨瀟湘。」合座稱賞。正歡笑間，忽來一少年闖席，即劉半農也。

> 劉半農原任中華書局編譯。筆者於 1916 年在上海定居後，先識姚鵷雛、朱鴛雛諸人，由姚、朱之介紹，乃識劉半農。1917 年，劉辭中華書局職務去北京大學任教。1920 年，教育部派他去歐洲留學，首赴英倫，來滬候輪，海上友人紛紛為他餞行。包天笑曾宴他於聚豐園，有筆者參加。這一天我們聚飲於小有天，大概中華書局同人亦餞劉半農於此，而且房間就在隔壁，故劉得以聞聲而至。

> 劉入席後，朱鴛雛道：「他們如今『的、了、嗎、呢』，改行了，與我們道不同不相為謀了。我們還是鴛鴦蝴蝶下去吧。」楊了公因此提議飛觴行令，各人背誦舊詩一句，要含有鴛鴦蝴蝶等字。逢此四字，滿飲一杯。於是什麼「願作鴛鴦不羨仙」、「中庭一蝶一詩人」等等都搬了出來，合席皆醉。

> ……

> ……劉半農認為駢文小說《玉梨魂》就犯了空泛、肉麻、無病呻吟的毛病，該列入「鴛鴦蝴蝶小說」。朱鴛雛反對道：「『鴛鴦蝴蝶』本身是美麗的，不該辱沒它。《玉梨魂》使人看了哭哭啼啼，我們應當叫它『眼淚鼻涕小說』。」一座又笑。劉半農又說：「我不懂何以民初以來，小說家愛以鴛蝶等字作筆名？自陳蝶仙開了頭，有許瘦蝶、姚鵷雛、朱鴛雛、聞野鶴、周瘦鵑等繼之，總在禽鳥昆蟲中打滾，也是一時風尚所趨吧。」……

> 這一席話隔牆有耳，隨後傳開，便稱徐枕亞爲「鴛鴦蝴蝶派」，從而波及他人。眞如俗語所云：孔雀被人打了一棒，幾乎所有長尾巴的鳥都含冤莫白了。
>
> 後來有一次，姚鵷雛再遇劉半儂時説：「都是小有天一席酒引起來的，你是始作俑者啊！」劉頓足道：「眞冤枉呢，我只提出了徐枕亞，如今把我也編派在裏面了。」……〔註3〕

鴛鴦蝴蝶派是否由此得名姑且不論，但這段故事所透露的關於私誼網絡的資訊十分有意思。首先是關於私誼網絡的形成與拓展，平襟亞與劉半農之所以得以相識，是在劉半農任職中華書局期間，由姚鵷雛、朱鴛雛介紹而訂交。無疑，劉半農在工作中對自己人際網絡有所拓展。至於在何種場合得識，平襟亞並未言明，但可以想像，類似「小有天」的聚會應該不在少數，他們極有可能在這樣的宴會中相見而有所交往，這種宴飲聚會對交際圈的擴大同樣有一定貢獻。從劉半農的這段經歷大致可以看出一個初到上海的文人，如何利用各種機會結成自己的交際網絡，由地緣、學緣、同事等關係，最終交錯而形成一個私誼之網。當然，這個私誼網絡也會有所變化，劉半農與這些海上友人由早期聚合到最終的分道揚鑣即是如此。劉半農在上海期間，與包天笑、姚鵷雛、朱鴛雛諸人都有交情，應該說是這個鴛蝴圈子中的一員。而隨著他加入《新青年》陣營，北上任教，在這批老朋友眼中就是「道不同不相爲謀了」。因此可以看出，這個「圈子」並不是固定不變的，它也會隨著成員的人生選擇的調整而有所變化。

其次可以看出這個上海鴛鴦蝴蝶派「圈子」的特徵，這群文人在生活情調上深具傳統才子氣，如宴席中召名妓林黛玉侑酒，分格題詠，所詠詩句「蝴蝶粉香來海國，鴛鴦夢冷怨瀟湘」濃豔輕靡，正是後人所謂的「鴛蝴氣」。正如包天笑回憶，像這樣託身報館，吃吃花酒，是晚清民初上海文人的一種典型生活方式。這種「十年一覺揚州夢，贏得青樓薄幸名」的才子韻事也往往爲他們所津津樂道，這背後其實是他們對傳統文人趣味的堅持，正如研究者所指出的，鴛鴦蝴蝶派是「一群較爲堅持傳統書寫形式與古代才子生命形態的龐大知識群體」。〔註4〕這份對傳統才情的推崇與相似的生活情調，使

〔註3〕 平襟亞《「鴛鴦蝴蝶派」命名的故事》，魏紹昌編《鴛鴦蝴蝶派研究資料》，前引書，第127～129頁。
〔註4〕 趙孝萱《「鴛鴦蝴蝶派」新論》，前引書，第11頁。

得他們彼此惺惺相惜，互相引爲知己，就如到了二三十年代，張恨水與周瘦鵑能一見如故，相談甚歡，結下深厚的友誼。而這種文人趣味也正是他們與新文學群體區分的一個重要標誌，魯迅曾談及劉半農：「幾乎有一年多，他沒有消失掉從上海帶來的才子必有『紅袖添香夜讀書』的豔福的思想，好容易才給我們罵掉了。」〔註5〕由此可以看出，劉半農與上海的這個「圈子」分道揚鑣，加入新文化陣營，要擺脫的不僅是他的那套小說敘述方式，還有這種傳統的才子趣味。

二、私誼網絡與生存發展

　　這個基於地緣、學緣的私誼網絡，不僅給這些文人提供了一個趣味相投的人際交往空間，而且對他們的生存與發展也起著重要作用。一個文人想在上海這樣的都市以一枝禿筆謀生，不和這個「圈子」搭上關係，恐怕會艱難很多。即如劉半農，如果不是徐半梅的推薦，他能否創作發表那些小說和進入中華書局就很難料定了。這些同籍或同學的作家彼此提攜，提供或推薦文字發表陣地。如蘇州人包天笑、周瘦鵑主編的雜誌上，常常可見蘇州作家如趙眠雲、范煙橋、鄭逸梅等人的作品；徐枕亞自創清華書局，主編《小說季報》，他的同學兼同鄉吳雙熱就是其中重要的撰稿人。時至晚清民初，雖然各雜誌都有徵稿的措施，個人可以通過投稿渠道獲得發表機會，如周瘦鵑將翻譯的《愛之花》投給《小說月報》，主編即予發表並付稿酬十六元。但隨著傳媒的興盛，稿酬制度的建立，讀書人科舉仕進之途斷絕，譯著小說的人也越來越多。包天笑回憶他在上海編輯《小說時報》期間：

　　……那時譯寫小說的人，已經很多了。有的本有固定的職業，性之所好，以此作爲文人的副業。有的竟是生計艱難，賣文爲活的。一時投稿者實在不少。

　　這些小說稿，都要選擇過，檢定過的，倒也很費工夫。冷血不耐看那些徵求來的小說，那麼閱讀小說便是我的工作了。本來看小說是有興味的事，有了名小說，我們還要急急去購求，但是強迫著每日要看若干萬字的平庸小說，便覺興味索然了。好的小說，固然越看越有勁，壞的小說，卻是如吃苦果了。不過也有文詞生硬而意思還好；也有沒

〔註5〕魯迅《憶劉半農君》，《魯迅全集》第六卷，人民文學出版社，2005年，第74頁。

> 什麼旨趣，而用筆也很技巧，便不能不看下去。我常是為投稿人設身
> 處地想想，投稿而不用退還，是多麼使人難堪呀！〔註6〕

像包天笑這樣能為投稿人設身處地著想，認真對待每一份稿件的編輯雖然還
是有不少。但在小說雜誌風起雲湧之際，這些編輯往往集編、譯、寫於一身，
工作十分繁重，從浩如煙海的來稿中沙裏淘金，實在有些困難。因此，通過
熟人朋友推薦還是很為常見的發表途徑。一個初出茅廬的文人想立足文壇，
除了自己的才華以外，擁有一個掌握傳媒資源的私誼網絡也同樣重要。李涵
秋的早期遭遇就可作為例證，李涵秋開始寫小說是 1906 年，他的第一部小說
《雙花記》，投寄給《公論新報》，後來又給上海的《小說林》出版社。以後，
他又寫了一部小說《雌蝶影》，他的結拜兄弟包柚斧自稱在上海報界有熟人，
可以幫他發表。李涵秋便將稿子交給他，沒想到在上海《時報》發表時，署
名卻是包柚斧。《廣陵潮》是李涵秋創作時間最長、用力最勤的作品，原名《過
渡鏡》。1909 年到 1911 年在漢口的《公論新報》上連載，載至 52 回，因為辛
亥革命而停刊。李涵秋由武漢回到揚州，曾經將《過渡鏡》寄給《小說月報》，
編輯王蘊章喜歡詞章，覺得這部稿子只值千字五角，李涵秋同意以千字五角
的價格賣給《小說月報》，然而王蘊章終究覺得它是白話小說，而當時小說界
盛行文言小說，作了退稿處理。李涵秋碰了這個釘子，一度停止創作小說。
直到 1914 年，因得到錢芥塵的賞識，《過渡鏡》連載於上海的報紙，後來又
出版單行本。〔註7〕從此，李涵秋才在上海聲名鵲起，出版社與雜誌報刊紛紛
向他約稿，其後被視為鴛鴦蝴蝶派代表人物之一。

三、私誼網絡與身份標誌

應該說，能夠進入這個私誼網絡，從而在報刊發表自己的文字作品，是
這些民初文人的幸運，然而，也是他們的不幸。因為在新文學登場後，屬於
這個「圈子」也成了他們的一個身份標誌。在新文學界的指認下，這些有著
相似傳統情調的民初文人大都被冠以「鴛鴦蝴蝶派」的稱謂。顯然，私誼網
絡也是一種區分標誌，除了個人的知識結構，進入或屬於哪個「圈子」在這
過程當中起著相當重要的作用。這一點從葉楚傖（小鳳）之被視為鴛鴦蝴蝶
派作家即可看出。葉楚傖是蘇州人，為南社成員，曾與南社諸子詩詞酬唱，

〔註6〕 包天笑《釧影樓回憶錄》，前引書，第 358 頁。
〔註7〕 袁進《鴛鴦蝴蝶派》，前引書，第 72～73 頁。

交往密切，身上頗多名士風流的餘韻，據鄭逸梅說，他有酒癖，興之所至，連浮大白。葉楚傖狀貌魁梧，而爲文卻很秀麗，被戲之爲「以貌求之，不愧楚傖；以文求之，不愧小鳳。」〔註8〕葉楚傖與被視爲鴛鴦蝴蝶派代表人物的包天笑、鄭逸梅等人有著相當不錯的交情。包天笑在民初主編《小說大觀》時，葉楚傖即是他的部下大將，他的《如此京華》發表於《小說大觀》。《如此京華》以北京官場和風月場爲背景，對北洋軍閥時代的政府作了鞭闢入裏的描繪。《如此京華》可算得上是民初「社會小說」的代表之作。但葉楚傖的文學活動並不僅限於此。《民國日報》於 1919 年開闢《覺悟》副刊，葉楚傖又是《覺悟》的重要撰稿人。他曾在《覺悟》上發表《非新舊文體說》，對反對新文學的人加以反駁。〔註9〕葉楚傖還是《覺悟》上時評的主要寫手之一，觀念相當進步，如提倡女子剪髮。同時，他還在《覺悟》上發表不少小說與劇本，1920 年上半年就有《懺悔》《誤盡蒼生傳》《畢竟賣了誰》《田主的狼狽》《一封家信》《知底的女子》《知底的男子》《女兒》《賢母女與眞自由》《女工淚》等，劇本《無名英雄之碑》《家族主義》《天快亮了》等。二十年代以後，葉楚傖逐漸忙於黨務政務，已經很少進行文學創作了。長期以來，《覺悟》被視爲宣傳新文化運動的重要陣地，被稱爲新文學四大副刊之一。但葉楚傖之於新文學、新文化的貢獻卻少有提及。關於葉楚傖的文學活動評價更多見於他南社諸友的回憶，包天笑、鄭逸梅、范煙橋都引之爲同調，盛讚他爲人的風流跌宕和流露出「劍膽簫心」、「詩酒風流」的文學情調。因此，在對葉楚傖文學成就的回顧中，他主要是被當作鴛鴦蝴蝶派的代表作家。

　　但是，我們必須看到，私誼網絡之於鴛鴦蝴蝶派群體形成、聚合的作用，是與會社網絡、傳播網絡密不可分的。會社網絡最初是基於對私誼的認同，與鴛鴦蝴蝶派有關的三個社團：南社、青社、星社，最初的聯結都是建立在私誼的基礎上的。而這些社團的成立又反過來促進彼此的交誼，達成文學主張上的一致，並通過社團出版物，經營擴展他們的傳播網絡。因此，要考察鴛鴦蝴蝶派群體意識與身份認同的形成，顯然無法忽視以南社、星社、青社爲代表的社團。

〔註8〕　鄭逸梅《南社叢談：歷史與人物》，前引書，第 127 頁。
〔註9〕　楚傖《非新舊文體說》，載《民國日報・覺悟》1919 年 11 月 7 日。

第二節　杯酒聯歡，切磋文藝：從南社到星社、青社

對於龐雜的鴛鴦蝴蝶派而言，南社、星社和青社這三個社團的涵蓋面實在不夠，不僅其範圍主要集中在江浙，北方的那些作家基本上未見身影，而且即使是被視為鴛蝴代表人物的南方作家也有很多並未列名。但這三個社團的成立與活動均與鴛鴦蝴蝶派的形成與定位多有關聯，南社可視為鴛鴦蝴蝶派的發源地，它承襲的傳統才子情趣，與鴛鴦蝴蝶派有著血脈上的聯繫；青社與星社成立於新文學社團風起雲湧之際，它們的活動都有直接或間接回應新文學批判與指認的意圖。因此，要考察鴛鴦蝴蝶派如何能以「派」而名，這三個社團無疑一個不錯的切入點。

陳思和談及中國近現代文學社團時曾指出，這些社團的模式主要有四種：第一種是傳統文人社團的模式，以詩會雅集的形式來抒發情懷、交流心聲，詩文創作似乎是他們從事社會活動之餘的一種高雅消遣。第二種是依託現代知識份子的公共活動空間，利用結社活動來聚集力量，向社會發出改革的聲音，在他們看來，文學創作與社會活動是渾然一體的，文學如同生活。第三種模式是以同人刊物為核心聚集起來的一個作者陣營，因為是「同人」，作者隊伍也就是另一種形式的文學社團。它的標誌是刊物，刊物在社團在，刊物停辦，社團也就不存在了。第四種模式是文人的小團體，雖無明確的結社意識，但因為經常聚集在一起而含有了社團意義。〔註 10〕對於這三個社團而言，南社無疑是屬於第一種，青社與星社則介於第一第二種之間，這其間的變化，其實正可看出鴛鴦蝴蝶派面向五四新文學所作的調整。

一、南社與鴛鴦蝴蝶派的關係

南社歷來被認為鴛鴦蝴蝶派的起源地，諸多社友被指認為鴛鴦蝴蝶派的中堅人物。南社始創於 1909 年，是由柳亞子、陳去病、高旭等同盟會員兼才人文士發起。「南社」的命名，就是要「操南音不忘本」。用柳亞子的話說，就是「反對北庭」。南社創辦的目的就是應和反清民族革命，「想和同盟會做犄角的」。〔註 11〕南社成員龐雜，曾發展至一千多社友，他們的志趣與政治傾向也並不一樣。南社並不同於純粹的政治團體如同盟會，它主要還是作為一

〔註 10〕陳思和《總序》，《中國現代文學社團史》研究書系，中國出版集團東方出版中心 2006 年。

〔註 11〕柳亞子《南社記略》，上海人民出版社，1983 年，第 100 頁。

個文社而存在。它對旨趣各異的成員的吸引力首先來自它作為舊式文社所具
有的特點：注重詩詞酬唱，在相當程度上保留了傳統士大夫的風雅之氣；同
時，它又不像一幫方巾氣十足的遺老遺少組成的文社那樣封建陳腐。〔註 12〕
南社中有不少社友活躍於民初上海的報界、文壇。正因為其眾多成員深具傳
統文人情趣，並縱橫於民初文壇，創作了大量小說，南社歷來被視為是鴛鴦
蝴蝶派的重要發源地。南社成員中一般被指認為鴛鴦蝴蝶派的就有：蘇曼殊、
徐枕亞、陳蝶仙、包天笑、周瘦鵑、葉楚傖（小鳳）、姚民哀、姚鵷雛、朱鴛
雛、王鈍根、王西神、許指嚴、范煙橋、趙苕狂、貢少芹、胡寄塵、戚飯牛、
周桂笙、陸澹安等。但南社的聚合雖以文人雅集的形式，其追求卻並不僅限
於文學方面。而鴛鴦蝴蝶派更多是對一種文學趣味與情調的概括。而且南社
在二十年代以後就少有活動，而鴛鴦蝴蝶派則作為新文學的對立物，直至三
十年代還在不斷區分中被累加。因此，如果在南社與鴛鴦蝴蝶派之間劃上等
號，恐怕也非所宜。應該說，南社與鴛鴦蝴蝶派有著血脈上的聯繫，二者存
在著交集。

二、星社、青社的活動與影響

　　相比之下，成立於二十年代的青社與星社就明顯不同。星社成立於 1922
年，其時，上海的出版界呈蓬勃的氣象，小說定期刊物多至十數種，寫作者
有許多是蘇州的文人，由於文字的應求，就常有琴樽的雅集。星社起初只有
范君博、范煙橋、顧明道、趙眠雲、鄭逸梅、姚蘇鳳、屠守拙八人，都是蘇
州人。隨後有所擴展，但圈子大多是上海和蘇州人，也有江浙其他地方如常
熟、桐鄉等地的人。起初以小說作者為多，後來書畫金石電影戲劇一切從事
於文藝工作的，都有參加。星社於 1922 年七夕在蘇州留園首次雅集。攝影留
念後由范煙橋題「星社雅集」；他的取義是這天正是雙星渡河之夕。並且星的
象徵，是微小而發著燦爛的光芒，正和他們「不賢識小」的襟懷相和。〔註 13〕
星社的活動主要是文酒之會的雅集，其中還有有重陽執螫會、趣味展覽會等
活動，前期雅集主要在蘇州，借蘇州的園林如獅子林、拙政園舉行茶會酒集，
一些上海的文友也來參與。自從范煙橋到上海就事明星公司，星社在蘇州的
雅集，就停頓了。但在上海卻有所發展，在半淞園、豫園都有雅集。1932 年，

〔註12〕梅雯《破碎的影像與失憶的歷史》，中國電影出版社，2007 年，第 29 頁。
〔註13〕天命《星社溯往》，載《萬象》1943 年第三年第二期。

國難當頭，在星社成立十年之際，於 9 月 18 日舉行紀念會，范煙橋作《星社十年》：「我們的星社自始至終能精神團結，比旁的文藝團體悠久而健全，社友們這幾年來在文藝工作上都能相當的努力」並且，在這一天，孫東吳和周瘦鵑也應邀加入星社，新舊社友正好湊成天罡之數──三十六。〔註 14〕

　　星社並沒有成文的章則，這些文人聚集在一起，所談的無非是文藝，因「同聲相應，同氣相求」而結社。〔註 15〕這些情調相似的文人聚集一起，杯酒聯歡，正如社中人所記敘的：「吾蘇星社諸友，都二十一人，文酒歡會，久而彌樂。朋儕多喜諧謔，且亦互有擬象，爰作題名錄。聊博閱者一粲。」他們互相擬名，如瞻師、宇將、青俠、紅客等。〔註 16〕這樣一個鬆散的社團，他們自己的定位是：「星斗滿天，蔚成東南一個文藝的集團」。〔註 17〕到了三十年代，新文學與鴛鴦蝴蝶派的區分已然形成，這些被視為鴛蝴中人的星社成員自比梁山好漢：「我們是不是文壇的魔君？我們倒不敢斷定呢。……我們應當自勵，雖不能像梁山上朋友橫行諸郡，也得分文壇一席地來掉臂遊行。」〔註 18〕

　　星社在當時頗有影響，不僅是它活動的時間長達十幾年。而且，其社友十分懂得利用大眾傳播媒介來擴大自己的聲勢。每一次雅集，總有社友記錄下來，在報紙上發表，因此知道這個團體的很多。而主編上海報紙副刊、雜誌、小型報的，有不少是星社社友，在聲應氣求的原則上，星社社友的作品自然占著文藝界相當的地位。〔註 19〕另外，星社還有不少專門的出版物，如《星報》，創刊於 1926 年五月初六，至 1926 年十二月十九日停刊，為文藝三日刊，范煙橋主編。主要作者有程小青、姚蘇鳳、蔣吟秋、尤半狂等。《星光》，出版於 1923 年夏，分上下集，由范煙橋、趙眠雲合輯。刊載短篇小說二十四篇，每篇都有作者的小傳和照片，有周瘦鵑的《我想蘇州》，江紅蕉的《懦人》，徐枕亞的《鑽石情》，畢倚虹的《離婚後的兒女》等。《星宿海》出版於 1925 年九月，全一冊，鄭逸梅、趙眠雲合輯，作者有江紅蕉、范煙橋、蔣吟秋、顧明道、鄭逸梅等。另外還有顧明道和鄭逸梅合輯的袖珍本《羅星集》，出版

〔註 14〕煙橋《星社十年》，載《珊瑚》1932 年第一卷第八號。
〔註 15〕范煙橋《星社感舊錄》，芮和師、范伯群《鴛鴦蝴蝶派文學資料》，前引書，第 198 頁。
〔註 16〕蔣吟秋《星友題名錄》，載《紫羅蘭》1925 年第一卷第一期。
〔註 17〕天命《星社溯往》，載《萬象》1943 年第三年第二期。
〔註 18〕煙橋《星社十年》，載《珊瑚》1932 年第一第八號。
〔註 19〕天命《星社溯往》，載《萬象》1943 年第三年第二期。

於 1926 年四月。星社的這些出版物，其中收錄的文章並不僅限於星社社友之作，如徐枕亞、吳雙熱都有小說見於《星光》。

　　與星社相類似，在上海則有青社，兩社成員有部分交叉，性質也類似，都是「杯酒聯歡，切磋文藝」。〔註 20〕關於青社的回憶，范煙橋與鄭逸梅的敘述稍有差異，鄭逸梅提及青社有一定的組織章程：「推天笑寄塵起草社章。枕綠爲义牘幹事。芙孫爲會計幹事。舍我爲庶務幹事。」〔註 21〕而范煙橋的回憶則是，1922 年 7 月，嚴芙孫、張枕綠等在上海發起組織「青社」，但它沒有章則，也沒有活動的分工，祇是用聚餐的方式，彼此聯絡感情罷了。〔註 22〕青社社友有二十人：包天笑、周瘦鵑、何海鳴、許廑父、胡寄塵、江紅蕉、程小青、徐卓呆、張舍我、張枕綠、范煙橋、王西神、嚴獨鶴、王鈍根、李涵秋、畢倚虹、程瞻廬、沈禹鍾、朱瘦菊。從地域分佈看，皆爲江浙文人；從職業看，都是小說作者，而且都是當時比較著名的鴛鴦蝴蝶派作家，不少人被新文學界指名道姓批判諷刺過。

　　青社的出版物有周刊《長青》，共出五期。在其創刊號上有《本刊的緣起》：「我們集合了幾個小說界的同志，創立了一個青社，規定每月開聚餐會一次。第一次的聚餐，就有人在座上提議，說我們青社同人，不就是這樣每月吃一頓，說說笑笑就完事的，我們好像還要辦一件事，大家想來想去，也沒有什麼事可辦，要辦什麼事，第一要有錢，可憐我們這幾個社員，都是窮漢，那能辦什麼事呢？當時倚紅提議，我們何妨出一張周刊，也不必長篇大論，發表文學上的空議論，我們不過爲幾個社員具備一個隨時發表意見的園地。每一星期中，大家不過抽一二點鐘的功夫，做一些兒小文字，這周刊上已經載不勝載了。倚紅髮表了這個意見，大家很贊成，好在每星期出一小張，印刷費也沒有多少，社員們還擔承得起。至於裏面的文字呢，各社員都是能動筆的，隨便寫寫，也就湊成了一張周刊咧！」〔註 23〕該刊文字，是清一色的青社社員所作，沒有外稿。有不少是針對當時上海小說雜誌、小說創作而發表意見，如張碧梧的《評海上

〔註 20〕鄭逸梅《記過去之青社》，芮和師、范伯群《鴛鴦蝴蝶派文學資料》，前引書，
　　　　第 227 頁。
〔註 21〕鄭逸梅《記過去之青社》，芮和師、范伯群《鴛鴦蝴蝶派文學資料》，前引書，
　　　　第 227 頁。
〔註 22〕范煙橋《民國舊派小說史略》，魏紹昌《鴛鴦蝴蝶派研究資料》，前引書，第
　　　　265 頁。
〔註 23〕鄭逸梅《民國舊派文藝期刊叢話》，魏紹昌《鴛鴦蝴蝶派研究資料》，前引書，
　　　　第 424 頁。

現在之小說雜誌》、張枕綠的《小說雜誌的廣告》、江紅蕉的《小小說與問題小說》等。相比星社而言，青社的活動時間較短，據范煙橋之說，青社解散是由於《快活》雜誌致送稿費，有了厚薄，大家沒有「平等待遇」的要求，就認為這個團體不支持共同利益，「貌合神離」，不能起什麼作用。因此，隨著《長青》周刊的停刊，這個團體也就無形解散。〔註24〕

應該說，星社與青社的成立都是出於廣集同志，聯絡情誼的目的。其形成的基礎是私誼網絡，並經由結社，進一步展開社交，誠如社中人所言，「今天來了一位上海某報的主筆，明天來了一位某雜誌的編輯。神交已久，相見恨晚。由於甲的介紹，認識了常寫小說的乙。由於丙的說起，約了擅長小品文的丁，如此攀引，一見如故，這集團就逐漸增大。」〔註25〕同時，星社與青社還有對「界」的認同，帶有聚集同行的意圖，例如，星社對「文藝界」、青社對「小說界」的強調，都在一定程度上有些類似舊式的「行會」。因此，他們的活動還承襲著傳統文人結社的餘韻，例如杯酒聯歡的雅集形式，頗具才子情趣的歡笑謔浪等。

除了凝聚成員，星社、青社都比較注重擴大他們對外的影響，而擴大對外影響主要是通過大眾傳媒。因此，這兩個社團的活動除了文酒歡會的雅集，就是利用傳媒平臺宣傳自己的社團活動，在二十年代的鴛蝴刊物與大小報紙上，時常可見星社成員對自己團體活動的介紹。另外，他們還積極創辦報刊雜誌、編選文集。星社的出版物尤其繁多，其中大多銷量不錯，《星報》因外埠銷數較多，還專門向郵政部門申請「立券」。〔註26〕青社的主要活動也就是集資辦《長青》，發表社中人的文字。經由大眾傳媒網絡，星社與青社都擴大了自己的影響，從而建構起自身的獨特形象。在這些方面，星社、青社與南社其實頗多相似之處，南社最初也是建立在私誼基礎之上，以傳統文人雅集的形式開展活動，其社友執掌報刊傳媒的為數甚眾，因此，南社也著力通過報刊傳媒、出版南社各類文集詩集來造就自己的聲勢。

但星社、青社畢竟成立於二十年代，其時新文學的影響已逐漸擴大，新文學家們以一種全新的姿態登上文壇。新文學界明確自身的文學主張、造就自己在文壇上的聲勢，一個重要的手段就是成立社團，時至1922年，新文學

〔註24〕范煙橋《民國舊派小說史略》，魏紹昌《鴛鴦蝴蝶派研究資料》，第265頁。
〔註25〕天命《星社溯往》，載《萬象》1943年第三年第二期。
〔註26〕天命《星社溯往》，載《萬象》1943年第三年第二期。

社團已成蔚然之勢。可以說，星社與青社的成立顯然有受新文學社團影響的因素。作爲兩社中堅人物的范煙橋，在其 1927 年所著的《中國小說史》中，就將星社、青社與文學研究會相提並論，祇是遺憾星社與青社無多少文藝上的建樹「民十一，蘇州有『星社』。民十二，海上有『青社』。認爲它們「皆爲小說作者團體，惜未有具體之建樹。然在民九以後，國內有新文化運動，對於中國小說界，起重大之波浪，有『文學研究會』之組織，其意旨以介紹域外作風與整理中國小說，主張『語體文歐化』」。〔註 27〕新文化運動所起的「重大之波浪」顯然是星社、青社成立的一個重要背景。

　　一個社團之所以能聚集同志並開展活動，僅僅依靠情誼肯定是不夠的，它還需要有一個共同的價值標準與追求。星社、青社的活動處於新舊文學區分之際，這些文人所引以爲傲的才子情趣，正被新文學界冠以「舊派」、「鴛鴦蝴蝶派」的名稱。在唯新是從的近現代中國，新與舊天然地意味著高與低、合法與非法。可以說，除了情誼，更多是新文學界的批判讓他們走到了一起。他們成立星社、青社，舉行各種形式的雅集，共同的趣味讓他們彼此惺惺相惜，充滿知己之感。他們在一起談論文藝，而他們的文藝觀顯然與新文學家不同。因此，通過辦雜誌出集子，實際上他們不乏有發出自己聲音的目的，也由此明晰他們的群體意識。誠如卡爾‧曼海姆所言，群體意識一般源於群體試圖認清自身在新環境中的位置的願望。每一個群體在試圖重新界定其在社會中的地位，在這種努力中，群體不僅必須認清自身，而且必須批判地對待一系列可資利用的解釋。〔註 28〕因此，星社、青社的很多活動與言論都是關涉新文學界，如《長青》中所說的「發表文學上的空議論」顯然意在指新文學界。所謂「分文壇一席地」，其實正有爭奪生存、發展空間的目的。同時，通過結社、辦雜誌，他們除了區別於新文學，還區別於其他一些庸俗文人，正如社中人所言，蘇州當時的那些報紙副刊，充滿著低級趣味。〔註 29〕他們社友有感於此，創辦自己的報刊雜誌。顯然，在這些社友看來，他們代表著一種純正的舊派才子趣味，既不同於新文學家挾歐風美雨的洋派，也不屑與那些庸俗文人爲伍。

〔註 27〕范煙橋《中國小說史》，前引書，第 285 頁。
〔註 28〕〔德〕卡爾‧曼海姆《卡爾‧曼海姆精粹》，徐彬譯，南京大學出版社，2002年，第 167 頁。
〔註 29〕天命《星社溯往》，載《萬象》1943 年第三年第二期。

　　星社、青社以種種活動來聚集同志，擴大自身影響，顯示了區別於新文學界的自身存在。這些自然引起了一些新文學作者的關注，毫無疑問，又招來這些新文學家們的諷刺。在新文學家看來，這些社友在幾年前，都是「紅樓一角」「某翁」「某生」的小說健將，實乃「一班冒牌的舊文學家，他們對於舊文學並沒有深造。他們的本領，是堆砌浮詞，他們的事業，是幾篇胡說亂道的小說。」〔註30〕他們挖空心思創作這些小說，就是給人家做消閒品，自己可以名利雙收。這樣的評價與新文學界對民初文學、鴛鴦蝴蝶派的批判其實是一致的，但此時針對的是具體社團。因此，這一概括又成了星社、青社的一個重要定性了——即與民初文學一脈相承，爲鴛鴦蝴蝶派的團體。

　　從以上勾勒中，我們也可以看到，無論是圍繞地緣、學緣的私誼網絡中，還是文酒歡會的社團活動中，傳播媒介都起著十分重要的作用。這些文人之所以形成他們的群體意識，離不開由書局報館所營構、雜誌報刊所承載的傳播網絡。

第三節　書局與報刊雜誌：傳播網絡的聚合

　　鴛鴦蝴蝶派作家與傳播網絡無疑有著十分密切的關係，他們在都市中的生存、發展都離不開晚清以來發達的現代傳媒。鴛鴦蝴蝶派之所以能給人留下「派」的印象，傳播網絡的作用不可忽視，這些書局、報館構成的傳播網絡不僅影響了他們的人生形態，還對他們的形象建構起著相當重要的作用；受雇於哪家書局、報館，在哪份報刊雜誌上發表文字，已然是這些文人的一個相當重要的身份標誌；而且，借助印刷媒體的文字交往，與現實中面對面的交往相輔相成，共同構成鴛鴦蝴蝶派文人的交際網絡，從而對他們的群體聚合產生重要影響。

一、出版商的「牲口棚」

　　要對鴛鴦蝴蝶派的傳播網絡做一個勾勒，我們必須看到書局、報館老闆這些出版商的經營運作在其間所起的作用。他們以精明的「生意眼」，執行著出版傳播中挑選、生產和發行的職能，對鴛鴦蝴蝶派的人員聚合、創作風格等都起著一定引導作用。羅貝爾‧埃斯卡皮在談到出版機構的職能時指出，

〔註30〕何慧心《評第三期〈長青〉》，載《時事新報‧學燈》1922 年 9 月 23 日。

在挑選時，出版商一方面包括對可能存在的讀者大眾想看的書和將要購買的書做出事實性判斷，另一方面也包括對可能成為讀者大眾欣賞趣味的東西作出價值判斷。〔註31〕因此，一位出版家的理想在於找一個「俯首帖耳」的作者。……被一份長期合同拴住了手腳的作者便進入了出版商的「牲口棚」。……依仗著他擁有的那一批來稿審讀者（他們通常是出版社雇傭的作家），牲口棚就能確定選稿內容，甚至逼迫那些想加入進來的新作家改變創作方向。另一方面，出版商以引導養成新習慣來左右讀者大眾。這些習慣能以許多形式出現：風尚、時髦，甚至一窩風地迷戀某個作家的個性；或者，這些習慣有很深的淵源，表現為忠實於某種思維形式、某種風格、某類作品。〔註32〕中國的出版商也相類似。當時上海雖然書局林立，但幾乎每一家書局有自己的定位，與鴛鴦蝴蝶派有著密切關係的兩家較大書局是世界書局和大東書局。這兩家書局，按他們對讀者市場的定位，將一群鴛蝴作家聚攏在自己麾下，出版發行了一批獨具特色的雜誌書刊，從而在出版市場上佔據了一席之地。

在民國上海報界、文壇有「一鵑一鶴」的說法，「一鵑」指的是周瘦鵑，「一鶴」是嚴獨鶴，這兩人分別受聘於大東書局和世界書局。世界書局可以說是民國出版界的一個奇迹，在短短幾年的時間內，它就靠著出版那些鴛蝴雜誌書籍，一躍而與商務、中華成鼎足之勢。1921 年 7 月，世界書局成立於上海福州路的中心，它的完全紅漆門面被叫做「紅屋」。世界書局的老闆沈知方在用人方面確實十分精明，將嚴獨鶴延請至書局即是如此。嚴獨鶴可謂是世界書局的一塊招牌與靈魂人物，嚴獨鶴是位資深報人，在報刊出版界頗有影響力和權威性，交遊廣闊，與上海的鴛鴦蝴蝶派圈子過從甚密。嚴獨鶴為《紅雜誌》、《紅玫瑰》、《偵探世界》的名譽主編，雖然嚴獨鶴並不擔任這些刊物的具體編輯工作，但他德隆望重，這些雜誌皆以他來增強號召力。並且，約請一些鴛蝴名家的稿件也是由於嚴獨鶴的關係，世界書局能聚集這些知名鴛蝴作家，嚴獨鶴功不可沒。除了聘請嚴獨鶴這樣的具有號召力的人物，沈知方還盡力將那些深受讀者喜愛的鴛鴦蝴蝶派作家都招致自己麾下，他經常採取的是將作家「包下來」的做法。例如他就將平江不肖生向愷然「包」下

〔註31〕〔法〕羅貝爾·埃斯卡皮《文學社會學——羅·埃斯卡皮文論選》，於沛選編，
　　　　浙江人民出版社，1987 年，第 43 頁。
〔註32〕〔法〕羅貝爾·埃斯卡皮《文學社會學——羅·埃斯卡皮文論選》，於沛選編，
　　　　前引書，第 44 頁。

來創作武俠小說。向愷然曾以《留東外史》而著名，沈知方知道向愷然會武術，曾於民初在長沙創辦「國技會」，提倡中華武術，於是便約請他撰寫武俠小說。向愷然寫了一部《江湖奇俠傳》，連載於《紅玫瑰》，結果轟動一時，掀起了一股武俠小說熱潮。後來，沈知方又將張恨水「包」下來，將張恨水的小說「買斷」，由世界書局獨家出版。這樣出色的編輯與創作人員，自然給世界書局帶來豐厚的收益與極大的名氣。世界書局的成功無疑給大東書局重要啟發，於是他們請周瘦鵑主編《半月》、《紫羅蘭》，又請被稱為鴛鴦蝴蝶派「壓陣老將」的包天笑主編《星期》週刊。世界書局和大東書局通過聘請這些鴛蝴名家進入書局辦刊、寫作，甚至把作家「包」下來，這些作家進入了他們所營構的傳播網絡，也就是進入了他們的「牲口棚」。

　　毋庸置疑，書局的目的在於獲取利益。因此，這些作家的風格與創作方向必須受到他們的限制。所以，不能理解，鴛鴦蝴蝶派的小說會形成一個又一個五光十色的「潮」：哀情潮、黑幕潮、武俠潮、社會加言情潮……而在潮起雲湧之時，一些作家必須趕在潮流之中。例如在武俠成潮之際，寫作哀情小說聞名的顧明道也創作武俠小說。這樣追逐潮流容易導致創作的類型化，歷來對鴛鴦蝴蝶派的一個重要指責就是他們創作的類型化，而這種類型化的背後其實與這個傳播網絡有著一定關係。但我們也必須承認，儘管這些書局的利益追逐對作家的寫作有一定的限制與傷害，它們還是為一批鴛鴦蝴蝶派作家提供了一個展示才華、聯絡同志的舞臺。這些鴛蝴編輯與作家，彼此趣味相投，利用書局提供的傳播空間，發表一些敘述風格相似的作品，形成他們特定的文學追求。並經由這樣的途徑，一些才華出眾的作家雖為新文學界所批判，卻仍然能在這一傳播網絡中獲得肯定與讚許，甚至被奉為「名家」，1930 年大東書局為作家個人結集出版一套《名家說集》，包括：包天笑、江紅蕉、沈禹鍾、周瘦鵑、何海鳴、范煙橋、胡寄塵、袁寒雲、許指嚴、徐卓呆、畢倚虹、張舍我、趙苕狂、嚴芙孫、張枕綠、張碧梧。而早在 1924 年，世界書局也出版了類似的小說集，名單大致相同。這樣的自詡「名家」的結集形式，一方面是書局推出與打造自己創作團隊的做法；另一方面也是這些作家團體亮相的一種方式，而這樣整體團隊的推出容易給人留下了群體的印象，所謂「派」的形象，也常常由此而形成。

二、雜誌報刊與作者群落

　　世界書局與大東書局之所以能成為鴛鴦蝴蝶派作家的集中地，它們所發

行的雜誌在其中發揮著重要的作用。與「紅屋」相呼應，世界書局出版的雜誌就叫《紅雜誌》，出版了一百期後，改名為《紅玫瑰》。世界書局出版的其他雜誌還有《快活》旬刊、《家庭雜誌》月刊、《良晨》周刊等。圍繞這些雜誌，世界書局集中了一批當時頗為知名的鴛鴦蝴蝶派作家：如偵探小說家程小青，其新作《霍桑探案》就出現在《紅雜誌》上，並為世界書局主編《偵探世界》；寫作武俠會黨小說的姚民哀，其《四海群龍記》就載於《紅玫瑰》；還有程瞻廬在《紅雜誌》與《紅玫瑰》上發表了六部長篇：《新廣陵潮》、《快活神仙傳》、《葫蘆》、《滑稽新史》、《情繭》和《童樹的年輪》，以及 200 多個短篇，500 多篇隨筆小品。被譽為「紅玫瑰巨子」、「幽默笑匠」。〔註 33〕大東書局的《半月》、《紫羅蘭》、《星期》同樣聚集了一批作家：周瘦鵑、江紅蕉、張碧梧、徐卓呆等。對於鴛鴦蝴蝶派群體而言，雜誌報刊也是他們集中同志的重要陣地。一份雜誌往往形成一個相對固定的撰稿群體，於是，圍繞一份份刊物，形成了一個個作者群落。

　　自民初以來，各雜誌都熱衷於以醒目的方式推介自己的主撰人員，《小說叢報》、《禮拜六》等雜誌就經常登載主撰者的照片，如《小說叢報》以銅版照相登出「本報編輯者枕亞、鐵冷、定夷、雙熱、儀鄹、東納小影」，〔註 34〕以及「本報主撰者醒獨、灝森、天嘯、慕韓、南邨」〔註 35〕成都的《娛閒錄》也以類似做法推介自己的主編與主撰群體，如覺奴、曾蘭等人的照片就刊載於插畫欄，並有簡單介紹。二十年代，那些鴛蝴雜誌除了延續民初的刊登作者照片的做法，更有種種別出心裁的方式推出自己的創作群體，《半月》雜誌將自己比作一座花園，作者是園中的鳥：周瘦鵑、嚴獨鶴，花：江紅蕉、嚴芙孫，木：徐半梅、張碧梧等等。〔註 36〕《紅玫瑰》除了《紅玫瑰點將錄》，〔註 37〕還以「群芳譜」的形式對鴛蝴主要作家進行介紹，將每位作家比作一種花，如包天笑是蓮花，向愷然是罌粟花。〔註 38〕像這樣整體推介主撰主編的做法，不僅使得這些作家成為雜誌的靈魂，而且給人留下創作人員的群體形象，為一份雜誌寫稿的幾位作家往往被視為是「物以類聚，人以群分」的

〔註 33〕范伯群《中國現代通俗文學史（插圖本）》，前引書，第 250 頁。
〔註 34〕《小說叢報》1914 年第二期。
〔註 35〕《小說叢報》1914 年第三期。
〔註 36〕《半月園志》，載《半月》1922 年第二卷第一號。
〔註 37〕鄭逸梅《紅玫瑰點將錄》，載《紅玫瑰》1925 年第一卷第三十一號。
〔註 38〕慕芳《文苑群芳譜》，載《紅玫瑰》1925 年第一卷第三十二期「百花生日號」。

一個群體。同時，鴛鴦蝴蝶派的傳播網絡不是一個固定的圈子，它也在不斷變遷之中，不斷有新作者進入這個網絡，也有作者逐漸從這個圈子中銷聲匿迹，或改變敘事風格進入其他圈子。在吸納新作者進入的過程中，雜誌編輯無疑發揮著十分重要的作用。例如被譽爲鴛鴦蝴蝶派老字輩的包天笑在《小說時報》期間，認識了許多人，如周瘦鵑、范煙橋等。〔註39〕一直到二十年代，包天笑都致力於獎掖後進、提拔新人，在他所主編的雜誌周圍，聚集有一大批作家如畢倚虹、葉小鳳、施青萍等等。正因爲進入這樣的傳播網絡，這些作家也因此與鴛鴦蝴蝶派有著千絲萬縷的關係，成爲他們屬於或者曾經屬於鴛鴦蝴蝶派的一個身份標誌。

三、文字神交與現實人際網絡

在鴛鴦蝴蝶派的傳播網絡中，因閱讀而產生現實的人際交往網絡的現象也十分普遍。正如研究者所指出：「大量的報紙副刊、文學雜誌的出現形成了一個「閱讀共同體」，因爲共同的閱讀對象、閱讀習慣和閱讀趣味而使得本來生活無交集的『陌生人』對印刷物上的『作者』及其『讀者』產生了認同與想像，逐漸地，『虛擬的印刷符號』借由有心者的種種努力和主動轉變成現實中的具體的交往對象。」〔註40〕在鴛鴦蝴蝶派的傳播網絡中，一些讀者由閱讀而進行模倣創作，並向雜誌投稿，與編輯展開交往，從而與這個人際網絡有了一定關聯。例如張恨水之於《小說月報》，張恨水在民初就讀於蘇州墾殖學校時，是《小說月報》的忠實讀者，並進而模倣其中小說的筆法，創作了兩篇作品，投向該刊：

> 在三日的工夫裏，我寫起了兩個短篇，一篇是《舊新娘》，是文言的，約莫有三千字，一篇是的《桃花劫》，是白話的，約四千字。前者說一對青年男女的婚姻笑史，是喜劇。後者寫了一個孀婦自殺，是悲劇。稿子寫好了，我又悄悄地付郵，寄去商務印書館《小說月報》編輯部。稿子寄出去了，我也就是寄出去了而已，並沒有任何被選的幻想。因爲我對《小說月報》的作者，一律認爲是大文豪，我太渺小了，我怎能作擠進文豪隊裏的夢呢？

〔註39〕 包天笑《釧影樓回憶錄》，前引書，第359頁。
〔註40〕 許紀霖等《近代中國知識份子的公共交往（1895～1949）》，前引書，第325頁。

> 事有出於意外，四五天後，一個商務印書館的信封，放在我寢室的
> 桌上。我想著是退稿，悄消的將它拆開。奇怪，裏面沒有稿子，是
> 編者惲鐵樵先生的回信。信上說，稿子很好，意思尤可欽佩，容緩
> 選載。我這一喜，幾乎發了狂了。我居然可以在大雜誌上寫稿，我
> 的學問一定很不錯呀！我終於忍不住這陣歡喜，告訴了要好的同
> 學，而且和惲先生通過兩回信。〔註41〕

張恨水回憶這次投稿以及與惲鐵樵先生的交往，已是時隔三十年左右了，他
仍然記得當時的細節和自己激動的心情，可見這件事對他的影響之大。雖然
這兩篇稿件最終並未採用，張恨水後來北上進入報界，並崛起於北京。而《小
說月報》這類民初雜誌對他的創作風格無疑有著相當明顯的影響，他的「禮
拜六的坯子」雖主要由古典詩詞小說所鑄就，但民初報刊雜誌顯然也是一個
重要因素。通過當年對《小說月報》這類雜誌的閱讀，他已對這個傳播網絡
產生了認同。因此，在二三十年代，他與那些鴛蝴文人如嚴獨鶴、周瘦鵑能
一見傾心、相談甚歡。而上海這些鴛蝴文人對張恨水的認同同樣也是先通過
閱讀他的文字，嚴獨鶴提及他與張恨水的交往，是因為張恨水的作品見於北
方各日報，《上海畫報》中也載有他的文字。嚴獨鶴閱讀後心內頗為欣賞。1929
年，由錢芥塵介紹，終於和張恨水由文字神交而結下情誼。嚴獨鶴邀請張恨
水在他主編的《快活林》副刊撰寫長篇小說《啼笑因緣》，並積極參與意見，
讓張恨水融入武俠因素。《啼笑因緣》一時間名揚滬上，嚴獨鶴也十分高興，
自言：「因為我忝任《快活林》的編者。《快活林》中，有了一個好作家，說
句笑話，譬如戲班中來了個超等名角，似乎我這個邀角的，也還邀得不錯哩！」
〔註42〕像張恨水這樣由閱讀文字而產生認同，從而結下友誼，再由私誼關係
進入傳播網絡，在鴛鴦蝴蝶派群體中相當常見。

　　正因為傳播網絡在鴛鴦蝴蝶派群體聚合與形象建構中發揮重要作用，新
文學界的很多批判也就針對這些報刊雜誌，如對《禮拜六》的集中攻擊，以
致「禮拜六」撰稿人被視為一個派別——「禮拜六派」（並擴大成為鴛鴦蝴蝶
派的另一指稱）。新文學界對鴛鴦蝴蝶派傳播網絡的批判主要從兩個方面：一
是這些報刊雜誌內容的反動落後，認為這些雜誌持消閒主義，是「排泄物」；

〔註41〕張恨水《寫作生涯回憶》，《張恨水研究資料》，前引書，第 21 頁。
〔註42〕嚴獨鶴《〈啼笑因緣〉序》，魏紹昌：《鴛鴦蝴蝶派研究資料》，前引書，第 153
　　　　～154 頁。

二是對這些雜誌編撰群體的否定，稱他們為卑鄙的「文丐」、「文妖」、「斯文流氓」。被點名批評的雜誌報刊就有《禮拜六》、《紅雜誌》、《笑》、《長青》、《晶報》等。〔註43〕在新文學界的批判之下，一個鴛鴦蝴蝶派的傳播網絡也被區分出來，而活躍於這一網絡中的人，也因此被視為一個群體。

　　總之，在對鴛鴦蝴蝶派群體意識與形象建構的勾勒之中，我們應該可以看到，私誼網絡、會社網絡與傳播網絡三者其實是密不可分的，因私人情誼而結社，以及進入一個傳播網絡；或者彼此因文字而結知己，建立深厚的情誼，這些在鴛鴦蝴蝶派作家中比比皆是。因此，要考察鴛鴦蝴蝶派群體意識的形成，我們必須注意到這三個網絡的互動與牽纏，不能將它們分裂開。這些鴛鴦蝴蝶派作家由私誼網絡，通過結社與利用傳播媒介，不僅加強了內部的團結，使自己的文藝主張得到了明確，其有別於新文學的特徵也由此彰顯。而且由於近似的趣味與文學觀念的集合，彼此的認同感讓他們在面對新文學群體的指斥時，顯得從容自信很多。誠如茲納涅茨基所言：「每一個社會角色假定，可以把執行角色的個體叫做『社會人』，參與他的角色執行的或大或小的一群人可以叫做他的『社會圈子』。在社會圈子與角色之間有一個由大家所讚賞的價值複合體所構成的共同凝聚力。人們都受這種凝聚力的約束。」例如「藝術家與他的欣賞者和批評者圈子之間的凝聚力是美學價值。」〔註44〕在鴛鴦蝴蝶派的群體之中，他們趣味相似，彼此欣賞，並經由錯綜複雜的人際網絡、傳播網路，而形成了這樣一個有共同凝聚力的「社會圈子」。那麼，作為這個龐雜群體中人生形態各異的作家個體，又是如何完成自己的身份認同呢？

〔註43〕代表性的有：何慧心《評第三期〈長青〉》，《時事新報·學燈》1922 年 9 月 23 日；子嚴《讀〈紅雜誌〉》，1922 年 10 月 8 日《晨報副刊》；子嚴《讀〈笑〉第三期》，1922 年 10 月 13 日《晨報副刊》；長槍《戒煙丸式的晶報》，《時事新報·學燈》1922 年 9 月 25 日。

〔註44〕〔波蘭〕弗·茲納涅茨基《知識人的社會角色》，郟斌祥譯，譯林出版社，2000 年，第 11 頁。

第二章　舊派才子：鴛鴦蝴蝶派的身份認同

　　鴛鴦蝴蝶派作家顯然是一群需要追尋自己身份的文人，隨著科舉之途斷絕，傳統社會秩序發生巨變，他們已經不可能像傳統文人那樣居於四民之首，以文章經國，替生民立命。現代都市傳媒給他們提供了一枝禿筆謀生的機會，卻又讓他們被一群知識結構迥異的新文學家們譏爲「文丐」「文娼」。誠如研究者指出：眞正的身份認同是和人的現代性分不開的。具有現代意識的「我」要追尋自己的身份，不僅要認認眞眞地想要知道「我是誰」，而且要有意識地去建構這個身份。「我」沒有一個現成的大秩序去設置他自己，要知道「我」的身份也就是要知道「我」和什麼接觸才能起一個人主體的作用，就是要知道「我」必須憑藉什麼標準來評估、判斷和確定大家和我自己的生存意義和價值。〔註1〕對於鴛鴦蝴蝶派文人而言，那個現成的「大秩序」已經分崩離析，他們必須在一個新的社會文化空間中設置自己，獲得一個身份。鴛鴦蝴蝶派文人人生形態萬千，各自定位不一，但他們追尋自己身份的處境與途徑卻十分相似。在他們進行身份追尋的過程中，既有著喪失傳統文人的身份地位所帶來的失落與惆悵，又要面對新文學界這個處於強勢地位的「他者」，同時也不乏在都市傳媒中遊刃有餘的自得與滿足。在這樣複雜的文化語境中，他們尋求自我身份與價值的過程無疑充滿了變幻、遊移與糾纏、曖昧。那麼，他們是如何進行身份認同的呢？鴛鴦蝴蝶派給人們的印象往往是一群深具傳統情趣的舊派才子，之所以形成這樣的形象，不僅是緣於新文學的指認，他們

〔註1〕　徐賁《走向後現代與後殖民》，中國社會科學出版社，1996年，第195頁。

自身的認同也是如此，在這個追尋身份、建構形象的過程中，由生存處境所決定的職業、文化裂變中的精神取向，以及面向新文學的策略性定位無疑都發揮著重要作用。

第一節　小說家、報人：職業與身份

　　1923 年，青社成員、著名鴛鴦蝴蝶派作家張碧梧寫了一篇《小說作者的身分問題》的短文，提到「現在有一部分人，談到小說作者，便露出輕視的意思，以為小說作者是最善於造謊的人，或是將人家的隱事編成小說。其實小說的本旨，本在乎寓言警眾，或搜羅社會上的弱點，做成小說，促社會改良。那麼小說作者怎能忍受他們的輕視呢？應該想個方法打破他們這謬誤觀念才好。」〔註2〕與張碧梧的憂慮不謀而合，西諦（鄭振鐸）也曾談到當時人們眼中的小說家是「一位偵探」，偵探人家的陰事；或者是「一位刻毒的下流人」，宣佈人家閨閣中事及秘密。〔註3〕聯繫二十年代初特定的文化語境，這裡二人所言的「小說作者」「小說家」都是主要指鴛鴦蝴蝶派作家。因此，無論是張碧梧的憂慮還是鄭振鐸的指責，其實都指向同一個問題：小說作者即這批鴛鴦蝴蝶派作家究竟擁有怎樣的身份？作為傳統文人，他們本應作經世之文，為四民之首。但這批鴛鴦蝴蝶派卻作為職業文人，靠文字換取生活所需。如何為他們定位，成了自晚清以來一直懸而未決的問題。

一、生存方式的轉變

　　鴛鴦蝴蝶派作家可以說是中國較早的一批職業文人，他們往往託身報館、書局，作為小說家、報人、編輯，活躍於都市大眾傳媒網路。相比傳統社會的文人而言，他們的職業與身份無疑是多元的。誠如研究者指出，晚清以後，在城市社會之中，隨著新式的學校、傳媒和社團的出現，出現了一個「知識人社會」。這一「知識人社會」居於國家（上層的國家權力）與社會（下層的市民社會）之間，其中的角色不再是傳統士紳，而是現代知識份子，其職業和身份是多元的：教師、編輯、記者、出版人、自由撰稿人等等。他們不再像士紳階層那樣有統一的意識形態，也不再有國家科舉制度所認同的正

〔註2〕　張碧梧《小說作者的身分問題》，《最小》第二十四號，1923 年 4 月 16 日。
〔註3〕　西諦《「譴責小說」》，《文學周報》第一百七十六期，1925 年 6 月 7 日。

式身份。〔註4〕鴛鴦蝴蝶派文人就處於這樣一個「知識人社會」中，他們中也有一些人擁有科舉制度所認同的正式身份，如王西神中過舉人，包天笑是秀才，但這些科舉功名並沒有讓他們進入國家權力系統。其實，清朝自中後期以來，日益擴大的科舉規模就已經造就了過剩的功名人士，加上捐班、軍功等途徑，使得仕進之途更加擁擠，李伯元的《官場現形記》中就描寫了大量候補官員的生活。特別是 1905 年，清廷廢止科舉制度，讀書人向上晉升的路途就此斷絕。

雖然正統功名之途已如此艱難，但時至晚清，社會的變遷還是給這些文人帶來了新的機遇，隨著都市的形成與發展，西方印刷技術的傳入，以及市民階層的擴張，導致近現代傳媒市場的逐漸成熟。自晚清開始，各種報紙、雜誌紛紛創辦。一些文人在這個新的傳媒市場中找到了自己的生存空間，像晚清的李伯元、王韜等一批文人就行走於報刊界，可以靠辦報、寫作來謀生。鴛鴦蝴蝶派文人中也大多與報館有著密切的聯繫，包天笑曾在《時報》館任職，張恨水在北京長期作為「新聞界苦力」。有些鴛蝴文人雖然沒有直接擔任報紙編輯或記者的經歷，但基本上都曾為各種大報副刊或小報寫作。除了作為報人，鴛鴦蝴蝶派文人另一重要職業就是自由撰稿人，其中又以小說創作為主，因為小說擁有最廣闊的市場。尤其是小說界革命以後，小說地位提高。大量士大夫加入小說作者與讀者的隊伍，從而造成小說市場的急劇膨脹。士大夫原來是鄙視小說的，因受「小說界革命」影響，重視小說了，成為小說的讀者與作者。〔註5〕因此帶來了小說的繁榮，各種文學雜誌紛紛問世。

總之，晚清民初以來，報刊雜誌的繁榮和小說的讀者市場形成，導致了這些讀書人成為職業文人。而近現代稿酬、版稅制度的逐步建立、完善更為他們的賣文生涯提供了制度保證，范煙橋談及民初小說的繁榮時指出，「除了晚清時代的前輩作者仍在創作外，更平添了不少後繼者，也可以說是新生力量。而舊時文人，即使過去不搞這一行，但科舉廢止了，他們的文學造詣可以在小說上得到發揮，特別是稿費制度的建立，刺激了他們的寫作欲望。」〔註6〕晚清民初的一些文學雜誌明文設定稿酬標準，《小說林》、《小說月報》、《眉語》等雜誌

〔註4〕　許紀霖《導言：重建社會重心：現代中國知識份子與公共空間》，許紀霖主編
　　　　《公共空間中的知識份子》，鳳凰出版集團江蘇人民出版社 2007 年。
〔註5〕　袁進《中國文學的近代變革》，廣西師範大學出版社，2006 年，第 37 頁。
〔註6〕　范煙橋《民國舊派小說史略》，魏紹昌《鴛鴦蝴蝶派研究資料》，前引書，第
　　　　167 頁。

都有千字幾元的具體規定。如《香豔雜誌》就在其《徵文條例》中這樣寫著：「潤筆略分三等：甲等每千字奉酬三元；乙等每千字奉酬二元；丙等每千字奉酬一元。其不願取酬者，請於稿末注明。詩詞例不奉酬。」〔註7〕正是因爲可以由寫作獲取經濟利益，這些鴛鴦蝴蝶派文人中，無論是由晚清而來的包天笑、張春帆、李涵秋，還是民初步入文壇的徐枕亞、吳雙熱，甚至是後期崛起於北方的劉雲若、趙煥亭等，都有作爲報人、編輯或小說家謀生的經歷。以禿筆謀生於現代傳媒市場，幾乎成了他們共同擁有過的職業特徵。〔註8〕

二、職業文人的雙重困境

隨著中國近現代都市傳媒市場的形成，這些鴛鴦蝴蝶派文人供職於報館、書局，以報人、編輯或小說家等職業來謀生，雖然這種職業解決了他們現實的生存問題，但傳統觀念的輕視仍然存在，在晚清，「當時社會上還不知報紙爲何物，父老且有以不閱報紙來教訓子弟。」「一般報社主筆、訪員均爲不名譽之職業。不僅官場中人仇視之，即社會上一般人，亦以其播弄是非而輕薄之。」包天笑1906年進入時報館，回憶當時情形還是「當我就職時報館的時候，我的家鄉許多長親，都不大贊成。他們說報館主筆的人，最傷陰騭，你筆下一不留神，人家的名譽，甚至生命，也許便被你斷送。……那時的清政府，也痛恨著新聞記者，稱之爲『斯文敗類』，見之於上諭奏摺。」〔註9〕作爲報人，這些鴛鴦蝴蝶派文人忍受著一定世俗偏見的歧視。而作爲小說家，他們更遭受著種種的指責。

在中國古代，不同的文體還意味著高下的等級，詩文爲正宗，小說歷來被視爲小道。就像魯迅所說：「在中國，小說不算文學，做小說的也決不能稱

〔註7〕 《徵文條例》，《香豔雜誌》1914年第一期。關於稿酬制度的確立與職業作家的出現，具體參見欒梅健《二十世紀中國文學發生論》第17～31頁。

〔註8〕 當然，有不少作家後來出於種種原因，離開報界、小說界，以其他職業謀生，如吳雙熱晚年文思枯竭，絕少動筆，自云：「我自以小說問世以來，靡論長短，大半爲空中樓閣，愧非江郎，更當才盡。譬如一雜貨鋪子，日惟出貨而無來源，則烏能繼其後乎！」（鄭逸梅《民國舊派小說名家小史·吳雙熱》，魏紹昌編《鴛鴦蝴蝶派研究資料》，香港生活·讀書·新知三聯書店1980年。）靠教書爲生；與之相類似的還有李定夷也於二十年代停止小說創作。另外還有鴛蝴文人一些進入電影、電臺等新的傳播媒介，如包天笑、范煙橋等後來又在電影公司工作。

〔註9〕 包天笑《釧影樓回憶錄》，前引書，第322頁。

為文學家，所以並沒有想在這一條道路上出世。」〔註10〕正是這種對小說的輕視，那些創作小說的文人，大多不敢以真名面世。對於那些受傳統思想影響十分深厚的鴛鴦蝴蝶派文人而言，小說難登大雅之堂的觀念仍然根深蒂固，即如徐枕亞也還認為：「原夫小說者，俳優下技，難言經世文章；茶酒餘閒，只供清談資料。」〔註11〕他們對於自己的才華有著相當的自信，然而，斐然的文采只能在小說這樣的末流小技中施展，難免有些遺憾。

其次，中國有深遠的史傳傳統，向來將小說當成「補史之闕」，強調小說內容的真實性，當這些作家以洋洋之文創作言情或黑幕小說，很多人關心的是影射的是何人何事。寫小說對人進行譭謗也是中國的一個傳統，如唐傳奇《遊仙窟》就是黨爭中對敵手的一個惡意誹謗。韓邦慶的《海上花列傳》，在魯迅看來，也還是為了誣陷、敲詐別人。鄭逸梅談到，徐枕亞的《玉梨魂》刊於《民權報》後，梨娘的原型還擬出面交涉，後經人勸解後方罷。〔註12〕可見因小說索引真人真事的習慣仍然十分頑固。因此，這些創作言情、黑幕小說的作者，在別人眼中就成了專揭陰私的下流文人。包天笑也屢次提及文人末路，乃是筆墨生涯。包天笑在擬創作《留芳記》的時候，同鄉費屺懷夫人特意宴請他，為的就是免得他在小說中將他們家牽涉進去。因為曾樸的《孽海花》中就曾調侃過費屺懷懼內，說有一次，江建霞太史公去訪費，他夫人疑江為北京唱戲的相公，操杖逐之，以江年輕漂亮，雅好修飾故。〔註13〕如何看待小說的虛構與真實，仍然困擾著這些鴛蝴作家與讀者，因寫作獲罪或惹來麻煩在中國近現代仍然不為少見。

另外，晚清梁啓超發起的「小說界革命」，認為小說有「不可思議之力支配人道」，「欲改良群治，必自小說界革命始；欲新民，必自新小說始」。〔註14〕極大地提高了小說的地位，客觀上促成了晚清民初小說的繁榮。但是，小說既被賦予了「不可思議之力」，認為它可以對社會各個階層產生影響，那麼，這種影響既有好的一面，自然也就有壞的可能。所以，在這種思路之下，梁啓超在

〔註10〕魯迅《我怎麼做起小說來》，《魯迅全集》第四卷，人民文學出版社，2005年，第525頁。
〔註11〕徐枕亞《小說叢報發刊詞》，載《小說叢報》1914年第一期。
〔註12〕鄭逸梅《鴛鴦蝴蝶派典型作品〈玉梨魂〉》，《書報話舊》，中華書局2005年，第142頁。
〔註13〕包天笑《釧影樓回憶錄》，前引書，第146頁。
〔註14〕飲冰《論小說與群治之關係》，載《新小說》1902年第一號。

1915 年就抱怨當時的小說家們造成了社會風氣的糜爛，他們譯著的偵探、言情小說引誘青年走上墮落的道路。〔註15〕新文學界對民初小說的批判其實還是延續這一思路，李大釗、劉半農一直到文研會、創造社諸人的批判也還是著重於鴛鴦蝴蝶派作品的內容對社會、對青年的不良影響。在整個二十世紀的中國，由於文學承載著過多的責任，「寫什麼」從來就是一個十分重要的問題。在新文學界看來，鴛蝴文人創作的才子佳人的戀愛故事柔靡輕豔，對青年人產生不良影響；而揭露罪惡淵藪的種種黑幕，更是與惡劣的社會互為因果。這些小說被視為舊思想、舊意識的代表，與五四文學家們所提倡的能再造新文明、改造社會的「新文學」格格不入。因此，鴛鴦蝴蝶派小說家被輕視，被稱作「偵探」、「下流人」，皆因他們小說的內容「不正確」。

最後，對於這些鴛鴦蝴蝶派文人來說，傳統的仕進之途已然斷絕，現代都市傳媒又為他們提供了另一條謀生之道。賣文為生於是成為一種雖有幾分無奈卻相當現實的選擇。既是賣文，就要考慮市場的需要。這樣為獲得經濟利益的寫作，有時不僅會情節雷同，而且難免粗糙。甚至有些作家會為了經濟利益而胡編亂造，如許指嚴以「掌故小說大家」聞名，所撰《南巡秘記》、《十葉野聞》都是掌故性質。但他崇尚古文，筆墨未免艱深不通俗，銷路比較狹窄。為了解決經濟拮据，他想出了一個好辦法，和世界書局老闆沈知方商議，偽造一部《石達開日記》，準短時期交卷，先借稿費二百元。沈知方憑著他的生意眼，認為這本書一定有銷路，於是慨然先付稿費。許指嚴獲得該款後，根據《石達開傳》，敷衍而成假日記。世界書局卻登出廣告，說是怎樣覓得原稿，信口開河地亂吹，居然一編行世，購者紛紛，曾再版數次。〔註16〕因此，新文學界對鴛鴦蝴蝶派作家們的這些行徑頗為不滿，認為他們是持「遊戲的消遣的金錢主義的文學觀念」。〔註17〕

這些鴛鴦蝴蝶派文人就處於這樣的雙重困境中，一方面是修齊治平的人生理想已成泡影，經世之文難為，只能靠一枝禿筆謀生，他們從四民之首的位置上跌落下來，難免有些失落。在傳統價值觀下，他們作為報人，祇是無賴文人；而創作的小說，更是無聊文字，無非造就一些「文字孽」。〔註18〕另一方面，志

〔註15〕梁啓超《告小說家》，陳平原、夏曉虹編《二十世紀中國小說理論資料（第一卷）1897～1916》，北京大學出版社，1997 年，第 511 頁。

〔註16〕鄭逸梅《南社叢談：歷史與人物》，前引書，第 147 頁。

〔註17〕沈雁冰《自然主義與中國現代小說》，《小說月報》1922 年第十三卷第七號。

〔註18〕徐枕亞為吳雙熱的《孽冤鏡》作序，言「一彈再鼓，文字之孽深矣」。徐枕亞：

在改造國民性的新文學家，對他們的文學觀念和作品內容大加撻伐，在新文學「新」、「爲人生」的標準下，他們只代表了「舊」、「非人的」「金錢的」等負面形象。處於這樣新舊價值觀碰撞產生的矛盾衝突中，這些鴛鴦蝴蝶派文人難道僅僅是自怨自艾、自輕自賤嗎？答案應該是否定的，雖然他們有失落與無奈，但他們一直在追尋著自己的身份，努力爲自己找到一個合法的位置。尤其是在面對新文學這個「他者」時，他們的身份認同與建構過程還在不斷進行著調整。爲了區別於新文學的歐化與洋派，這些鴛蝴文人以「民國舊派」自居，提倡才情道德，通過各種自我評價的文字，以及小說中的才子形象自況，和不斷進行的經典化之途，最終完成了「舊派才子」的身份認同。

第二節　才子情多：文化裂變中的精神取向

　　鴛鴦蝴蝶派文人雖然旨趣各異，但「才子」的形象與身份無疑爲他們大多數人所認同。那麼，他們是如何進行「才子」這一身份的建構？他們的「才子」身份與那些傳統才子又有著哪些異同？爲什麼在眾多傳統與現代的形象資源中，他們唯獨對「才子」情有獨鍾？

　　「才子」顯然是中國傳統文化中非常獨特的一種現象，無論是小說、戲劇還是民間傳說中，都有不少「貌似潘安，才比子建」的才子形象，如醉草嚇蠻書的李白、致使文君夜奔的司馬相如、隔牆彈琴的張君瑞……總括起來，才子的形象不外乎這樣幾點：首先是才華卓越，所謂「才高八斗，學富五車」，文采斐然，詩詞文章樣樣出色，琴棋書畫無所不通；其次是恃才傲物，有蔑視功名富貴的骨氣，再進一步就是任性自然的名士風度；第三是才子情鍾，是才子必定感情豐富，才子需與佳人演就一番悲歡離合，方不負才子名號；第四，才子必須有感傷的能力，心靈比普通人敏感，能夠見月傷心，觀花墮淚，具備一種陰柔的特徵。最後，才子雖然可以任情而動，隨意揮灑，但並不與傳統道德相牴觸，忠孝節義、禮義廉恥還是必須遵守的。在我們這個民族的欣賞心理與習慣中，才子形象系列無疑積澱著人們對才情德行的集體想像，如對才華的欣賞、對氣節的推崇、對自由無拘生活方式的向往等等。一個民族的欣賞習慣其實相當頑固，才子可以隨時代變遷有新的內涵，但其基

《〈孽冤鏡〉序》，陳平原、夏曉虹：《二十世紀中國小說理論資料（第一卷）1897～1916》，北京大學出版社 1997 年，第 490 頁。

本特徵卻總是不變。甚至在解放後十七年文學中，才子佳人也依然陰魂不散，如《林海雪原》中的少劍波與白茹。〔註 19〕鴛鴦蝴蝶派文人顯然深諳此中秘密，在他們的自我身份建構中，就通過自我評價與小說人物的自況，成功地爲自己構建了一個現代才子的形象，從而在讀者中獲得廣泛認可。

一、惟才情是重的自我評價

在鴛鴦蝴蝶派的身份建構中，自我評價無疑發揮著十分重要的作用。自我評價折射的是他們對自己形象的設想，而這樣的自我評價又可以反過來影響到他們現實中的人生形態。鴛鴦蝴蝶派的自我評價主要側重於作者與作品兩方面，有這些作家自己或彼此做的序、傳、評、廣告等。這些自我評價主要還是以傳統才子標準來塑造這些鴛鴦蝴蝶派作家的形象。

首先是對才情的廣泛認同，如王鈍根「幼穎悟，一目數行俱下」；〔註20〕王西神則十六歲中舉，所著詩文，「都是十分古逸」，書法「得二王神髓」。〔註21〕而且情趣不俗，王西神「寓廬饒花木竹石，抱甕臨池，藉消歲月。」〔註22〕這樣不同流俗的才子，對那些不學無術之輩自然羞於爲伍，徐哲身就曾對一名不懂詩詞的世家子弟大加挖苦，在其《端午》詩的首句「蘭湯艾酒近端陽」後續上三句：「近到端陽心更傷，你道傷心爲何事，碰見一隻黃鼠狼。」〔註23〕以黃鼠狼喻無才之人，顯示了這些才子對自己才華的得意與炫耀。在鴛蝴文人的傳、序、評中，尤其是二十年代所作的各種傳記中，像這樣對才情的描述不勝枚舉。

其次是恃才傲物、不重功名富貴的骨氣，如王西神佐南京戎幕，意有所拂，即棄之而去。〔註24〕陳蝶仙「櫜筆作幕府」，但很快「頗復厭苦，願得滬濱一席地，安筆硯，展琴臺，日對良友，以詩詞小說相唱和」。〔註25〕天台山農劉介玉

〔註19〕具體參見李楊《〈林海雪原——革命通俗小說的經典〉》，唐小兵編《再解讀：大眾文藝與意識形態》，北京大學出版社 2007 年。

〔註20〕嚴芙孫《王鈍根》，《全國小說名家專集》，雲軒出版部，1923 年。

〔註21〕嚴芙孫《王西神》，《全國小說名家專集》，雲軒出版部，1923 年。

〔註22〕趙苕狂《王西神傳》，芮和師、范伯群：《鴛鴦蝴蝶派文學資料》，前引書，第313 頁。

〔註23〕桃花潭主《小說名家徐哲身趣史》，載《社會之花》1924 年第一卷第三期。

〔註24〕趙苕狂《王西神傳》，芮和師、范伯群《鴛鴦蝴蝶派文學資料》，前引書，第313 頁。

〔註25〕鈍根《天虛我生小史》，芮和師、范伯群：《鴛鴦蝴蝶派文學資料》，前引書，第 317 頁。

本爲「軍界前輩」，「民國元年，來居上海，輒以餘暇作諧文小說。」〔註26〕再進一步就是任性自然的名士風度，在這些鴛鴦蝴蝶派所作的傳記與作者介紹中，傳統的名士風度也一直爲他們所標榜，如葉小鳳（楚傖）的酒癖，興之所至，連浮大白。若抑塞於杯，又必借酒以澆塊壘。佳客來臨，以爲酒逢知己，非醉不可，風雨連朝，杜門不出，那就銜杯展卷，罄壺乃止。〔註27〕葉小鳳的「酒中人是性中人」頗爲鄭逸梅等南社友人所欣賞。

再次，僅有縱橫的才氣與傲然骨氣，還不足以當得才子名號，這些鴛鴦蝴蝶派作家還對「情」倍加推崇，如言周瘦鵑的創作「清靈秀麗一往情深，不是至情人，決計寫不出這樣至情的文字。」提及他與初戀情人紫羅蘭的一段影事。〔註28〕徐枕亞對吳雙熱的評價是「吾與之相交最稔，而知其人蓋傷心人也，能以至情發爲妙文以賺人眼淚者也。」〔註29〕吳綺緣自述「綺緣不幸，生而有一點眞性情，偶爲外界所感，則蓬勃怒發不可遏。若看花淚，對月傷心，……嘗於髫齡偷閱石頭記，懊惱者，累日不飲不食，如醉如癡，家人以爲病。」〔註30〕正是有這份「至情」，使得青樓戀情、才子佳人的韻事一直爲他們所津津樂道。

鴛鴦蝴蝶派作家對「情」的推崇，某種程度上是晚明以來「以情抗理」思潮發展的一個結果或一種呼應，〔註31〕但並不意味著賦予「情」以衝破一切阻力的權利。在他們看來，肯定「情」的存在是爲了更好地維護人倫秩序，如吳雙熱自言「嗟乎！《孽冤鏡》胡爲乎作哉？予無他，欲普救普天下之多情兒女耳；欲爲普天下之多情兒女，向其父母之前乞憐請命耳；欲鼓吹眞確的自由結婚，從而淘汰情世界種種之痛苦，消釋男女間種種之罪惡耳。……由於結婚不自由，夫婦雙方不能滿意，卻又不能制欲，於是而姦淫之風盛矣。其能制欲者，則女爲怨女，夫爲曠夫，於是而倫常之樂亡矣。」〔註32〕「言情」與「制欲」就這樣被統一起來。這些鴛鴦蝴蝶派作家基本上都是在傳統道德框架之中肯定情的合理性，父母的權威並未動搖，想自由結婚還是要「向

〔註26〕鈍根《本旬刊作者諸大名家小史》，載《社會之花》1924年第一卷第二期。
〔註27〕鄭逸梅《南社叢談：歷史與人物》，前引書，第127頁。
〔註28〕嚴芙孫《周瘦鵑》，《全國小說名家專集》，雲軒出版部，1923年。
〔註29〕徐枕亞《孽冤鏡序》，吳雙熱《孽冤鏡》，民權出版部，1914年。
〔註30〕趙孝萱《「鴛鴦蝴蝶派」新論》，前引書，第77頁。
〔註31〕張光芒《從「鴛派」小說看中國啓蒙文學思潮的民族性》，載《學術界》2001年第4期。
〔註32〕吳雙熱《〈孽冤鏡〉自序》，《孽冤鏡》，民權出版部，1914年。

其父母之前乞憐請命」，而且自由結婚是為了讓宗法秩序為基礎的家更合理、更穩固。因此，在鴛蝴雜誌中有不少反對自由戀愛的小說，將之視為受新思潮毒害的淫奔行為。這也顯示了鴛鴦蝴蝶派與五四新文學的不同，新文學作家也寫青年男女戀愛的題材，他們是將自由戀愛作為反封建禮教的一部分，通過自由戀愛建立新式家庭，實現與靠父子之倫維繫的舊式家庭決裂。

因此，鴛鴦蝴蝶派文人以「才子」自我定位，就決定了他們不可能逸出傳統儒家倫理道德的規範，才子有其任情自然的一面，但他不是叛逆者。正因為如此，在他們的文學觀念中，重視作品的教化功能成為一個重要特徵，而這教化的內容又主要是傳統道德倫理規範。如周瘦鵑對孝道的提倡，不僅自己事母至孝，還創作一些小說鼓吹孝順慈親，如《九華帳裏》寫夫婦新婚之夜的對話，丈夫告訴新婦，母親撫育自己的辛勞，要新婦以後能孝敬婆婆。而晚清民初紛紛湧現的小說雜誌幾乎都打著有益世道人心的招牌，如「嘗謂文字入人深者，莫甚於小說，其勢力視經史信葆也。而小說之俚且俗者，尤無遠勿屆，無微不入。」〔註33〕諸如此類的發刊詞實在太多。當然，他們畢竟不同於那些充滿頭巾氣的腐儒，還有通脫、瀟灑的一面。而且他們是託身都市大眾傳媒的現代才子，所以雖然擁護傳統道德，耽溺於才子情趣，對於現代潮流也並不牴觸。不新不舊，亦新亦舊成為他們的重要特徵。包天笑的「提倡新政制，保守舊道德」〔註34〕可謂是他們人生立場的一個共同概括。

二、小說中的才子自況

作為才子，鴛鴦蝴蝶派文人所擁有的資本就是才情、道德，但他們所處的時代已經變化，那些術業有專攻的專業型知識份子逐漸成為時代的弄潮兒，他們這樣的傳統才子正在無情地被邊緣化。即使是在他們所擅長的文化、文學領域，他們也面臨一群知識結構迥異的年青人的挑戰。所以，在民初至二十年代的鴛蝴文人自我評價中，他們刻意對傳統才情、道德的推重與自得，恰恰表現了他們的焦慮與不安。尤其是從他們小說中的那些才子形象中，更可看出他們面對一個急速變化的時代和一個全新的知識群體時，內心所感到的「惘惘的威脅」。當然，為了應對社會文化語境的變遷，他們也在積極進行調整，這從才子形象的變化中可以窺探一二。在鴛鴦蝴蝶派的小說中，才子

〔註33〕宇澄《〈小說海〉發刊詞》，載《小說海》1915年第一卷第一號。
〔註34〕包天笑《釧影樓回憶錄》，前引書，第391頁。

形象往往就是他們的自況。鴛蝴文本中作者身世經歷與虛構文本常常彼此疊印，才子既是小說中虛構的人物，也是作者身世、心靈的投影。因此，這些才子形象的塑造也就表現了作者對自己身份與未來的一種想像。在鴛鴦蝴蝶派小說的才子系列中，《玉梨魂》中的何夢霞、《春明外史》中的楊杏園和《啼笑因緣》中的樊家樹可以算是不同時期才子的代表形象。

徐枕亞《玉梨魂》中的何夢霞可為民初才子形象的一個縮影，何夢霞拜別高堂，一身飄零，獨在異鄉執教鞭，寄居遠房親友家中。看見滿地落花，不免勾起淒涼傷心情緒，「彼則黯然而泣（梨花）……此憔悴可憐之梨花，若為普天下薄命人寫照」。於是他把落花掃成一堆，用土輕埋，做愁花塚，「此時夢霞之面上，突顯出一種愁慘淒苦之色。蓋彼忽感身世之萍飄絮蕩，其命之薄，正復與此花如出一轍。薄命之花，猶得遇我癡人痛憐……於是高吟顰卿（儂今葬花人笑癡）之句，不覺獨緒生悲……」何夢霞的工愁善病，顯然繼承了中國古典的感傷傳統，也表現了一種時代情緒。屬於他的那個優雅、感傷的那個古典時代已經結束，而他除了淚眼愁眉的悲苦，並不知何去何從，與梨娘的戀情只不過是完成他最後的感傷之旅。對於何夢霞而言，他是一個生活在過去時代的人物，除了悲淒的情緒，必然走向死亡的結局。在一個即將到來的新時代面前，他其實束手無策。徐枕亞塑造的這個才子形象，其實正預示了這類才子的沒落。可以說，《玉梨魂》其實是古典才子的一曲輓歌。與何夢霞相似的是《春明外史》中的楊杏園。

張恨水的《春明外史》1924 年起連載於北京《世界晚報》副刊，至 1929 年完成。小說中主人公楊杏園，安徽人，寄居北京，精通詩詞，以賣文編報為生，與作者張恨水相同。因此，某種程度上，楊杏園身上頗有幾分張恨水自己的影子。小說前半部分寫楊杏園與雛妓梨雲相戀，受老鴇阻撓，梨雲因病夭亡，楊杏園以未婚妻名義灑淚葬之；後半部分寫楊杏園與才女李冬青彼此欣賞，但李冬青身有暗疾，佳期難成。最後李冬青奉母南下，楊杏園則因「文人病」纏身，吐血而亡。小說中對那些過度解放的新派人物頗為不滿，楊杏園與李冬青纏綿而又自持的戀情，與時文彥、胡曉梅佻達輕浮的婚外戀（影射徐志摩與陸小曼）就形成了對比。可以看出在二十年代初中期的新舊對立中，這類傳統才子的價值取向。楊杏園最終的吐血而亡，其實也宣告了這類舊式才子的末路。

與何夢霞、楊杏園不同，張恨水創作於 1929 年的《啼笑因緣》中的樊家樹，顯然已是經受了五四新思潮洗禮的現代才子了。雖然他身上還有不少舊

式才子的習氣，如他對美貌大鼓娘最初持賞玩心理，仍有幾分青樓韻事的餘緒。但他不像何夢霞、楊杏園那樣自憐自怨。尤其是面對白璧已玷的戀人沈鳳喜，他能無視傳統的貞潔觀，表示還願意接納她。從樊家樹這個形象的變化中也可以看出，張恨水這類鴛鴦蝴蝶派才子對新思潮的積極回應。這也預示了三十年代以後，一部分鴛蝴文人在一個新的文化格局中的走向。他們認同「才子」這一身份，並不意味著故步自封與保守落後。

總體上，從這些鴛鴦蝴蝶派作家的自我評價，以及他們的小說中才子形象的塑造中可以看出，他們對自我身份的想像與設定就是堅守傳統才情、道德的才子。雖然，由於社會文化的變遷，這個才子的內涵已經發生了諸多變化。而鴛鴦蝴蝶派文人之所以以「才子」自況，主要是緣於自身現實境況的投射。傳統的才子，其生命形態處於一種過渡之中，他不同於進入權力階層的士大夫，肩負著修齊治平的重任；他也不同於那些蕓蕓眾生，營營於衣食之計。他有經世之才，往上可以通過科舉入仕，明清才子佳人小說中無一例外地都為主人公安排了這一出路；同時他又能視名利如草芥，退後一步即為放達任情的名士。這些鴛鴦蝴蝶派文人也處於一個過渡時代，傳統的科舉之途已經斷絕，進入新的權力核心的機會也相對渺茫。〔註 35〕他們橐筆賣文，成為職業文人，自然使得他們很容易對那些恃才傲物、蔑視功名的傳統才子產生認同感，在他們精神血脈的譜系上，就有鄭板橋、沈復、李白、蒲松齡、賈寶玉、韋癡珠……這些歷史的或虛構的人物成為鴛蝴文人追仿的對象，他們的故事、形象也一再以各種形式或變體見於鴛蝴作品中。而且，對於鴛鴦蝴蝶派文人而言，才子情趣的標榜與堅持，既有個人性情取向的因素，也有外在教育、交遊等的影響，甚至還體現了刻意區分化的一種手段，他們以此為特徵而區別於其他群體。因此，「才子」之於鴛鴦蝴蝶派文人，更多的是一種對於身份想像的策略，正如他們面對新文學群體，以「舊派」自居一樣。

第三節　舊派名家：面向新文學的策略性定位

與禮拜六派、鴛鴦蝴蝶派等稱謂相比，鴛鴦蝴蝶派文人似乎更樂意接受「舊派」、「舊小說家」這樣的頭銜。早在二十年代，面對新文學界的責難，諸多鴛蝴文人常常站在「舊派」、「舊小說家」的立場上予以回應。1949 年後，

〔註35〕鴛蝴文人中也有後來進入政界為官的，如葉楚傖。但這種情況十分少見。

范煙橋回顧這一派的小說創作時就稱其爲「民國舊派小說」，鄭逸梅也以「民國舊派文藝期刊」來介紹那些不勝屈指的鴛蝴雜誌。於是，「舊派」幾乎成了鴛鴦蝴蝶派文人的一個身份標誌。那麼，他們爲什麼願意以「舊派」自居呢？「舊派」在他們這裡又有哪些獨特的意義？

一、從新到舊

實際上，鴛鴦蝴蝶派文人並不是一開始就具備了這個「舊派」的身份標記。首先，他們創作的小說也不是如我們今天所想像的，都是「舊小說」。民初小說的興盛承晚清小說界革命而來，一些鴛蝴作家還參與了梁啓超所提倡的「新小說」創作。因此，民初的不少小說家還是以「新小說」的實踐者、繼承者自居。1914 年，《民權素》上所載吳雙熱的「實事小說」《花開花落》，還以「新小說」自稱。小說中有這樣一個情節：落魄嗜酒的高頤孫給了我一本小冊子，題爲《嗚呼，吾妻之死》，囑咐我說：「君試觀之，儻肯採此葑菲，飾以文藻，輯成一部新小說。」〔註 36〕其次，在思想意識方面，鴛鴦蝴蝶派文人也並非一開始就被目爲守舊，包天笑回憶，在他的青年時代，甲午戰爭以後，「我常常去購買上海報來閱讀，雖然衹是零零碎碎，因此也略識時事，發爲議論，自命新派。」〔註 37〕像他這樣閱讀報紙，關心時事，與那些孜孜於八股、策論的讀書人相比，確實可以算得上是新派人物了。而且，就生活方式而言，這些鴛蝴文人往往託身都市大眾傳媒，在報館、書局中靠編譯寫謀生，在當時也是比較新潮了。

隨著新文學群體的登場亮相，鴛鴦蝴蝶派文人才逐漸以「舊」派定位。新文學群體最初在建設「新文學」的旗幟下，將鴛鴦蝴蝶派定性爲「舊」，這個「舊」其實包含著多重意蘊，不僅僅是內容、形式的舊。周作人在 1918 年談到「現代的中國小說，還是多用舊形式者，就是作者對於文學和人生，還是舊思想」。〔註 38〕將當時盛行的幾種小說如《玉梨魂》、《廣陵潮》等視爲舊小說。尤其是 1921 年《文學旬刊》的「雜談」欄目刊出的一系列文章，探討「新舊文學調和」的問題，與新文學相對，將鴛鴦蝴蝶派定爲「舊文學」。如《新舊文學的調和》（西諦）、《調和新舊文學進一解》（厚生）、《新舊文學果

〔註 36〕雙熱《花開花落》，《民權素》1915 年第五集。著重號爲注者所加。
〔註 37〕包天笑《釧影樓回憶錄》，前引書，第 135 頁。
〔註 38〕周作人《日本近三十年小說之發達》，《新青年》1918 年第五卷第一號。

可調和麼？》（西諦）。至此，「舊文學」基本上成了鴛鴦蝴蝶派的另一稱謂。1922 年，沈雁冰在《自然主義與中國現代小說》將中國現代小說分爲新舊兩派，舊派包括章回體的長篇小說、不同程度借鑒章回體和西方小說的舊小說、文言與白話的短篇小說。〔註 39〕這些舊派小說其實就是指鴛鴦蝴蝶派小說。但是，一些新文學家也意識到，將鴛鴦蝴蝶派視爲「舊文學」，容易與中國古典文學相混淆，給人造成鴛鴦蝴蝶派代表了古典文化與文學的印象。因此，一些新文學家還就此特意做了分辨，如郭沫若認爲《禮拜六》那一類的「文丐」「不說可以奪新文學的朱，更還可以亂舊文學的雅。」〔註 40〕子嚴則明確指出：「這些『禮拜六』以下的出版物所代表的並不是什麼舊文化舊文學，祇是現代的惡趣味——汙毀一切的玩世與縱欲的人生觀（？）」〔註 41〕對於這點，沈雁冰也表示贊同。〔註 42〕魯迅對一些鴛蝴文人以精通舊學的「國學家」自命，更是加以揭露與諷刺：「洋場上的往古所謂文豪，『卿卿我我』『鴛鴦蝴蝶』誠然做過一堆，可是自有洋場以來，從沒有人稱這些文章（？）爲國學，他們自己也並不以『國學家』自命的。現在不知何以，忽而奇想天開，也學了鹽販茶商，要憑空挨進『國學家』隊裏去了。」〔註 43〕

　　對於這些批判與分辨，鴛鴦蝴蝶派文人顯然不會也不願去細細考究。他們更樂於在新與舊的對立中看待新文學對他們的批判，在他們的雜誌中常以「新舊文學的戰爭」〔註 44〕來形容這場論爭，他們將新文學作家創作的小說稱爲「新小說」，自己即爲「處於舊小說旗幟下的人」。〔註 45〕雖然在各種場合，他們常以「新文學派」、「新文學家」來指稱對手，但他們卻沒有明確自稱「舊文學派」或「舊文學家」，直到 1933 年，范煙橋使用「舊文學派」這個詞時，還特意加以說明：「新文學派送給舊文學派（這個名詞，是我杜撰的，其實也不甚妥當，爲了便利申說起見，擬一下這一個相對的稱謂）的『鴛鴦蝴蝶派』的頭銜，很有許多人不明白他的解釋。」〔註 46〕他們祇是在提及「新

〔註 39〕沈雁冰《自然主義與中國現代小說》，《小說月報》1922 年第十三卷第七號。
〔註 40〕郭沫若《致鄭西諦先生信》，載《文學旬刊》第 6 號，1921 年 6 月 30 日。
〔註 41〕子嚴《惡趣味的毒害》，載《晨報副刊》1922 年 10 月 2 日。
〔註 42〕雁冰《真有代表舊文化舊文藝的作品麼？》，載《小說月報》1922 年第十三卷第十一號。
〔註 43〕某生者《所謂「國學」》，載《晨報副刊》1922 年 10 月 4 日。
〔註 44〕《星期》1922 年第十二號。
〔註 45〕《星期》1922 年第十八號。
〔註 46〕說話人《說話（六）》，載《珊瑚》1933 年第二卷第六號。

文化」「新文學」的時候，籠統的以「舊」或「舊小說」來指代自身。大體上，相對於新文學家的「新」，他們是以「舊派」自居的。但他們並不是承認自己落後、保守、腐朽的「舊」，而是著重於傳統、古典這一含義。因此，他們對「舊派」身份的定位主要體現於兩點：一、立足於本土，為廣大讀者所歡迎，二、繼承傳統，是中國古典小說的正宗嫡傳。在鬥爭中，要讓自己具有合法性，就必須要消解對手。於是，這些鴛鴦蝴蝶派文人為了讓他們這個「舊派」身份具有合法性，不惜將新文化運動者、新文學家的形象加以扭曲。

　　首先，鴛鴦蝴蝶派將新文化運動者、新文學家視為「新派」人物，而新派人物即意味著背棄傳統文化與道德。對新派人物的批評，自晚清以來就一直不絕如縷，李伯元的《文明小史》中就刻畫了一群假維新、假革命的新派人物。鴛蝴文人對新派人物的攻擊基本上還是延續晚清的套路，如諷刺新文學家居然連枚乘的《七發》也不明了，是「根基淺薄」。〔註47〕他們提倡「新文學」是因為舊學不通，「一班略識之無之輩，自己沒資質研究文學倒也罷了，偏偏愚而好自用，要做那文學界的聖人，倡為新文學，模倣西人勾勾點點，算是輔助他們辭意的，然而可不是自己招承他們語不達意了麼？」〔註48〕除了對新派人物的學問加以質疑外，對其行為舉止也多加指摘諷刺。

　　其次，指責新文化運動者、新文學家「挾洋自重」，鴛鴦蝴蝶派常稱五四新小說為歐化派小說。認為這些新人物們輸入的西方思潮造成社會風氣墮落。晚清民初以來，指責輸入西學導致世風日壞的言論頗為常見，如「歐化東漸，婦德日壞，女界種種可悲可駭之怪現象，日接觸於眼簾。」〔註49〕或「自歐化輸入，夫婦平權、婚姻自由之說，喧騰於皮傳西學者之口，而其毒乃浸淫於女界。」〔註50〕到了五四以後，一些鴛鴦蝴蝶派文人更是把這筆賬都記到了新文化運動者身上，他們一邊慨歎「歐風東漸，禮教西遷」，「我國轉江河日下，淫靡之風日盛」。〔註51〕一邊大罵那些「滿口德謨克拉西、愛皮西提」的新派人物，認為是他們導致了綱常淪喪。其實鴛蝴文人的這一思路正與新文學界相似，新文學群體是在歷史的縱向繼承方面，指責鴛鴦蝴蝶派文人代表了中國國民由來已久的劣根性，他們的文字代表了「惡趣味」，流毒深遠，「專門迎合一般人盲目的

〔註47〕　施青萍《此亦直譯乎》，載《最小》1923 年第一百號。
〔註48〕　海上說夢人《新歇浦潮》，載《紅雜誌》1922 年第十六期。
〔註49〕　前度《蓮娘小史》，載《小說月報》1911 年第二年第七期。
〔註50〕　《新彤史》，載《香豔雜誌》1914 年第一期。
〔註51〕　海上說夢人《新歇浦潮》，載《紅雜誌》1922 年第十六期。

淺薄劣等的心理,把多少無知的青年蠱惑了。」〔註52〕其實,論爭中為打擊對手,一些言語不免是詆毀。不光鴛鴦蝴蝶派如此,新文學家又何嘗不是。當然,這些過激的言論也常常衹是一種姿態。〔註53〕

二、舊派名家的經典化之途

鴛鴦蝴蝶派文人除了攻擊新文學界,一邊也在積極為自己構建一個繼承傳統、立足本土的「舊派」形象。這種建構主要從橫向空間和縱向歷史傳承兩方面進行。在空間方面,新文學往往稱鴛蝴文人為「上海灘文人」、「洋場才子」,1923年嚴芙孫編撰的《全國小說名家專集》由雲軒出版社出版,其中介紹了王鈍根、王西神、包天笑、江紅蕉、徐卓呆等三十二位當時較有影響的鴛蝴作家,沒有一個新文學作者。顯然試圖打破狹隘的地域侷限,以「全國」眼光來選定自己的「名家」,以造就聲名。對這些「名家」形象的刻畫,一則重在體現其才情卓著,尤其是舊學根底深厚,如李涵秋「長於古文詞章」,王西神是「壬寅科舉人」;其次就是介紹這些小說家的作品廣受讀者歡迎,如介紹周瘦鵑的《留聲機片》引起武進梁女士的身世之感,認周瘦鵑為生平第一知己。與《全國小說名家專集》相應和,1924年,王鈍根主編的《社會之花》雜誌,專闢《本旬刊諸大名家小史》一欄,介紹陳蝶仙、周瘦鵑等著名鴛蝴作家,其介紹方式與《全國小說名家專集》基本相似。

如果說,嚴芙孫、王鈍根處於新文學批判中,有意彙集鴛鴦蝴蝶派的「名家」,以示區別於新文學的自身存在。那麼,施濟群、劉雲若、范煙橋等人則更著重從歷時的繼承中勾勒,以證明這個「舊派」身份的合法性。1922年施濟群主編的《紅雜誌》上連載《小說點將錄》,以水滸人物比附「近今小說名家」,從晚清的吳趼人、林琴南、曾孟樸一直到當時活躍文壇的包天笑、周瘦鵑、胡寄塵等,顯然意在表明自己是晚清小說的延續,是中國傳統小說的正宗嫡傳。無獨有偶,北方的鴛蝴名家劉雲若也多次表明自己對中國傳統文化的偏愛,他曾言「吾人曾作過故紙堆中的蠹魚,習染很深,以後雖大受新潮激陶,仍然不能不戀舊時骸骨。常覺著舉世詬病的死文字,固有它新鮮活潑的精神,精微深

〔註52〕仿吾《歧路》,載《創造季刊》1922年第一卷第三期。

〔註53〕如二十年代的一些鴛蝴雜誌還是表現了對新文學極大的興趣,一些鴛蝴文人對某些新文化人物其實還相當推崇;新文學界也不乏對鴛蝴作品加以肯定的例子,如茅盾私下裏對張恨水的肯定。

妙的運用，足以和新文學並存，不必偏廢。」時人說他時，常拿曹雪芹、施耐
菴、蘭陵笑笑生來比附，他自己也希望「比肩曹、施」。〔註54〕

　　在鴛鴦蝴蝶派的「舊派」身份建構中，范煙橋可謂功不可沒。范煙橋是
鴛鴦蝴蝶派中具有史家意識的作家，在他 1927 年出版的《中國小說史》中，
就追流溯源，勾勒了中國小說發展的歷程，第五章敘「小說全盛時期」，分爲
「清」和「最近十五年」兩個時期，其中就涉及很多鴛鴦蝴蝶派的作家作品，
如徐卓呆、包天笑等；尤其是對「最近之十五年」（即 1912～1927 年）的描
述中，雖提及文學研究會、創造社的一些作家作品，但主要是鴛鴦蝴蝶派作
家作品，如徐枕亞的《玉梨魂》、《雪鴻淚史》、吳雙熱的《孽冤鏡》、畢倚虹
的《人間地獄》、包天笑的《上海春秋》等等。〔註55〕在范煙橋的這種歷史敘
述中，一方面表明鴛鴦蝴蝶派是中國小說發展的一個環節，承明清小說而來；
另一方面無疑也是肯定了鴛鴦蝴蝶派在「中國小說史」中佔有一席之地，甚
至是十分重要的地位。有研究者這樣評價范煙橋：「曾在一九二七年寫過一冊
堂而皇之的《中國小說史》，追流溯源，把民初以來便盛行不衰的鴛鴦蝴蝶式
通俗小說正式納入中國本土小說發展的『全盛時期』，大書《玉梨魂》和《廣
陵潮》的承前啓後，同時隻字不提五四以來方興未艾的新文學，也算是給新
文學運動健將們針對鴛鴦蝴蝶派發出的種種責難攻擊一個不卑不亢的回應。」
〔註56〕這種評價大致是準確的，因爲在范煙橋編撰這部小說史的時候，一些
鴛蝴作家就表現了極大的關注與熱情，包天笑作弁言，胡寄塵、趙眠雲、江
紅蕉等人紛紛作序，顯然有針對新文學而發的意思。建國後，范煙橋又在這
部《中國小說史》最後一章的基礎上敷衍而成《民國舊派小說史略》，回顧了
鴛鴦蝴蝶派小說的發展歷程，體裁分爲言情、社會、歷史傳奇、武俠、翻譯、
偵探、短篇（附筆記）等，團體則有青社與星社，並對「民國舊派小說」做
了具體說明：「這裡說的民國小說，是指的舊派小說，主要又是章回體的小說。」
「這種章回體的舊派小說，起自民間，從口頭文學發展爲紙面抒寫，內容、
形式，頗爲群眾所喜聞樂見。」〔註57〕其實還是在表明，鴛鴦蝴蝶派是繼承
中國古典文學的，並爲讀者所歡迎。在范煙橋的敘述中，自稱是「舊派」，其

〔註54〕范伯群《中國近現代通俗文學史》（上卷），前引書，第 316 頁。
〔註55〕范煙橋《中國小說史》，前引書，第 245～279 頁。
〔註56〕唐小兵《蝶魂花影惜紛飛》，載《讀書》1993 年第 3 期。
〔註57〕范煙橋《民國舊派小說史略》，魏紹昌《鴛鴦蝴蝶派研究資料》，前引書，第
　　　　167～168 頁。

實是以繼承中國傳統來確定自己的合法性。

但是，我們也必須注意到，鴛鴦蝴蝶派認同「舊派」身份，詆毀新文化、新文學，並不意味著他就拒絕新思潮、新文學，真正與新文學、新文化相對立。毋寧說，「舊派」祇是一個身份標記，並不一定有實踐意義，這從二十年代一些鴛蝴文人熱衷「跟蹤」新文學就可看出。總之，鴛鴦蝴蝶派文人是一群遊走於大眾傳媒的職業文人，無論採取何種身份姿態，他們的目的不外乎要迎合讀者的閱讀習慣，佔領文化市場。劉易斯·科塞說：「不可以憑想像把受雇於大眾文化產業的大多數人稱作知識份子。他們也許是一流的匠人，掌握眾多專業知識的才子，但他們並不棲身於知識的殿堂。」〔註58〕因此，無論「才子」還是「舊派」的身份設想，都不僅僅是他們的性情取向或道德立場，更多是他們在文化空間中對自我身份的一個策略性定位。而之所以采取這樣的定位，其實離不開與新文學複雜的鬥爭與糾葛。可以說，鴛鴦蝴蝶派無論是群體意識的形成，還是身份認同的過程，都是在與新文學進行區分的周旋中進行的。

〔註58〕〔美〕劉易斯·科塞《理念人：一項社會學的考察》，郭方等譯，前引書，356頁。

第三章 區分中的周旋：鴛鴦蝴蝶派與新文學的鬥爭和糾葛

　　對於鴛鴦蝴蝶派而言，新文學始終是一個強大的「他者」，一個龐雜的群體能以「派」而命名，人生形態各異的文人選擇「舊派才子」的身份認同，都離不開與新文學的鬥爭與糾葛。可以說，新文學的批判與指認是鴛鴦蝴蝶派這一範疇得以形成的基礎，自新文化運動初期一直到三十年代，雖然新文學處於不斷的分化之中，其目標與任務也在不斷調整，但鴛鴦蝴蝶派始終是他們的「假想敵」，在「新文學」／「舊文學」、「人的文學」／「遊戲的消遣的金錢主義的文學觀念」、「進步的大眾文藝」／「封建的小市民文藝」的一系列對立中，新文學與鴛鴦蝴蝶派被一次次加以區分，新文學與鴛鴦蝴蝶派的界線逐步劃分出來，鴛鴦蝴蝶派的形象也慢慢被勾畫起來。

　　那麼，作為被指認、被區分的對象，鴛鴦蝴蝶派自身又是如何應對的呢？應該說，鴛鴦蝴蝶派的回應策略相當靈活，既接受新文學的區分，堅持一條「玫瑰之路」，標榜趣味與消閒；又不乏對新文學話語進行戲仿，顛覆權威與神聖；同時也有著消解邊界與等級的同一性策略，在「新舊原本一家」的口號下一邊揭新文學家老底，一邊自己又積極逐新，擴展自身生存空間。正是在這樣靈活複雜的應對、周旋中，形成了鴛鴦蝴蝶派豐富、駁雜的形態，從而讓它歷經新文學的屢次批判而不衰，在中國現代文化、文學空間中佔據著一席之地。

第一節　走一條「玫瑰之路」：接受區分

　　從五四新文化運動初期一直到三十年代，新文學群體一邊建設旨在啟蒙

民眾、改造國民性的新文學，一邊對鴛鴦蝴蝶派展開了持續的批判。批判主要分爲三個階段：新文化運動初期，對民初言情、黑幕小說的指責；二十年代，文學研究會、創造社爲首的新文學家對上海文人、「禮拜六派」的攻擊；三十年代初期至抗戰前，左翼文學界對「鴛鴦蝴蝶派」的批判。〔註1〕應該說，新文學對鴛鴦蝴蝶派的批判就是通過命名製造差異的行爲，也是一種符號鬥爭的策略，「符號鬥爭能採取的形式是嘗試改變對社會世界的感知圖式和評價系統，也就是分類系統和感知範疇，或者進而言之也就是命名、語詞，因爲正是這些東西在表述現實的同時也建構了現實。」〔註2〕經由這些批判，新文學不僅建構了鴛鴦蝴蝶派「舊文學」、「遊戲的消遣的金錢主義的文學觀念」、「封建的小市民文藝」等負面形象，而且成功地彰顯了自身，在自己與鴛鴦蝴蝶派之間形成一系列區分。那麼，鴛鴦蝴蝶派又會以何種方式與姿態對待這種批判和區分？

一、從淡然到謾罵：鴛鴦蝴蝶派的應對

總體上，鴛鴦蝴蝶派對新文學的批判有一個從漠然到正視的過程。新文化運動初期，李大釗、劉半農、錢玄同對「當今文壇」的種種現狀表示了不滿，主要集中於對黑幕、言情小說的惡劣影響加以指責。應該說，這次的批判並沒有引起鴛鴦蝴蝶派的多少回應。與新文學的這些指責相似，他們中的一些人也對黑幕、言情小說表示了不滿與反思。如對黑幕小說，即使是徵求黑幕的《時事新報》，也刊載了這樣的《黑幕投稿者鑒》，「本報開設黑幕一欄，原爲發覆鋤奸，投稿諸君亦同此心理，乃近來世風日下，反藉黑幕二字以售其奸。」葉小鳳更是表現出了這樣的憂慮：「黑幕二字，今已成一誨淫誨盜之假名。當此二字初發見於某報時，小鳳奉之若神明，以爲得此慈悲廣大教主，將地獄現狀，一一揭佈，必能令眾生目駭心驚，見而自戒。及見其漸近於淫藝，則喟然歎曰：洪水之禍，發於此矣。果也，回應影赴者，春芽怒發。」〔註3〕同樣，對於民初言情小說的泛濫，個中人也多有反思，蔣箸超言「比來言情之作，汗牛充棟，其最落窠臼者，大率開篇之始，以生花筆描寫豔情，令讀者愛慕，不忍釋手。

〔註1〕 具體參見范伯群《禮拜六的蝴蝶夢》中關於新文學與鴛鴦蝴蝶派的三次論爭，《禮拜六的蝴蝶夢》，人民文學出版社1989年，第11～29頁。
〔註2〕 朱國華《權力的文化邏輯》，上海三聯書店，2004年，第73頁。
〔註3〕 小鳳《小說雜論·三十六》，載《民國日報·民國小說》1918年10月17日。

既而轉入離恨天，或忽聚而忽散，或乍合而乍離，抉其要旨，無非爲婚姻不自由發揮一篇文章而已。」〔註4〕而張恨水更是諷刺當時的小說：「只要有花玉恨淚這四個字，都可以包括得下。」〔註5〕而且，最重要的是，此時鴛鴦蝴蝶派掌握著眾多的雜誌報刊陣地，擁有無數的書迷、讀者，對於新文化運動者的批判，他們完全不必放在心上。

迫使鴛鴦蝴蝶派作家直面新文學群體的是銷售市場問題，作爲賣文爲生的職業報人與作家，產品的銷量無疑是其命脈所繫。民初鴛蝴小說的讀者，有很大一部分是青年學生，按惲鐵樵推測「第思一小說出版，讀者爲何種人乎？如來教所謂林下諸公其一也；世家子女通文理者其二也；男女學校青年其三也。」〔註6〕新文化／新文學刊物的影響有一個逐步擴大的過程，在1918年《新青年》雜誌的銷路還不太好，魯迅1月4日致許壽裳的信中說「《新青年》不能廣行，書肆擬中止」。〔註7〕但過了一年《新青年》、《新潮》銷路增加，影響擴大。隨著新文化影響的逐漸擴大，各地新文學／新文化社團紛紛成立，新文化書刊也紛紛出版，連交通不便的西蜀成都也受到新文化思潮的洗禮，1920年成都成立了「半月社」，其成員主要是青年學生，1921年在成都外語學校讀書的李芾甘（巴金）也加入其中。編輯出版《半月報》，體例仿照《新青年》，其中《隨感錄》欄，探討的問題有勞工（無產）階級團結解放、女子參政、自由戀愛、川人自治等問題，其銷售點除了成都市內的幾處外，還在重慶的一些學校設有代銷點，可見此類報刊在當時的年輕人中還是有一定影響。書刊雜誌能起到標識身份、劃分群體的文化標籤作用，閱讀《新青年》、《新潮》等鼓吹新文化的雜誌成了「新青年」的身份標誌。鴛鴦蝴蝶派的市場明顯受到了衝擊，1918～1920年間創辦的雜誌大大減少。1920年，鴛鴦蝴蝶派的老牌雜誌《小說月報》在銷量不景氣的情況下，被迫進行半革新。主編王蘊章希望「應文學之潮流，謀說部之改進」。〔註8〕設「小說新潮」欄，請沈雁冰等撰稿，主要仍是程瞻廬、周瘦鵑等人的譯作與創作。但半革新的《小說月報》的銷量仍步步下降。這無疑是促使商務印書館決定全面改革《小

〔註4〕蔣箸超《白骨散弁言》，載《民權素》1914年第一集
〔註5〕張恨水《小說迷魂遊地府記》，載《民國日報・民國小說》1919年4月13日。
〔註6〕惲鐵樵《答某君書》，載《小說月報》1916年第七卷第貳號。
〔註7〕魯迅《致許壽裳》，《魯迅全集》第十一卷，人民文學出版社，2005年，第357頁。
〔註8〕《本社啓事》，載《小說月報》1920年第十一卷第十號。

說月報》的一個重要因素。1921 年沈雁冰接手《小說月報》，將已買下的林譯小說與周瘦鵑等人的作品皆棄置不用，鴛蝴文人失去了一個經營十年之久的發表陣地，由此導致了新文學陣營與鴛鴦蝴蝶派的第二次交鋒。茅盾說「是《禮拜六》派先罵《小說月報》和我個人，足足有半年之久，我才從文藝思想的角度批評了《禮拜六》派」。〔註 9〕這次批判主要有文學研究會和創造社成員參與。在文學的職能問題上，文學研究會提出文學爲人生，對標榜「一編在手，萬慮都忘」的鴛鴦蝴蝶派，自然大加撻伐，批評他們「遊戲的消遣的金錢主義的文學觀念」，〔註 10〕將他們的作品視爲「冷血文學」；〔註 11〕在藝術方面，也認爲他們無所成就，「唯求報帳似的報得清楚」。〔註 12〕新文學的另一個社團創造社也對鴛鴦蝴蝶派進行了批判，成仿吾稱他們爲「卑鄙的文妖」，藝術上也是「千篇一律」，沒有「特創的東西」，提出要「把他們的戰線，一條條的奪了，把他們由地球上掃除了罷」。〔註 13〕通過這次批判，鴛鴦蝴蝶派的範圍已經相當明晰，其負面形象也被勾勒出來，在新文學與鴛鴦蝴蝶派之間以及形成了一道明顯的區分界線。

　　相比而言，鴛鴦蝴蝶派的各種論戰文字就缺乏新文學界那種高屋建瓴的氣勢，常常流於冷嘲熱諷，甚至是人身攻擊，如諷刺改版後的《小說月報》不但沒有閱讀的可能，連包醬鴨的資格也沒有，因爲「印的字，太臭了些」。〔註 14〕將新文學對他們的批判視爲因飯碗問題而生出「同行嫉妒」。〔註 15〕大體上，攻擊新文學的歐化與難懂爲他們共同的特點，如比較代表性的批評：

> 海上某大書店出的一種小說雜誌，從前很有點價值。今年忽然野心起來了，內容著重的，就是新的創作。所謂創作呢，文法，學外國的樣，圈點，學外國的樣，款式，學外國的樣。甚至連紀年，也用的是西曆一千九百二十一年。他還老著臉皮，說是創作。難道學了外國的樣，就算創作嗎？這種雜誌，既然變了非驢非馬，稍微有點小說智識的，便決不去看他。就是去想翻他，看他到底是怎麼回事，

〔註 9〕　茅盾《複雜而緊張的生活、學習與鬥爭》（上），載《新文學史料》第 1 輯。
〔註 10〕　沈雁冰《自然主義與中國現代小說》，載 1922 年《小說月報》第十三卷第七號。
〔註 11〕　西諦《血和淚的文學》，載《文學旬刊》第 6 號，1921 年 6 月 30 日。
〔註 12〕　沈雁冰《自然主義與中國現代小說》，載《小說月報》1922 年第十三卷第七號。
〔註 13〕　仿吾《歧路》，載《創造季刊》1922 年第一卷第三期。
〔註 14〕　寒雲《小說迷的一封書》，載《晶報》1922 年 8 月 12 日。
〔註 15〕　星星《商務印書館的嫌疑》，載《晶報》1922 年 9 月 21 日。

> 頂多看上三五句，也要頭昏腦漲，廢然掩卷了……
>
> ……如果都照這樣做下去，不但害盡青年，連我國優美高尚的文字，
>
> 恐怕漸漸都要消滅哩……〔註16〕

在鴛鴦蝴蝶派看來，新文學僅僅是照搬外國的文法、圈點，是「假洋鬼子」。因此，他們稱新文學家爲「歐化派小說家」或「新式標點作家」。新文學指責他們藝術低劣，他們也同樣攻擊新文學淺薄，如「新派小說家，懂得幾件新符號，認得一些 ABCD，譯過幾篇神妙莫測直譯體的外國小說，便要稱起創作家來。但所創作的，無非是學校中男女學生的戀愛，各人放假回家所見著的鄉村的外觀。無論怎樣，總是淺薄得很，這就因爲他們對於各種社會，閱歷不多，考察不曾透澈的原故。」〔註17〕這次論爭，在鄭振鐸看來，「不過是嚴正的理論對付不大上流的誣衊」。但實際上，鴛鴦蝴蝶派的誣衊恰恰表明了他們對此的重視。

二、通俗、趣味與消遣：區別於新文學的定位

某種程度上，新文學的批判與區分恰好給了鴛鴦蝴蝶派一個重新審視自身機會。在一個日益區分化的文化空間，惟有找到自己的定位，方能立於不敗之地。因此，在與對新文學進行論爭的同時，鴛鴦蝴蝶派也在進行著自身的調整，這種調整往往就以新文學爲參照物。在一系列的對比中，鴛鴦蝴蝶派亮出自己的招牌，如與新文學的「歐化」不同，鴛蝴標榜自己的「通俗」，與「新文學」相對，鴛蝴則自居「舊派」。可以說，鴛鴦蝴蝶派接受了新文學的區分與界線，尤其是在文學追求與文化理念方面：與新文學嚴肅的啓蒙意識相對，鴛鴦蝴蝶派則熱衷於給讀者提供「排悶消愁一條玫瑰之路」。〔註18〕這主要體現於他們的期刊形態的變化。相比於 1918～1920 年間的冷清，1921年至 1925 年期間，鴛鴦蝴蝶派雜誌迎來又一波創辦高潮，《禮拜六》復刊，《半月》、《紫羅蘭》、《紅玫瑰》等紛紛出版。與晚清民初相比，這些雜誌的「灌輸新知」一面在淡化，而「趣味」與「消閒」的一面無疑被強化了。二十年代的鴛蝴雜誌更多以一種生活良伴的姿態呈現。例如與民初雜誌相比較，《半月》《紫羅蘭》上刊載的翻譯作品減了不少，關於域外科學技術、政治文化介

〔註16〕寒雲《辟創作》，載《晶報》1921 年 7 月 30 日。

〔註17〕何海鳴《我說枕綠》，載《最小》1922 年第二號。

〔註18〕廣告，載《星期》1922 年第 28 號。

紹的文字篇幅也有所壓縮。這些雜誌多在平民百姓的生活、情感領域做文章，以休閒伴侶的姿態，釀造都市生活的時尚指南。比較代表性的如《紅玫瑰》，就宣稱其宗旨爲：

> 一、主旨：常注意在「趣味」二字上，以能使讀者感得興趣爲標準，而切戒文字趨於惡化與腐化──輕薄與下流。
>
> 二、文體：力求其能切合現在潮流，惟極端歐化，也所不採。
>
> 三、描寫：以現代現實的社會爲背景，務求與眼前的人情風俗相去不甚懸殊。
>
> 四、目的：在求其通俗化、群眾化，並不以研求高深的文藝相標榜。
>
> 五、內容：小說、隨筆、遊記、各地通訊，學校中的故事、感想錄……等項並重，務求相輔而行，並不側重於某一項。
>
> ……
>
> 八、希望：極度希望讀者不看本志則已，看了以後一定不肯拋了不看，一定不肯失去了一期不看──換一句話：每篇都有可以一讀的價值，那，讀者自然會一心一意地想著它，不願失去一期不看的了。〔註19〕

類似的發刊詞或編者自道，在二十年代的鴛鴦蝴蝶派雜誌中可謂數不勝數。正因爲他們主要注意在「趣味」方面。因此，「甜甜蜜蜜的小說、濃濃郁郁的談話、奇奇怪怪的筆記、活活潑潑的遊戲作品」鋪就了一條花團錦簇的「玫瑰之路」，〔註20〕以供讀者消遣。

至此，新文學與鴛鴦蝴蝶派二者區分的局面正式形成。作爲現代文化啓蒙的重要組成部分，新文學「文化啓蒙」到「民族救亡」到「無產階級革命運動」，遵循的是民族國家理想的精英敘事，文學始終與人性重建、社會變革、救亡圖存的目標聯繫在一起。〔註21〕而鴛鴦蝴蝶派則在日常生活領域，熱衷於飲食男女、生活方式的言說，顯然，這是一種建立在現代商業城市的大眾文學敘事。

三十年代，左翼文學界又對鴛鴦蝴蝶派進行了批判，魯迅、瞿秋白、茅盾、錢杏邨等人或對鴛蝴的來龍去脈做了勾勒，指出其與洋場的聯繫；或對

〔註19〕苕狂《花前小語》，載《紅玫瑰》1929 年第五卷第二十四期。

〔註20〕廣告，載《星期》1922 年第 28 號。

〔註21〕楊匡漢主編《20 世紀中國文學經驗》上，中國出版集團東方出版中心 2006 年，第 487 頁。

鴛蝴在中下層民眾中的影響表示憂慮；或對武俠熱、「啼笑因緣」熱的掀起進行反思。經由這次批判，鴛鴦蝴蝶派又被貼上政治意識形態落後的標籤。對於這次批判，鴛鴦蝴蝶派已經表現得相當平和，除了偶爾對左翼文人加以諷刺外，少有直接論戰的文字。差不多同時期的「京派」「海派」之爭中，雖然也有涉及鴛鴦蝴蝶派的，但自有新文學海派作家杜衡等人應戰，因此鴛蝴文人基本上是作壁上觀。而三十年代隨著日本侵略的步步緊逼，救亡圖存逐漸成了符合中國各階層共同利益的主導傾向。鴛鴦蝴蝶派也以他們慣有的方式對時代所賦予的命題做出反應。例如 30 年代的《珊瑚》，聲稱辦刊宗旨就是「以美的文藝發揮奮鬥精神，激勵愛國的情緒，以期達到文化救國的目的」。〔註 22〕雜誌中大量關於日本侵華、抵抗救亡的內容，第一卷第六號為「九一八」紀念專號；第一卷第一期的《擊築吟》以擊築吟歌的韻文生動描繪日本侵略、溥儀作傀儡的事實；〔註 23〕寫《荒江女俠》的顧明道以武俠加「一對鴛鴦」的筆墨創作《國難家仇》，描寫人民抗日行動；徐卓呆的《食指短》則從自身經歷出發，反映日本對上海的狂轟濫炸，人民的顛沛流離。第二期有加以譜曲的《擬十九路軍軍歌》；還有十九路軍軍官的《抵抗日記》，並登載他與愛人甜蜜相伴的照片，大有英雄美人之感，於此處又不免幾分鴛鴦蝴蝶慣有的香豔氣息。

　　總體上，鴛鴦蝴蝶派在與新文學的區分之中，堅持「消閒」「趣味」宗旨，形成了自己獨特的面容姿態，從而與新文學形成了二分天下的格局，以致新文學一直不能忽視它的存在。但這種區分，本身就意味著一種等級。因此，鴛鴦蝴蝶派對於這種等級關係還是進行了戲仿式的顛覆與結構。

第二節　戲仿：顛覆與解構

　　綜觀新文學與鴛鴦蝴蝶派的論爭，幾乎每一次都是新文學居於主動位置，他們挾強勢話語，掌握著命名權。新文學群體較之鴛蝴文人往往擁有更多的文化資本，例如其教育背景中，常常擁有為合法化的制度所確認的各種學銜、學位，如留洋博士、國內名校學生等；其工作環境又較為優越，不少人佔據著高校（尤其是北京的高校）這樣的文化機構，在現代社會，高校不

〔註 22〕《不惜珊瑚持與人》，載《珊瑚》1932 年第一卷第一號。
〔註 23〕劉豁公《擊築吟》，載《珊瑚》1932 年第一卷第一號。

僅是傳授知識、生產知識的地方，也是建構經典、產生等級的所在。因此，在文學場域的鬥爭中，新文學無疑處於一個比較優勢的位置。因此，在新文學與鴛鴦蝴蝶派二者之間的區分界線，還意味著一種等級關係。對於這種等級關係，一些鴛蝴文人其實是接納的。新文學權力的確立，並不僅僅是通過它自身的強力推行而達到的。正如葛蘭西所指出的，霸權結構中的支配與被支配並非決然對立的二元關係，而是具有平衡性、互動性、間接性的關係特徵。〔註24〕比較典型的例子是胡寄塵，他積極參與「新文學」「新詩」，卻沒有得到新文學界的認可，最終只好還是以鴛蝴自居。而另外一些鴛蝴作家，如果得到新文學界的肯定與贊許，則往往表現出極大的感戴。如何海鳴的《老琴師》得到新文學家的稱讚，他不免沾沾自喜，稱「頗得閱者贊許，即新文學家亦有贊可者。我遂決心爲小說家矣。」〔註25〕1936年，在《文藝界同人爲團結禦侮與言論自由宣言》上，左翼作家也接納了鴛鴦蝴蝶派作家中的代表性人物包天笑與周瘦鵑參與簽名。而周瘦鵑對這種容納的反應就顯得別有意味，將列名視爲「一生莫大的光榮」而「永永不會忘懷」。〔註26〕他的感激涕零某種程度上反映了新文學等級制度的確立，以及一些鴛鴦蝴蝶派文人對這種權力關係的認可與接受。但是，對於這種權力關係的認可與接受，並不意味著鴛鴦蝴蝶派就心甘情願地臣服於新文學，它與新文學的關係其實更爲複雜。他們一方面接受界線，劃定自己的群體；另一方面也力圖模糊、調和這樣的等級。他們既接受新文學的權力，又努力使之適合自己，顯示了權力關係的互動性與生產性。與新文學急切嚴肅的啓蒙意識不同，鴛鴦蝴蝶派無疑代表著另一種文化追求，它肯定現代平民社會，認同大眾趣味。因此，它也不乏有戲仿新文學的策略，藉此顛覆其權威性與等級制。

一、仿文和源文：鴛鴦蝴蝶派與新文學

1921年，因改詩與創作新詩而飽受新文學界嘲諷的胡寄塵，創作了一篇小說，題爲《一個被強盜捉去的新文化運動者底成績》：

　　一個新文化運動者。走到一個偏僻的小縣裏去。運動農民。在路上

〔註24〕 彭體春《文化霸權》，王曉路等《文化批評關鍵字研究》，北京大學出版社，2007年。
〔註25〕 《何海鳴致周瘦鵑信》，載《半月》1921年第一卷第七號。
〔註26〕 周瘦鵑《永恒的知己之感》，載《文匯報》1956年10月13日。

遇見強盜。要他的錢。他道。錢我是沒有的。你要我的命。我便拼著和你奮鬥吧。諒你不敢拿我怎樣。

強盜大怒。便把他手腳用繩子縛住。帶上馬背。回到山裏去了。

走到山莊。新文化運動者已半死了。強盜將他從馬上放了下來。問道。你如今怎麼樣。

新文化運動者說。你只逞強權。不講公理。可惡極了。我被你束縛得夠了。你快將我解放吧。強盜道。解放麼。除非拿錢來。新文化運動者道。金錢萬惡。要他做什麼。你真是沒有人格。呵。再不將我解放。我要宣佈你的罪狀了。強盜道。怎樣宣佈法呢。哼。

新文化運動者道。第一是打電報。第二是發傳單。強盜道。哼。電報麼。我們這裡電線杆還沒有豎好。傳單麼。我們這裡印刷所還沒有開張。新文化運動者歎道。咳。黑暗。咳。野蠻。咳。科學真不發達。咳。物質文明真不進步。

……」〔註27〕

這是小說虛構一個新文化運動者被強盜捉去，對強盜滿口「奮鬥」、「解放」、「黑暗」、「科學」、「玩物」、「改造」，強盜並不懂這些新名詞，但聽得他說通過運動「反對官、反對兵、反對警察」，很感興趣，新文化運動者由此覺得強盜已覺悟了，勸強盜「你既然覺悟了、你便應該解放我、讓我和那官兵警察奮鬥去」。強盜言「你既然和我們的宗旨相同、我便不為難你、放你回去罷」，於是放了新文化運動者。

這篇小說顯然是對新文化話語進行戲仿，「戲仿」又名「滑稽模倣」「戲擬」，源自英文 Parody，從修辭格的意義來說就是戲謔性仿擬。正如有研究者所指出的：任何戲仿和戲仿文體都不可能是單文本的存在，而是一種很特別的「復合文本」。因此，無論作家還是讀者，創作或閱讀時所面對的就不僅僅是單一的原創文本，而是兩個文本──仿文和源文──所建構的共同體。〔註28〕小說中新文化運動者到偏僻的縣裏「運動農民」，確有其現實背景。在五四運動之後，一些知識份子從思想革命的提倡，逐漸轉到社會革命的實踐。因為他們發現，社

〔註27〕寄塵《一個被強盜捉去的新文化運動者底成績》，載《晶報》1921 年 8 月 1 日。
〔註28〕趙憲章《超文性戲仿文體解讀》，載《湖南師範大學社會科學學報》2004 年第 3 期。

會黑暗依舊，舊的習氣依然根植於人民大眾之中。於是，他們決定多進行一些面向大眾的宣傳，以達到改造社會的目的。因此，除了繼續進行街頭講演，他們並且擴大周期性的周日下午到校外小鎮和鄉村的活動。〔註29〕另外，小說中諸如「奮鬥」、「解放」、「黑暗」、「科學」、「玩物」、「改造」等詞，也常見於各類新文化出版物上。這些詞其實蘊涵著五四知識份子對民族命運、個人價值的一系列嚴肅的思考，其背後是一種積極探索科學的世界觀和反抗奴性的倫理觀。從這篇小說也可看出胡寄塵對於新文化／新文學的理解：所謂新文化運動，祇是提出了一系列的新詞，而這些新詞唯一的用處就是連強盜也覺得「好玩」。而且，作者的這番戲仿其實透露出他自己也停留在「好玩」的層次。而對於這些詞背後所蘊涵的啓蒙意識、現代民主與科學的思想，胡寄塵顯然並不關心。

二十年代開始，鴛鴦蝴蝶派逐漸向都市大眾文學方向調整，類似的戲仿新文化、新文學的作品不爲少見。不僅對新文化話語、思想進行這樣的調侃，對於新文化運動的重要組成部分——新文學，鴛鴦蝴蝶派也對其語言和文體形式進行了諸多戲仿。

舒衡哲指出，兩代五四知識份子都向西方尋求出路，因爲那兒有自我意象、叛逆的道德觀和思想批判的範例。西方提供了一種可資替代的自我觀念，使這些啓蒙者可用以喚醒同代人，形成一種新的、更自主的國民意識。〔註30〕文學領域也一樣，五四新文學積極向歐洲文學借鑒。以致有學者會產生這樣的印象：

> 也許可以概括地說，亞洲所有的新文學同歐洲文學——同我們所說的世界文學——的關係都比他們同本國舊文學的關係要緊密得多。這一事實是顯而易見的，所以，幾年之前當我初步熟悉中國新文學時，我曾經寫道，舊中國的文學同第一次世界大戰後興起的文學之間有著天壤之別，是我們難以相信它們竟是同一民族的產物。〔註31〕

不可否認，新文學的創作受到西方文學的巨大影響，魯迅說「大約所仰仗的

〔註29〕舒衡哲《中國啓蒙運動：知識份子與五四遺產》，新星出版社，2007 年，第150 頁。
〔註30〕舒衡哲《中國啓蒙運動：知識份子與五四遺產》，前引書，第 137 頁。
〔註31〕〔捷克〕普實克《以中國文學革命爲背景看傳統東方文學同現代歐洲文學的對立》，《普實克中國現代文學論文集》，李燕齊等譯，湖南文藝出版社，1987年，第 81 頁。

全在先前看過的百來篇外國作品和一點醫學上的知識，此外的準備，一點也沒有。」〔註32〕新文學重視向西方文學借鑒，他們創作的五四新小說，無論形式、敘事還是語言、句法結構都可見西方小說影響的痕迹。如新體白話吸收歐化的語言成分，輸入一些漢語中沒有的辭彙；句法結構也受到一定啓發，如倒裝結構、插話的採用，尤其是破折號後的插話這種句式結構無疑極大豐富了語言的表達內容；小說敘事方面的模倣就更爲普遍了，如敘事視角、體裁等方面的創新。有些借鑒雖然自晚清以來就已經開始，如敘事方面的突破全知敘事視角，徐枕亞《雪鴻淚史》採用日記體，在體裁方面有一定創新，但基本上還是在中國古典小說固有的框架內進行局部變革，如《雪鴻淚史》中還有大段敘述者的說明文字。五四新文學對西方的借鑒無疑是全方位的，它靠引進種種令人耳目一新的形式與觀念，沖刷中國固有的文學意象與表現手法，表達現代的人生感受與體驗。但在這種借鑒與模倣當中，就導致了一個「歐化」問題的產生。同時，由於晚清以來中國屢次受挫的語境，這些新文化、新文學群體對西方文化往往有一種急切擁抱的心理，希望通過模倣西方，然後再超越西方。在文學藝術方面也是如此，西方自十八世紀以來的各種思潮、流派在五四新文壇上可謂「你方唱罷我登場」，逐新、更新，成了新文化、新文學群體留給時人的印象。此時被他們譏爲「舊」「落後」的鴛鴦蝴蝶派，對此自然加以戲謔嘲諷。

　　1923 年，葉勁風創作了一篇題爲《？》的小說，並署爲「隸隸派小說」，全文如下（除了豎排易爲橫排，引文與原文完全相同）：

　　　　隸隸……奇怪……算什麼呢？……！
　　　　女性！！！……可怕！……唔……天……上帝！……？噫！
　　　　雞 聲 …… 吧 …… 她 …… 奇 怪 …… 恐 怕 是 她 …… 或 是他？……！……！
　　　　牠……笑話……1，2……3，4……十二，……二十？……她或是他？……！
　　　　牠哭笑！無意識……他？笑？……她……哭……？
　　　　牠！她！他！……蜕！土！，！，！，……？吧

在這段莫名其妙的文字之後，是作者的說明：「這是一篇新小說。再新沒有了。是我特造的。如今的事情。也眞好笑。千奇百怪。只要你興妖。不愁沒人隨你

〔註32〕魯迅《我怎麼做起小說來》，《魯迅全集》第四卷，前引書，第 526 頁。

作怪。」「我如是也仿他們這個新派。做了一篇小說。」「恐怕是鬼畫糊塗。小說兩個字。給我這樣一用。算是遭了大劫。」〔註33〕顯然，作者視新文學爲「興妖」，他此番戲仿，就是隨之「作怪」。文中對新文學的戲仿一方面針對形式與語言，形式方面主要是對新式標點符號的濫用，新文學群體攻擊鴛鴦蝴蝶派雜誌的濃圈密點，鴛鴦蝴蝶派也對其採用新式標點加以諷刺，稱之爲「新式標點作家」，這篇小說中故意使用大量新式標點。這些標點被毫無意義的加以使用，並不表達任何語氣或句讀。語言方面就是對「她」「牠」之類新辭彙的傲仿，而這些辭彙都是新文學群體在翻譯文學的啓發下創造出來的。另一方面，作者稱「這是一篇新小說。再新沒有了」，也是對新文學急切追逐西方文學潮流的戲謔。無獨有偶，張枕綠也曾創作一篇題爲《宇宙》的所謂「隸隸派小說」。〔註34〕顯然，這些戲仿之作都是針對新文學的「歐化」而發。

但是，鴛鴦蝴蝶派作家也並不是一群固守中國傳統文學，拒絕外來文學衝擊、影響的保守主義者。一些鴛蝴文人自晚清開始，就積極譯介日本、歐美的文學作品，如包天笑翻譯日本教育小說《馨兒就學記》，周瘦鵑的《歐美名家短篇小說叢刻》，還得到魯迅的肯定，稱之爲「昏夜之微光，雞群之鶴鳴」〔註35〕因爲翻譯小說的影響，他們的小說，無論語言、表現手法均已對古典白話小說與筆記有所突破，如外來詞語的使用、插敘倒敘的使用，重視心理描寫等。但總體上，鴛鴦蝴蝶派作家傾向於迂迴的改良。尤其在語言方面，五四以後，鴛鴦蝴蝶派大多也採用白話，但他們使用的更多是傳統小說的白話文。因此，對於新文學的「歐化」體白話文，他們表示了一定程度的否定與拒絕。所以，諸如此類的戲仿，正是他們對新文學的一種理解與評價。

二、降格戲仿：等級制與權威性的消解

在戲仿中有升格和降格兩種方法。「一類描述平凡瑣碎的事物，借不同的表現風格使其升格；一類描述莊重的事物，借不同的表現風格使其降格。」〔註36〕鴛鴦蝴蝶派對新文學的戲仿一般就是採用降格的方法。通過這樣的降格，新文學先鋒的文體實驗與語言探索，在鴛鴦蝴蝶派這裡，僅僅是故弄玄虛、盲目追

〔註33〕勁風《？》，載《小說世界》1923年第一卷第一期。
〔註34〕張枕綠《宇宙》，載《最小》1923年第十八號。
〔註35〕轉引自嚴家炎《考辨與析疑——「五四」文學十四講》，中國海洋大學出版社2006年，第57頁。
〔註36〕〔美〕約翰・鄧普《論滑稽模仿》，項龍譯，昆侖出版社，1992年，第2頁。

逐西方的「歐化」；而新文學作品中所表現的對於人生、社會深切的關懷與思考，
也就蕩然無存了。

　　魯迅的《狂人日記》是「語頗錯雜無倫次」，「間或略具聯絡者」的不標
年月的日記，按照狂人的心理活動來組織小說。《狂人日記》被稱為第一篇
白話小說，是新文學史上里程碑式的作品。在《紅雜誌》就有一篇《瘋人日
記》，對《狂人日記》進行了戲仿，同樣是日記體。主要內容是一個瘋人院
病人的日記，其中記錄了此人種種怪異的行徑：如年幼的兒子打碎花瓶，他
說是貽害社會，堅決要毒死兒子；為了衛生，他放火滅菌，導致家中失火。
最後家人只好把他送進瘋人院。而他日記中言「近時外面正有人在那裡提倡
新文化，講究那婦女解放了、自由戀愛了，很為新鮮。我想，這是個絕好的
機會，我要極端的提倡起來，怕不大家推我做個新文化的首領麼？」〔註37〕
此人的瘋狂其實是一種荒誕，因此小說無非在敘述一個荒誕不經的瘋人故
事。而《狂人日記》中表現出的瘋狂中的清醒，對舊有秩序的反抗，在這篇
小說中卻沒有。所以，這樣的戲仿無疑將新文學思考的深度削平了，嚴肅性
也被消解了。

　　而且，最為重要的是，新文學群體一邊批判鴛鴦蝴蝶派的文學觀念，否
定其藝術成就；一邊拿出自己的創作。應該說，他們是相信自己的創作無論
思想內容還是藝術成就都是高於鴛鴦蝴蝶派的，具有典範性。某種程度上，
在二者之間存在一個優劣等級。而鴛鴦蝴蝶派的戲仿顯然就是針對這種等
級。尤其是通過種種降格戲仿，將新文學漫畫式處理，在嘲弄、戲謔中顛覆
二者之間的等級。誠如研究者指出的：所謂「戲仿」就是瞬間抽掉神聖腳下
的崇高聖壇，從而享受極速心理落差的刺激和快感。這就是戲仿文體的「極
速矮化」原則。〔註38〕當新文學與鴛鴦蝴蝶派之間的區分日益明顯，並且由
於傳媒、學校等機構的參與，二者之間的等級關係日益被合法化、經典化。
鴛鴦蝴蝶派顯然明白這種等級設置，他們通過這樣的戲仿，無疑是讓自己享
受了一次「極速矮化」對手所帶來的心理快感。

　　鴛鴦蝴蝶派對新文學的戲仿，就是通過解構其嚴肅性，顛覆其權威性。
與之相類似，鴛鴦蝴蝶派還以同一性策略來消解二者之間的等級性，他們在

〔註37〕老談《瘋人日記》，載《紅雜誌》1922年第四期。
〔註38〕趙憲章《超文性戲仿文體解讀》，載《湖南師範大學社會科學學報》2004年第
　　　　3期。

新舊原本一家的口號下，一邊忙於揭新文學家老底，一邊自己積極逐新。

第三節　新舊原本一家：同一性策略

　　新文學與鴛鴦蝴蝶派之間的新舊對立，不僅標誌著區分界線，也意味著高下等級。因此，鴛鴦蝴蝶派一邊認同自己的「舊派」身份，一邊也試圖消解這種區分背後的等級。同一性策略即是一種重要的文化權力鬥爭方法，鴛鴦蝴蝶派在新舊一家的同一性策略之下，既有公平調和的論調，對雙方皆有批評或肯定；也有亦步亦趨地跟在新文學後面，借鑒、學習新文學，表明自己也能「新」；還有揭新文學家的「老底」，說明他們也曾「舊」過。

一、公平調和：新舊皆是優劣兼備

　　自二十年代初期開始，鴛鴦蝴蝶派回應新文學的批判時，公平調和的論調經常可見，對於雙方擺出一副公正的姿態。如樓一葉的《一句公平話》「所謂歐化派小說家，他們所看見而稱為禮拜六派的小說，僅僅是一些粗惡的作品。所謂禮拜六派的小說家，他們所看見的歐化小說，也僅僅是一種粗惡的東西。所以，雙方攻訐起來。其實，如果大家平心靜氣，破除了成見，細細搜求一些對方高深優美的作品來看看，便自然知道都誤解了。他們所不同的，祇是一點形式，那原質是一樣的，也有好有壞的呀。」〔註39〕像這樣認為二者應該平心靜氣地互相肯定對方的論調，在鴛鴦蝴蝶派那裡十分普遍。另外還有一種意見就是對雙方都有所批評，如胡寄塵希望小說「不可沾染舊文學裝飾雕琢的惡習，也不可沾染新文學生硬嚕蘇的惡習。」〔註40〕這些論調都是希望新文學與鴛鴦蝴蝶派能夠調和雙方的優點，和平共處並互相促進提高。

　　之所以會有這樣公平調和論調的拋出，是因為在這些鴛鴦蝴蝶派作家看來，新文學與他們二者「所不同的，祇是一點形式」，所以他們會如此比喻：「猶之道德高尚學問深邃者，馬褂長袍無妨也，呢冠革靴亦無不可耳。」〔註41〕所謂「舊小說」「新小說」僅僅是採用不同的敘事方式而已，對於二者背後的思想內涵、文學觀念的差異，他們其實並沒有一個明確的認識。因此，有鴛蝴作家

〔註39〕樓一葉《一句公平話》，載《最小》1923年第十七號。
〔註40〕范煙橋《中國小說史》，前引書，第298頁。
〔註41〕范煙橋《小說話》，芮和師、范伯群《鴛鴦蝴蝶派文學資料》（上卷），前引書，第42頁。

這樣分別戲擬各派小說：

> 「舊小說派」：「大海之中，有一小島焉，島中居者乃一情場失意之
> 少年也，彭其姓，枕石其名。居島中已歷數炎涼，自耕自食，暇則
> 讀書作文，或吟詩詠歌，飲酒取樂，玩弄絲竹。塵事置之不聞不問，
> 無憂無慮，誠一快樂人也。」

> 「新小說派」：「丁淑貞是一個可憐的女子，伊自幼父母雙亡。幸虧
> 伊姨母憐伊孤苦伶仃，收養在家。及笄時，伊姨母便將伊字了人了。
> 可是又遇人不淑，生活更苦。唉，伊真可憐啊！」

> 「歐化小說派」：沉悶的星月墜在那枯寂淒幽的空氣裏，蕭瑟瑟的秋
> 風，打動了那焦黃的樹葉，成一種憂鬱不規則的音樂

> 這沒趣的音調，好像唱著「人們啊！可怕的嚴寒將來了！人們啊！
> 可怕的嚴寒將來了！」〔註42〕

在這篇戲仿之作中，將當時的小說分為「舊小說」、「新小說」和「歐化派」
三種，「舊小說」是民初常見的文言小說體裁，二十年代以後，在一些鴛蝴雜
誌中還可見一些；而這篇「新小說」則依稀可見葉聖陶的《這也是一個人？》
（後改名《一生》）的影子，葉聖陶的這篇小說是五四「問題小說」的代表作
之一。二十年代，鴛鴦蝴蝶派對於這類新小說多有模倣，一些雜誌上還有不
少敘事風格相似的作品；「歐化派」小說則被視為新文學的專利與特色，也為
鴛鴦蝴蝶派所批評。從這種劃分中，也可看出鴛鴦蝴蝶派作家對於當時小說
界的認識與評價，在他們看來，新文學無疑豐富了小說類別，但新文學與鴛
鴦蝴蝶派的差異僅僅是文體與敘述方式的不同，且二者還是有調和的可能，
就如上文所謂的「新小說」，其實雙方都有創作。

二、舊可以新：追逐、靠攏新文學

正如對「新小說」的模倣一樣，鴛鴦蝴蝶派往往表明自己無新舊之見，
並不反對新文學，而且亦步亦趨地跟在新文學的後面，利用新文學的概念，
學習新文學的表現技法，甚至積極參與新詩、「新體小說」的討論與創作。例
如著名的鴛蝴小報《晶報》對新詩的討論。自 1919 年下半年起，《晶報》就
新詩的優劣問題展開討論。雖有一些批評意見，但大體上還是表現了對新詩

〔註42〕黃襄國《一分鐘的小說》，載《最小》1923 年第九十七號。

的關注。胡適的白話詩《一顆星兒》就是最早發表在《晶報》上的。〔註 43〕還有不少模倣「胡適之體」的白話詩刊登於《晶報》，如署名「葫蘆」的《贈丹翁的白話詩》，丹翁也以新詩作答：《答葫蘆的白話詩》。〔註 44〕署名「君博」的新體詩《汗……工人》等等。〔註 45〕類似的模倣、跟蹤新文學的例子還有很多。可以說，鴛鴦蝴蝶派其實還表現出了對新文學的一定程度的支持。

試圖跨越新舊的「蝙蝠派」顯然就是這種模糊新舊的同一性策略的產物。商務印書館的《小說世界》即是一例。（具體參見本文中編第三章）二十年代，像《小說世界》這樣想「熔新舊於一爐」的雜誌還有不少，例如施濟群主編的《新聲》。它們的出現說明了一些鴛鴦蝴蝶派試圖以「逐新」來打破新舊界線的一種努力。

鴛鴦蝴蝶派這種模糊新舊的策略對於拓展其自身生存空間也有著不容忽視的積極意義。首先，他們通過利用新文學的概念與技巧，極大地豐富了作品的內容，提升了自己的表現技法，五四以後的鴛蝴雜誌逐漸採取白話與新式標點即是一例，由於當時學校已採用白話文教育，這些鴛蝴雜誌的形式變革能吸引這些學生，有效地擴大了自己的銷路。反之，如徐枕亞在民初以詞藻華麗、駢四儷六的《玉梨魂》風行海內，五四以後，他在《禮拜六》、《紅玫瑰》這些雜誌上發表的文言小說就幾乎沒有什麼影響，至三十年代更是文名日漸湮沒。另外，在對讀者的引導方面，雖然新文學提倡「民眾文學」，但其歐化風格，不能為大多數讀者所接受，但這部分讀者並非就是只願意閱讀舊小說的「封建小市民」，他們同樣也希望獲得新知識，因此，這類趨新的鴛鴦蝴蝶派雜誌往往很能吸引一些讀者，《小說世界》的發行量就相當不錯，一些讀者將它當作新文學刊物。二十年代以後，由於對新文學的模倣，鴛鴦蝴蝶派作家們同樣關注時代熱點問題，如五卅運動、革命文學、一二八事變等等，常見諸這些鴛鴦蝴蝶派的雜誌。因此，在這個意義上，鴛鴦蝴蝶派是以大眾通俗文化的姿態，向代表精英文化的新文學借用資源。在這種借用當中，鴛鴦蝴蝶派與新文學的關係就顯得極為複雜，一方面，借用即承認新文學的優勢地位，但另一方面，以假亂真的模倣又能混淆視野，有著明顯解構精英

〔註43〕李國平《「文學革命」的餘波——重評 1919 年〈晶報〉與胡適關於白話詩的論爭》，朱棟霖、范培松主編《中國雅俗文學研究（第二～三合輯）》，上海三聯書店，2008 年。
〔註44〕丹翁《答葫蘆的白話詩》，載《晶報》1919 年 10 月 3 日。
〔註45〕君博《汗……工人》，載《晶報》1919 年 11 月 27 日。

／大眾等級的目的與作用。

三、新也曾舊：「新作家的陳迹」

　　新文學與鴛鴦蝴蝶派之間新舊界線背後的等級制度，隨著傳媒、學校等機構的參與，日益被廣泛接受並成為一種常識。例如在新文學群體內部的論戰中，如果將對手與鴛鴦蝴蝶派扯上關係，會是對對手的最大侮辱。魯迅將創造社與鴛鴦蝴蝶派相提並論，就引起郭沫若的極度反感。〔註46〕而高長虹批判《語絲》則是：「《語絲》完全走入了墮落的路，它現在已快變成我們時代的《禮拜六》了」。〔註47〕可見這種等級已經深入人心。因此鴛鴦蝴蝶派除了一邊自己積極逐新，一邊往往也樂於揭新文學家的老底，1933 年，范煙橋主編的《珊瑚》雜誌上，刊載了一篇《新作家的陳迹》，文中歷數劉半農、魯迅、戴望舒、老舍、杜衡等新文學家的舊筆名，以及他們曾經發表文章的民初鴛蝴報刊，意思是他們其實也是從舊文學起家的。〔註48〕

　　類似的「揭老底」例子在鴛蝴報刊中還有不少，如「新文學家施蟄存就是以前在《禮拜六》上寫稿的施青萍」。〔註49〕「由禮拜六派轉變而為新文學家的葉聖陶」〔註50〕等等。正如他們以「蝙蝠派」的姿態表明自己能「新」一樣，鴛鴦蝴蝶派這種「揭老底」的做法，無非是告訴世人，其實新文學家也曾「舊」過，新舊原本一家。

　　綜觀新文學對鴛鴦蝴蝶派的指認與批判，在新文學的標準裏：新、為人生、為大眾，其實已隱含一種權力等級關係，符合這些標準的即為正確的，不符合即為錯誤與低級的，文學秩序中的等級結構由此而建立。鴛鴦蝴蝶派派試圖通過模糊界線從而打破這種等級結構，進而能質疑新文學標準的合法性。這種行為自然不能為新文學所能容忍，所以，不難理解為什麼在二十年代對於鴛鴦蝴蝶派「靠近」他們，新文學顯示了除了近乎獨斷的拒絕態度。同樣，在新文學地位已確立穩固後，對於鴛鴦蝴蝶派的態度會出現一定程度

〔註46〕李怡《論創造社之於五四新文學傳統的意義》，載《文學評論》2009 年第 1 期。
〔註47〕長虹《寄到八道灣》，《狂飆》第 17 期，1927 年 1 月 30 日，引自顏浩《北京的輿論環境與文人》，北京大學出版社 2008 年，第 113 頁。
〔註48〕孖丁《新作家的陳迹》，載《珊瑚》1933 年第二卷第八號。
〔註49〕華嚴《說白‧新舊文人（一）》，載《小說日報》1940 年 11 月 18 日。
〔註50〕凡夫《善變的作家》，載《社會日報》1933 年 7 月 17 日。

的寬容。所以，在 1936 年《文藝界同人爲團結禦侮與言論自由宣言》上，左翼作家也接納了鴛鴦蝴蝶派作家中的代表性人物包天笑與周瘦鵑參與簽名。除了大敵當前的同仇敵愾，也與這種權力關係的構成有關。

　　總之，作爲群體意識逐步明確的鴛鴦蝴蝶派，對於新文學權力無論是認可還是消解，始終是從自身生存立場出發的。因此，我們不能單純地從新文學的敘述立場來看取鴛鴦蝴蝶派的文學歷史價值，而更應該從鴛蝴自身如何應對新文學的指認與批判，以及尋求自我認同的策略等諸方面去勘察它們之間糾結纏繞的複雜關係。只有這樣鴛鴦蝴蝶派才會逐漸袪除它一貫僵硬的灰色形象，而一個身影搖曳多姿的鴛鴦蝴蝶派即將在二十世紀中國文學的天幕上重新亮呈出來。事實上，無論是新文學對鴛鴦蝴蝶派「舊文學」、「遊戲的消遣的金錢主義的文學觀念」、「封建的小市民文藝」的批判，還是鴛鴦蝴蝶派接受區分，走一條「玫瑰之路」；或是對新文學進行戲仿，顛覆其權威性與嚴肅性；或是新舊一家的同一性策略，都是文學場中爭奪位置空間的策略，反映了現代文學中權力關係的複雜性。

結　語

　　在二十世紀中國文學史上，鴛鴦蝴蝶派作為一種話語實踐，一個不斷變動的知識群體，它的形成、變遷無疑折射了中國近現代文化／文學格局的變動、碰撞與鬥爭。可以說，區分是其劃定的基本機制，而自我確認又是其形象建構的重要一面。在群體的形成與劃分中，因與新文學的區分，而形成一個幾乎包含所有民初至大陸建國前的非新文學的鴛鴦蝴蝶派群體；但那些個中人物為了擺脫這一指認，再次區分出一個正宗鴛鴦蝴蝶派；同時在新文學與鴛鴦蝴蝶派之間，還活躍著一群試圖跨越新舊的灰色「蝙蝠派」。這「派中有派」格局的形成，其實離不開傳播空間的開創與變遷。大眾傳媒不僅是文學載體，也是不同文學樣態區分的平臺。鴛鴦蝴蝶派傳播空間的調整、定位、分化，顯然對其群體聚合、形象建構起著相當重要的作用。而如此參差的群體能囊括於一個「派」的名稱之下，千姿百態的個體能接受一個共同的身份指認，還離不開其自我確認，在此過程中，其群體意識的形成、身份認同的完成、與新文學區分中的周旋，顯然都是不可忽視的因素。

　　鴛鴦蝴蝶派是一個想像與建構的「範疇」，它與新文學之間的界線其實也祇是一個被建構出來的相對界線。區分化手段其實更是一種鬥爭策略。新文學與鴛鴦蝴蝶派的對立中還糾結著複雜的交叉、纏繞與互動、互滲。自五四初期開始，新文學界對鴛鴦蝴蝶派一再加以種種汙名，似乎要將其趕盡殺絕。其實，正如有學者指出的，五四新詩運動中陳獨秀等人的武斷、粗魯，「與其說其表達的決絕是一種創作實踐的『霸道行徑』，還不如說就是弱小者無奈中的一種宣傳與傳播策略」。〔註1〕新文學界對鴛鴦蝴蝶派的批判也是如此，鴛

〔註1〕　李怡《20世紀50年代與「二元對立思維」：中國新詩世紀回顧的一個重要問題》，《中國現代文學研究叢刊》2005年第五期。

鴛蝴蝶派擁有令他們不敢望其項背的讀者書迷，對接受的焦慮使得他們採取了這種決絕的策略。這一焦慮後來又表現於左翼文藝大眾化討論中，在這次討論中，一些左翼文藝家們提出要利用「舊形式」，並對鴛鴦蝴蝶派慣用的章回體進行了形式上的肯定。但這並不等於對鴛鴦蝴蝶派的肯定，左翼文學最大的對手不是鴛鴦蝴蝶派，但他們還是存在與鴛鴦蝴蝶派爭奪「地盤」的問題，瞿秋白的意見就很有代表性：我們左翼文藝不大善於運用大眾文藝的體裁，而鴛鴦蝴蝶派卻巧妙的運用了，結果是他們反倒可以「到處都在鑽來鑽去，窮鄉僻壤沒有一處不見它們的狗腳爪的」。〔註2〕因此，左翼的文藝大眾化運動某種意義上說，就是在儘量爭取鴛鴦蝴蝶派的讀者，對他們進行革命的啟蒙。

因此，新文學界一邊對鴛鴦蝴蝶派大加撻伐，一邊也創作了一批頗受讀者歡迎的蘊涵舊因素的新文學作品，尤以小說為最。這些小說往往在故事框架、敘述情調上與鴛鴦蝴蝶派有著相當程度的類似。在三十年代初，針對左翼「革命＋戀愛」小說的流行，范煙橋就曾不無諷刺地說道：「才子穿了西裝，佳人剪了頭髮，放到小說裏，就不算蝴蝶鴛鴦了。」〔註3〕作為鴛蝴名家，范煙橋的這一批評無疑道出了「革命＋戀愛」小說與鴛鴦蝴蝶派的牽纏。民初徐枕亞的《玉梨魂》中，何夢霞在所愛之人香消玉殞後，選擇了報國，最後在辛亥革命中捐軀身亡，某種程度上可為「革命＋戀愛」的濫觴。二十年代末、三十年代初風行一時的「革命＋戀愛」小說，其實還是難以擺脫才子佳人模式，不少小說敘寫因戀愛受阻而革命，或革命與戀愛的衝突。只不過才子與佳人有了一定新的時代特徵，例如蔣光慈的《野祭》、《菊芬》等。即如二十年代批判鴛鴦蝴蝶派急先鋒的茅盾（沈雁冰），在其小說創作中，也可見鴛鴦蝴蝶派的痕迹，正如有研究者注意到，茅盾小說中潛伏著新文學精神與舊小說情調的矛盾，經常自覺不自覺地化用了許多鴛蝴派的情節模式和生活趣味。〔註4〕例如他的小說《幻滅》、《動搖》、《追求》中，對纏綿悱惻的男女之情的描摹，對感傷情調的渲染，就頗有幾分「鴛蝴氣」。

同樣，鴛鴦蝴蝶派也在與新文學的糾葛中有所變化，除了張恨水這樣有

〔註2〕 瞿秋白《財神還是反財神》，《瞿秋白文集》（一），人民文學出版社1954年，第308頁。

〔註3〕 說話人《說話（六）》，載《珊瑚》1933年第二卷第六號。

〔註4〕 孔慶東《超越雅俗》，重慶出版社，2008年，第104頁。

明確時代感的作家，積極靠攏借鑒新文學之外。其他一些作家也在努力調整，例如1941年，秦瘦鷗的《秋海棠》連載於《申報春秋》副刊，被認為是舊派小說的「異軍突起」。《秋海棠》講述的是一個戲子與軍閥太太的婚外戀故事，如果是民初的鴛蝴作家來寫，極有可能渲染成姨太太秘史，在內情揭露的同時，還要加以道德評判，諸如「萬惡淫為首」之類。但秦瘦鷗顯然受新文化思潮的影響，流露於字裏行間的是一種深切的人道主義同情與關懷，類似的例子還有很多。鴛鴦蝴蝶派與新文學在對立中互相借鑒，對雙方表現內容的拓展、表達技巧的提高無疑都有所裨益。

　　但是，我們也必須看到，鴛鴦蝴蝶派與新文學是被區分出來的兩方，他們之間不可能矗立著森嚴的壁壘。在二者之間，還有一個混雜的灰色地帶，新文學發生初期的「蝙蝠派」即是如此。雖然「蝙蝠派」以趨新而最終被新文學界認定為「非新」，但在某種程度上，他們的文學實踐預示了跨越、超越雅俗的可能。三、四年十代的通俗海派作家如予且、丁諦，他們融合新文學技法的通俗小說，無疑與「蝙蝠派」有著一定的傳承關係。同時，「蝙蝠派」也顯示了一個介於或超乎新文學、鴛鴦蝴蝶派之間的文化／文學空間的存在，新文學海派作家張資平小說的暢銷，以及四十年代，張愛玲、蘇青的走紅顯然都說明了這點。

　　總之，鴛鴦蝴蝶派與新文學之間因糾葛、互動而形成的豐富圖景還有待我們進一步發掘，而鴛鴦蝴蝶派作為一個「非新文學」的龐然大物，其精彩之處也還有尚待我們去細細領略與品味。

參考文獻

一、報刊史料

1. 《神州日報》（1920 年）
2. 《民國日報》（1918～1919 年）
3. 《時事新報》（1920～1922 年）
4. 《晶報》（1919～1926 年）
5. 《最小》報（1922～1926 年）
6. 成都《半月報》（1920 年）
7. 南京《民生報》（1934 年）
8. 重慶《新華日報》（1944 年）
9. 重慶《新民報》（1944 年）
10. 《小說月報》（1910～1920 年）
11. 《娛閒錄》（1914～1915 年）
12. 《小說叢報》（1914～1919 年）
13. 《民權素》（1914～1916 年）
14. 《眉語》（1914～1916 年）
15. 《七天》（1914 年）
16. 《香豔雜誌》（1914 年）
17. 《小說革命軍》（1917 年）
18. 《小說季報》（1918～1919 年）
19. 《新的小說》（1920～1921 年）
20. 《新人》（1920～1921 年）

21. 《半月》（1921～1925 年）

22. 《快活》（1922 年）

23. 《星期》（1922～1923 年）

24. 《紅雜誌》（1922～1924 年）

25. 《小說世界》（1923～1929 年）

26. 《社會之花》（1924～1925 年）

27. 《紅玫瑰》（1924～1931 年）

28. 《紫羅蘭》（1925～1930 年）

29. 《珊瑚》（1932～1934 年）

30. 《萬象》（1941～1944 年）

31. 《天下》（1943～1944 年）

32. 《文學旬刊》（1921～1922 年）

33. 《新潮》（1919～1920 年）

34. 《學生雜誌》（1922 年）

35. 《東方雜誌》（1911 年、1933 年）

36. 《申報》（1915 年，上海書店 1983 年影印本）。

37. 北平《晨報》（《晨鐘報》）（1916～1923 年）人民出版社 1981 年影印本。

38. 《新小說》（1902～1905 年）上海書店 1980 年影印本

39. 《繡像小說》（1903～1906 年）上海書店 1980 年影印本

40. 《月月小說》（1906～1909 年）上海書店 1980 年影印本。

41. 《禮拜六》（1914～1916 年，1921～1923 年）江蘇廣陵古籍刻印社 1987 年影印本。

42. 《小說月報》（1921～1925 年）書目文獻出版社 1981 年影印本

43. 《新青年》（1916～1918 年）人民出版社 1954 年影印本。

44. 《創造季刊》（1922～1924 年）上海書店 1983 年影印本。

45. 《紅葉集》上海：泰東書局，1920 年

46. 胡懷琛《大江集》，上海：泰東書局，1921 年。

47. 胡懷琛《新文學淺說》，上海：泰東書局，1921 年。

48. 胡適《嘗試集》，上海：亞東圖書館，1922 年增訂第四版。

49. 嚴芙孫《全國小說名家專集》，上海：雲軒出版社，1923 年。

50. 《中國新文學大系》（影印本），上海：上海文藝出版社，2003 年

51. 馬以君編《蘇曼殊文集》，廣州：花城出版社，1991 年。

52. 柳亞子編《蘇曼殊全集》，北京：中國書店，1985 年。

53. 《胡適文存》卷一，上海：亞東圖書館，1926 年。

54. 《魯迅全集》，第四、六、十一卷，北京：人民文學出版社，2005 年。

55. 《郭沫若全集》文學編，第十二卷，北京：人民文學出版社 1992 年。

56. 《瞿秋白文集》（一）（二），北京：人民文學出版社，1954 年。

57. 魏紹昌編《鴛鴦蝴蝶派研究資料》，香港：生活・讀書・新知三聯書店，1980 年。

58. 芮和師、范伯群等主編《鴛鴦蝴蝶派研究資料》，福州：福建人民出版社，1984 年。

59. 張占國、魏守忠編《張恨水研究資料》，天津：天津人民出版社，1986 年。

60. 王智毅編《周瘦鵑研究資料》，天津：天津人民出版社，1993 年。

61. 鮑晶編《劉半農研究資料》，天津：天津人民出版社，1985 年。

62. 陳平原、夏曉虹編《二十世紀中國小説理論資料（第一卷）1897～1916》，北京：北京大學出版社，1997 年。

63. 中共中央馬克思、列寧、恩格斯、史達林著作編譯局研究室編著《五四時期期刊介紹》第二集，北京：人民出版社，1959 年。

64. 江蘇省社科院明清小説研究中心編《中國通俗小説總目提要》，北京：中國文聯出版公司，1990 年。

65. 包天笑《釧影樓回憶錄》，香港：香港大華出版社 1971 年。

66. 包天笑《釧影樓回憶錄續編》，太原：山西教育出版社，1999 年。

67. 鄭逸梅《南社叢談：歷史與人物》，北京：中華書局，2006 年。

68. 鄭逸梅《書報話舊》，北京：中華書局，2006 年。

69. 張靜廬《在出版界二十年》，南京：江蘇教育出版社，2005 年。

70. 茅盾《我走過的道路》，北京：人民文學出版社，1981 年。

71. 劉小惠《父親劉半農》，上海：上海人民出版社，2000 年。

72. 柳亞子《南社記略》，上海：上海人民出版社，1983 年。

73. 施蟄存《十年創作集》，上海：華東師範大學出版社 1996 年。

74. 施蟄存《北山散文集》，上海：華東師範大學出版社，2001 年。

二、論　文

1. 芮和師：《劉鐵冷早年的通俗文學活動──江蘇通俗文學作家評傳》，《蘇州大學學報（哲學社會科學版）》，1989 年第 1 期。

2. 良珍：《中國現代傳統風格的都市通俗小説》，《齊魯學刊》1990 年第 3 期。

3. 唐小兵：《蝶魂花影惜分飛》，《讀書》1993 年第 3 期。

4. 時萌：《〈玉梨魂〉真相大白》，《蘇州雜誌》1997 年第 1 期。

5. 袁荻湧：《鴛鴦蝴蝶派小說與西方文學》，《貴州社會科學》1997 年第 1 期。

6. 劉納：《社團、勢力及其它》，《中國現代文學研究叢刊》1999 年第 3 期。

7. 徐採石、金燕玉：《鴛鴦蝴蝶派與吳文化》，《中國文化研究》2001 年第 4 期。

8. 張光芒：《從「鴛派」小說看中國啓蒙文學思潮的民族性》，《學術界》2001 年第 4 期。

9. 黃修己：《中國現代文學史研究的「勢大於人」》，《東方文化》2002 年第 5 期。

10. 黃麗珍：《鴛鴦蝴蝶派小說敘事模式的新變》，《理論學刊》2002 年第 2 期。

11. 劉納：《二元對立與矛盾絞纏：中國現代文學發難理論以及歷史流變的複雜性》，《中國現代文學研究叢刊》2003 年第四期。

12. 王利濤：《鴛鴦蝴蝶派與大眾傳媒關係探微》，《重慶師範學院學報》2003 年 1 期。

13. 姚玳玫：《極致「言情」鴛鴦蝴蝶派小說的敘事策略與修辭效應》，《廣東社會科學》2004 年第 1 期。

14. 趙憲章：《超文性戲仿文體解讀》，《湖南師範大學社會科學學報》2004 年第 3 期。

15. 李德超、鄧靜：《近代翻譯文學史上不該遺忘的角落——鴛鴦蝴蝶派作家的翻譯活動及其影響》，《四川外語學院學報》2004 年第 1 期。

16. 李怡：《20 世紀、50 年代與「二元對立思維」：中國新詩世紀回顧的一個重要問題》，《中國現代文學研究叢刊》2005 年第五期。

17. 郝慶軍：《論鴛鴦蝴蝶派的興起》，《文學評論》2006 年第 2 期。

18. 王木青：《吳地柔美之風的文學表達——論鴛鴦蝴蝶派哀情小說》，《蘇州教育學院學報》2007 年第 1 期。

19. 湯哲聲：《中國現代通俗文學的「現代性」和入史問題》，《文學評論》2008 年 2 期。

20. 陳思和：《我們的學科還很年輕》，《文學評論》2008 年 2 期。

21. 余夏雲：《新文學與鴛鴦蝴蝶派的場域占位鬥爭考察（1896～1949）》，西南交通大學 2008 年碩士論文。

22. 李怡：《論創造社之於五四新文學傳統的意義》，《文學評論》2009 年第 1 期。

23. 〔英〕斯圖亞特・霍爾:《解構「大眾」筆記》,戴從容譯,陸揚、王毅選編《大眾文化研究》,上海三聯書店 2001 年。

24. 〔法〕皮埃爾・布迪厄:《區隔:趣味判斷的社會批判》引言,朱國華譯,范靜嘩校,陶東風、金元浦、高丙中主編《文化研究》第 4 輯,中央編譯出版社,2003 年。

三、著 作

1. 范煙橋《中國小說史》,臺北:漢京文化事業有限公司,1983 年。

2. 阿英《晚清文藝報刊述略》,上海:古典文學出版社,1958 年。

3. 北京大學中文系文學專門化 1955 級集體編著《中國文學史》,北京:人民文學出版社,1959 年。

4. 復旦大學中文系古典文學組學生集體編著《中國文學史》,北京:中華書局,1959 年。

5. 阿英《晚清小說史》,北京:人民文學出版社,1980 年。

6. 方漢奇《中國近代報刊史》,太原:山西人民出版社,1981 年。

7. 趙遐秋、曾慶瑞《中國現代小說史》,北京:中國人民大學出版社,1984 年。

8. 嚴家炎《中國現代小說流派史》北京:人民文學出版社,1989 年。

9. 錢理群、溫儒敏、吳福輝《中國現代文學三十年》(修訂本),北京:北京大學出版社,1998 年。

10. 楊義《中國現代小說史》,北京:人民出版社,1998 年。

11. 夏志清《中國現代小說史》,上海:復旦大學出版社,2005 年。

12. 朱壽同《中國現代社團文學史》,北京:人民文學出版社 2004 年。

13. 范伯群《禮拜六的蝴蝶夢》,北京:人民文學出版社,1989 年。

14. 張贛生《民國通俗小說論稿》,重慶:重慶出版社 1991 年。

15. 魏紹昌《我看鴛鴦蝴蝶派》,臺北:臺灣商務印書館 1992 年。

16. 范伯群《中國近現代通俗文學史》,南京:江蘇教育出版社 1999 年。

17. 劉揚體《流變中的流派——「鴛鴦蝴蝶派」新論》,北京:中國文聯出版公司 1997 年。

18. 袁進《鴛鴦蝴蝶派》,上海:上海書店,1994 年。

19. 趙孝萱《「鴛鴦蝴蝶派」新論》,蘭州:蘭州大學出版社,2004 年。

20. 范伯群《中國現代通俗文學史(插圖本)》,北京:北京大學出版社,2007 年。

21. 孔慶東《超越雅俗》,重慶:重慶出版社,2008 年。

22. 袁進《近代文學的突圍》，上海：上海人民出版社，2001 年。

23. 劉納《嬗變》，北京：中國社會科學出版社，1998 年。

24. 馬以鑫《中國現代文學接受史》，上海：華東師範大學出版社，1998 年。

25. 洪子誠《中國當代文學史》，北京：北京大學出版社，2007 年

26. 柳無忌編《蘇曼殊研究》，上海：上海人民出版社，1987 年。

27. 范伯群主編《中國近現代通俗作家評傳叢書》，南京：南京出版社，1994 年。

28. 袁進《張恨水評傳》，長沙：湖南文藝出版社，1988 年。

29. 欒梅健《通俗文學之王包天笑》，上海：上海書店出版社，1999 年。

30. 賈植芳主編《中國現代文學社團流派》，南京：江蘇教育出版社，1989 年。

31. 賈植芳編《中國現代文學的主潮》，上海：復旦大學出版社，1990 年。

32. 王富仁《中國現代文化指掌圖》，北京：人民文學出版社，2004 年。

33. 李怡《現代性：批判的批判——中國現代文學研究的核心問題》，北京：人民文學出版社，2006 年。

34. 李怡、蕭偉勝主編《中國現代文學的巴蜀視野》，成都：巴蜀書社，2006 年。

35. 譚桂林《本土語境與西方資源——現代中西詩學關係研究》，北京：人民文學出版社，2008 年。

36. 王向遠《中日現代文學比較論》，武漢：湖北教育出版社，1998 年。

37. 王一川主編《大眾文化導論》，北京：高等教育出版社，2004 年。

38. 蔣曉麗《中國近代大眾傳媒與中國近代文學》，成都：巴蜀書社，2005 年。

39. 徐連明《差異化表徵：當代中國時尚雜誌「書寫白領」研究》，北京：社會科學文獻出版社，2008 年。

40. 高宣揚《布迪厄的社會理論》，上海：同濟大學出版社，2004 年。

41. 趙毅衡《苦惱的敘述者》，北京：北京十月文藝出版社，1994 年。

42. 黃軼《現代啟蒙語境下的審美開創——蘇曼殊文學論》，上海：上海人民出版社，2008 年。

43. 陳平原《中國小說敘事模式的轉變》，上海：上海人民出版社，1988 年。

44. 高宣揚《當代社會理論》，北京：中國人民大學出版社，2005 年。

45. 張意《文化與符號權力——布林迪厄的文化社會學導論》，北京：中國社會科學出版社，2005 年。

46. 金理《從蘭社到〈現代〉：以施蟄存、戴望舒、杜衡及劉吶鷗為核心的社

團研究》，上海：中國出版集團東方出版中心，2006 年。

47. 石曙萍《知識份子的崗位與追求：文學研究會研究》，上海：中國出版集團東方出版中心，2006 年。

48. 欒梅健《民間的文人雅集：南社研究》，上海：中國出版集團東方出版中心，2006 年。

49. 姜濤《「新詩集」與中國新詩的發生》，北京：北京大學出版社，2005 年。

50. 馬永強《文化傳播與現代中國文學》，合肥：安徽大學出版社，2003 年。

51. 錢林森《法國作家與中國》，福州：福建教育出版社，1995 年。

52. 劉納《創造社與泰東書局》，南寧：廣西教育出版社，1999 年。

53. 徐德明《中國現代小說雅俗流變與整合》，北京：社會科學文獻出版社，2000 年。

54. 許紀霖等著《近代中國知識份子的公共交往（1895～1949）》，上海：上海人民出版社，2008 年。

55. 梅雯《破碎的影像與失憶的歷史》，北京：中國電影出版社，2007 年。

56. 徐賁《走向後現代與後殖民》，北京：中國社會科學出版社，1996 年。

57. 許紀霖主編《公共空間中的知識份子》，南京：鳳凰出版集團江蘇人民出版社，2007 年。

58. 袁進《中國文學的近代變革》，桂林：廣西師範大學出版社，2006 年。

59. 唐小兵編《再解讀：大眾文藝與意識形態》，北京：北京大學出版社 2007 年。

60. 朱國華《權力的文化邏輯》，上海：上海三聯書店，2004 年。

61. 楊匡漢主編《20 世紀中國文學經驗》，上海：中國出版集團東方出版中心，2006 年。

62. 王曉路等《文化批評關鍵字研究》，北京：北京大學出版社，2007 年。

63. 舒衡哲《中國啓蒙運動：知識份子與五四遺產》，北京：新星出版社，2007 年。

64. 嚴家炎《考辨與析疑──「五四」文學十四講》，青島：中國海洋大學出版社 2006 年。

65. 朱棟霖、范培松主編《中國雅俗文學研究（第二～三合輯）》，上海：上海三聯書店，2008 年。

66. 顏浩《北京的輿論環境與文人》，北京：北京大學出版社 2008 年。

67. 李楊《文學史寫作中的現代性問題》，太原：山西教育出版社，2006 年。

68. 戴燕《文學史的權力》，北京：北京大學出版社，2002 年。

69. 陳平原《小說史：理論與實踐》，北京：北京大學出版社，1993 年。

70. 董麗敏《想像現代性：革新時期的〈小說月報〉研究》，桂林：廣西師範大學出版社，2006 年。

71. 謝曉霞《〈小說月報〉1910～1920：商業、文化與未完成的現代性》，上海三聯書店，2006 年。

72. 李今《海派小說與現代都市文化》，合肥：安徽教育出版社，2000 年。

73. 李楠《晚清、民國時期上海小報研究——一種綜合的文化、文學考察》，北京：人民文學出版社，2005 年。

74. 吳福輝《都市漩流中的海派小說》，上海：復旦大學出版社，2009 年。

75. 盤劍《選擇、互動與整合：海派文化語境中的電影及其與文學的關係》，杭州：浙江大學出版社，2006 年。

76. 欒梅健《二十世紀中國文學發生論》，桂林：廣西師範大學出版社，2006 年。

77. 張濤甫《報紙副刊與中國知識份子的現代轉型：以〈晨報副刊〉爲例》，桂林：廣西師範大學出版社，2007 年。

78. 湯哲聲《中國現代通俗小說思辨錄》，北京：北京大學出版社，2008 年。

79. 王德威《想像中國的方法：歷史‧小說‧敘事》，北京：生活‧讀書‧新知三聯書店，1998 年。

80. 安敏成《現實主義的限制：革命時代的中國小說》，姜濤譯，南京：江蘇人民出版社 2001 年。

81. 李歐梵《現代性的追求》，北京：生活‧讀書‧新知三聯書店，2000 年。

82. 王德威《被壓抑的現代性——晚清小說新論》，宋偉傑譯，北京：北京大學出版社，2005 年。

83. 王笛《街頭文化：成都公共空間、下層民眾與地方政治，1870～1930》，李德英、謝繼華、鄧麗譯，北京：中國人民大學出版社，2006 年。

84. 周蕾《婦女與中國現代性：西方與東方之間的閱讀政治》，蔡青松譯，上海：上海三聯書店，2008 年。

85. 王斑《歷史的崇高形象——二十世紀中國的美學與政治》，孟祥春譯，上海：上海三聯書店，2008 年。

86. 劉劍梅《革命與情愛：二十世紀中國小說史中的女性身體與主題重述》，郭冰茹譯，上海：上海三聯書店，2008 年。

87. 〔捷克〕普實克《普實克中國現代文學論文集》，李燕齊等譯，長沙：湖南文藝出版社，1987 年。

88. 〔美〕約翰‧鄧普《論滑稽模倣》，項龍譯，蘭州：崑崙出版社，1992 年。

89. 〔英〕約翰‧B‧湯普森：《意識形態與現代文化》，高銛等譯，南京：譯

林出版社，2005 年。

90. 〔德〕卡爾・曼海姆《卡爾・曼海姆精粹》，徐彬譯，南京：南京大學出版社，2002 年。

91. 〔法〕羅貝爾・埃斯卡皮《文學社會學——羅・埃斯卡皮文論選》，於沛選編，杭州：浙江人民出版社，1987 年。

92. 〔波蘭〕弗・茲納涅茨基《知識人的社會角色》，郟斌祥譯，南京：譯林出版社，2000 年。

93. 〔英〕多米尼克・斯特里納蒂《通俗文化理論導論》，閻嘉譯，北京：商務印書館，2001 年。

94. 〔法〕古斯塔夫・勒龐《烏合之眾：大眾心理研究》，馮克利譯，北京：中央編譯出版社，2005 年。

95. 劉易斯・科塞《理念人：一項社會學的考察》，郭方等譯，北京：中央編譯出版社，2004 年。

96. 〔法〕皮埃爾・布迪厄《藝術的法則——文學場的生成和結構》，劉暉 譯，北京：中央編譯出版社，2001 年。

97. 齊美爾《社會是如何可能的——齊美爾社會學文選》，林榮遠編譯，桂林：廣西師範大學出版社，2002 年。

98. 〔英〕彼得・伯克《歐洲近代早期的大眾文化》，楊豫、王海良等譯，上海：上海人民出版社 2000 年。

99. 〔英〕安東尼・吉登斯《現代性與自我認同》，包旭東、方文譯，北京：生活・讀書・新知三聯書店，1998 年。

100. 〔美〕葛凱《製造中國：消費文化與民族國家的創建》，黃振萍譯，北京：北京大學出版社，2007 年。

後　記

　　本書是 2011 年度教育部人文社科項目「多重文化空間中的鴛鴦蝴蝶派研究」（項目編號：11YJC751031）和西南大學中央高校基本科研業務費專項資金項目「鴛鴦蝴蝶派譯介活動研究」（項目編號：SWU1209351）以及西南大學 2009 年度博士基金項目（項目編號：SWU0909313）的最終成果。

　　這本書也是在我的博士論文基礎上修改和拓展而成。三年寧靜而單純的學生生活已經結束，最後定格成這些文字。如今在論文即將出版之際，不禁又回憶起在四川大學的那些美好歲月：在圖書館裏靜靜地讀書，和老師同學熱烈地爭論，周末趕往研究生樓聽講座，早晨穿過繁華的春熙路去川圖翻資料，傍晚漫步於荷花池畔，天氣晴好時到望江公園泡茶館……那裡的一切都曾讓我無比留戀：綠樹成蔭的校園，幽靜清涼的圖書館，可敬可愛的師長、同學……也正是這份眷戀與熱愛，讓我的論文準備與寫作過程充滿了快樂與充實。

　　選擇「鴛鴦蝴蝶派」這個論題，也是對我多年閱讀經驗的一個回顧與總結。最早知道的鴛鴦蝴蝶派作家是張恨水，他的潛山故居與我老家只有數十里之距。記得讀小學時，父親訂了一份《安慶報》，上面就經常有一些介紹張恨水的內容，那時只知道他是一位安慶走出去的名作家。直到初中時，才讀到他的《夜深沈》，雖然當時只會在「揭露萬惡的舊社會」的框架中理解這部小說，但其中的故事還是吸引了我。上大學後，一度比較喜歡讀古典小說，《儒林外史》和《聊齋誌異》幾乎成了案頭必備。以致後來讀到鴛鴦蝴蝶派那些備受批判的章回和「某生體」小說，我居然因感覺它們似曾相識而十分沉迷。我為自己的閱讀趣味感到羞愧的同時，也在想：「低級、庸俗」的鴛鴦蝴蝶派

到底是什麼樣子呢？碩士論文是關於晚清小說的，隨著翻閱一些晚清小說雜誌，對包天笑、周瘦鵑等人的作品有了進一步接觸，我逐漸感覺部分文學史對鴛鴦蝴蝶派的評價不免武斷。

博士論文選題確定後，我就開始了資料的進一步查閱與梳理，從成都、重慶到上海，這個過程充滿了艱苦，但更多還是發現的快樂。在上海的一個多月，雖然每天擠公交、地鐵苦不堪言，但上圖、復旦的資料無疑讓我感覺到巨大的興奮與驚喜。自晚清、民初至三、四十年代，那些報刊雜誌給我展現了一個非常豐富的世界。以致很長時間內，我總覺得很多概括與結論都是偏頗的，而我的描述與論析也無非只展示了它一點點的精彩。對於「鴛鴦蝴蝶派」這個龐然大物，其實可以發掘、研究的地方還有很多很多！如今論文即將付梓，於我，它是一段生命歷程的見證，更是一個新的開始！

同時，借論文出版之際，對曾關心、幫助過這篇論文問世的師長、朋友、親人表示真誠的謝意！感謝恩師李怡教授與毛迅教授，他們的人格風範：李老師的幽默曠達，毛老師的儒雅從容，都讓我無比景仰。從論文選題到具體寫作過程以及最後的定稿，一直受到兩位老師的悉心教誨。算起來，認識李怡老師已經十五年了，從本科時聽他的課，到碩士論文受到他切實指導，再到讀博期間的課堂傳承與平時切磋交流，他都給我留下了難以忘懷的記憶。在我人生的重大抉擇之際，每次李老師都給予了最重要的引領與扶持！讀博三年中，毛迅老師對我不僅是學術上的傳道、授業、解惑，他更讓我領會到學問是一種生活態度與生活方式，他的人格精神已經在言傳身教、耳濡目染中直接教育了我、影響了我。他讓我感受了成都這座城市無與倫比的魅力，也正是對成都的這份迷戀，讓我在民初浩如煙海的期刊中，對《娛閒錄》情有獨鍾。

感謝西南大學劉明華院長、陳本益教授等多位師長的教誨與激勵；感謝四川大學馮憲光、趙毅衡、易丹、陳思廣等老師在論文寫作過程中的關心與指點；感謝段從學老師百忙之中專門抽出時間，認真閱讀我的論文初稿，提出寶貴的修改意見；感謝三年中歡笑一起、憂愁與共的同學：賀芒、張敏、張武軍、周逢琴、侯春慧、胡昌平、程驥、方曉輝、羅欣……他們的友誼值得我永遠珍視！

感謝我的桐城中學同學、復旦大學新聞學院的章靈芝老師提供的無私幫助，闊別十多年的重逢令我至今仍然激動回味；感謝曾豔琦同學無微不至的

照顧，省卻了我在上海期間的不少奔波勞頓之苦；感謝我的父母多年來默默地關心與理解，雖然他們讀不懂我的論文，但我所取得的每一點成績都讓他們那麼高興；感謝我的愛人蕭偉勝，他以自己的努力，給了我一份優裕、恬適的生活。

感謝《文學評論》范智紅老師、《西南大學學報》韓雲波老師、《社會科學研究》尹富老師、《首都師範大學學報》劉燕老師和《蘇州教育學院學報》石娟老師，讓本書的部分相關內容得以正式發表。

感謝四川大學圖書館、四川省圖書館、上海圖書館、西南大學圖書館、復旦大學圖書館、復旦大學新聞學院資料室提供的文獻服務。尤其是上海圖書館近代文獻室的幾位老師，她們的熱情與敬業，使我對上海這座城市滿懷好感。

胡安定
於重慶北碚學府小區